集人文社科之思　刊专业学术之声

集 刊 名：马克思主义哲学评论

（2023，No.2，Vol.8） Marxist Philosophy Review

编辑部

主　　编：臧峰宇
执行主编：黄志军
编　　辑：陈广思　魏　博

主办单位：中国人民大学哲学院

2023年 第2辑 总第8辑

集刊序列号：PIJ-2021-432
中国集刊网：www.jikan.com.cn/ 马克思主义哲学评论
集刊投约稿平台：www.iedol.cn

AMI（集刊）入库集刊
中国学术期刊网络出版总库（CNKI）收录
集刊全文数据库（www.jikan.com.cn）收录

MARXIST PHILOSOPHY
REVIEW（2023,NO.2,VOL.8）

马克思主义哲学评论

2023 年第 2 辑 总第 8 辑

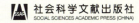
社会科学文献出版社
SOCIAL SCIENCES ACADEMIC PRESS (CHINA)

本刊受"中央高校建设世界一流大学（学科）和特色发展引导专项资金项目"资助

本期为马克思主义政治哲学专刊

思想圆桌

青年论坛

积极推动中国马克思主义政治哲学研究的学术共同体建设

臧峰宇*

感谢中国辩证唯物主义研究会会长王伟光教授和研究会各位领导的信任，今天马克思主义政治哲学研究专业委员会成立，我们希望把它建成一个研究马克思主义政治哲学的真正的学术共同体。

今天各位同人汇聚中国人民大学，共同见证这一重要时刻，从马克思主义政治哲学角度探讨中国式现代化的理论与实践问题。在这里，我谨代表马克思主义政治哲学研究专业委员会，代表中国人民大学哲学院，向各位领导、各位学界同人和参加本次会议的媒体朋友们表示衷心的感谢。

刚才，王伟光会长在致辞中希望我们共同努力，把马克思主义政治哲学研究会办好，突出问题意识，坚持问题导向，在建构中国自主知识体系的进程中发挥重要作用。郑水泉书记代表学校向研究会成立表示祝贺，希望我们不断推动中国马克思主义政治哲学理论研究的创新。冯颜利秘书长代表研究会宣读了关于成立马克思主义政治哲学研究专业委员会的决定，介绍了研究会从申请到成立的过程。感谢大家的信任，我们将不负众望，进一步深化马克思主义政治哲学基础理论研究，推动当代中国马克思主义政治哲学研究，为构建中国马克思主义政治哲学的学科

---
* 臧峰宇，中国人民大学哲学院教授、院长，中国辩证唯物主义学会马克思主义政治哲学研究会会长，主要研究方向为马克思主义政治哲学、马克思恩格斯毛泽东哲学文本研究、哲学基础理论与哲学应用研究。

体系、学术体系和话语体系，建构中国自主的政治哲学知识体系贡献力量。

大家知道，马克思主义政治哲学近 20 年来已经成为国内学界的一门显学，今天将在首届马克思主义政治哲学 30 人论坛上发言的各位同人都在这个领域取得了可观的成绩，将在青年论坛上发言的各位朋友也在学界崭露头角，国内政治哲学研究特别是马克思主义政治哲学研究可以说已形成比较繁盛的学术景观，这表明马克思主义政治哲学研究已成为马克思主义哲学研究的重要生长点，也在一定程度上推动了中国马克思主义哲学的发展。

党的二十大报告将团结带领全国各族人民全面建成社会主义现代化强国、实现第二个百年奋斗目标、以中国式现代化全面推进中华民族伟大复兴明确为从现在起党的中心任务。习近平总书记在学习贯彻党的二十大精神研讨班开班式上的重要讲话中，概括提出并深入阐述中国式现代化理论是党的二十大的重大理论创新，是科学社会主义的最新重大成果。中国式现代化理论是一个在需要理论而且一定能产生理论的时代产生的，是应当深入研究和实际运用的我们时代的理论，具有深刻的学术内涵和现实价值。立足于时代的理论必然要面对时代的根本问题，必然具有饱满的问题意识，也必然将回答并指导解决问题作为研究的根本任务。中国式现代化理论基于马克思主义基本原理同中国具体实际和中华优秀传统文化相结合，蕴含独特的世界观、价值观、历史观、文明观、民主观、生态观，探究如何处理好顶层设计与实践探索、战略与策略、守正与创新、效率与公平、活力与秩序、自立自强与对外开放的关系问题，是一百多年来在中国经济社会发展的实践场域形成和发展的中国理论，既推动了中国式现代化理论的发展，也实现了对各种西方现代化理论的超越。

本次会议以"中国式现代化与马克思主义政治哲学"为主题，52 位会议代表都提交了研究论文和摘要。从这里可以看到，从马克思主义政治哲学角度进行内在的基础理论研究，以此分析中国式现代化的理论和实践，已经成为一种学术自觉。

现在，马克思主义政治哲学研究的重要议题得到学界充分关注，马克思主义政治哲学经典文本得到深入研读，马克思主义政治哲学的现实价值得到深入发掘，由此形成了"公平正义"、共同体理论等更细致的研究领域。这让我想起将近 20 年前，我刚开始从事马克思主义政治哲学研究的时候，学界少有相关的研究著述。我印象中南开大学哲学院起初最早，当时研究社会哲学，后来研究社会政治哲学，那时有些学者研究公共哲学，其中一些内容与今天大家所谈的政治哲学也比较相近。我的博士学位论文聚焦马克思政治哲学，当时我问过很多前辈能不能用"马克思主义政治哲学"这个概念，大家都觉得值得深入探索。2006 年，第六届"马克思哲学论坛"在南开大学召开，主题就是马克思主义政治哲学，记得陈晏清老师、王新生老师等发表过一组笔谈，这对国内马克思主义政治哲学研究起到了推动作用。

那时探讨的重要话题是，马克思有没有政治哲学，何谓马克思主义政治哲学。现在，这么多马克思主义政治哲学研究成果涌现，马克思主义正义论、平等观、民主观、共同体理论、资本逻辑批判得到学界深入研究，20 年来变化真是很大。马克思主义政治哲学研究之所以得到学界广泛关注，我觉得有两个重要原因：一个是它体现了马克思主义哲学理论研究的内在需要，另一个就是它体现了马克思主义哲学的本质特征，符合今天中国社会发展的实际需要，符合时代发展的内在需要。

立足于社会历史的具体，研究现实的个人在政治生活中面对的现实问题，使马克思主义政治哲学成为一种具有直接现实性的理论。这个理论不是基于某种先验逻辑的规定，不是从某种抽象的人性出发的，这与以往很多政治哲学家不同。以往政治哲学家对人性的规定大多缺乏具体的历史视角，马克思注重从现实的个人生活于其中的现实的历史条件中发现历史规律，研究政治实践活动的本质特征，关注特定的历史时代的具体事实，将人视为社会发展进程中的一种生成性的存在。在这个基础上，研究现实个人的政治生活以及面临的问题，形成了政治哲学的现实根基，避免沉浸于解释世界的窠臼，开辟了政治哲学研究的新视界。

更好地理解马克思主义政治哲学的特质，当然要深入探究其思想来源，马克思主义政治哲学的思想来源是非常丰富的。马克思自青年时代起，就开始研究古希腊以来的西方政治哲学思想传统，他的博士论文《德谟克利特的自然哲学和伊壁鸠鲁的自然哲学的差别》就是从自我意识哲学角度研究"自由"问题的一篇杰作。到克罗伊茨纳赫研究政治学，再到巴黎研究古典政治经济学，他对启蒙以来的现代政治哲学有了越来越深刻的认识，也逐渐形成了历史唯物主义新世界观，为后来深化面向现实问题的政治哲学研究确立了思想基础。

马克思在走向历史唯物主义的途中研究 18 世纪苏格兰启蒙思想家如何为市场经济的运行秩序塑形，研究其如何深刻影响了法国革命政治学的构建。这种现代政治哲学主张在德国成为一场回答"什么是启蒙"的文化运动，促进了青年黑格尔派的自我意识哲学的形成。青年黑格尔派在德国 10 余年的思想发展历程，不仅以自我意识哲学的方式推动了思想启蒙，而且体现为独特的政治哲学思潮，对马克思影响非常大。马克思运用自我意识哲学研究古希腊两种自然哲学的差别，形成了关于自由的内在主张，后来分析黑格尔政治哲学的双重矛盾，形成实践先于原则的思想方法，在政治经济学批判中以历史唯物主义作为政治哲学的根基。

中国学者对马克思主义政治哲学的研究是比较晚进的，第六届"马克思哲学论坛"之后，2012 年在中国人民大学召开了首届"政治哲学论坛"，会议程序很讲规范性，每位嘉宾发言 20 分钟，逾时即被提示，严格遵照时间，这是一种形式，也表明政治哲学规范性研究得到很多学者的认可。记得我当时给《光明日报》写了一篇会议综述。后来，"政治哲学论坛"每年一届，大家商议成立了政治哲学学社。中国人民大学设立了政治哲学博士点和硕士点，陆续开始招生，今年政治哲学也已进入哲学学科目录。今天，马克思主义政治哲学研究会成立，希望能以此开启中国政治哲学研究的新篇章，大家共同探讨建构中国自主的政治哲学知识体系。马克思主义政治哲学是一种在实践中丰富和发展的理论，从事这项研究，不仅要在学理阐释中实现理论自身的升华，而且要探索形成中国马克思主义政治哲学学术范式。促进这些研究，需要大家共同努力。

中国学者近年来出版过多部马克思政治哲学研究的专著，大约 15 年前，我写过一本《马克思政治哲学引论》，2020 年修订再版。我也认真读过段忠桥教授、王新生教授、李佃来教授出版的马克思主义政治哲学研究专著，还给李佃来写过一篇评论。白刚围绕《资本论》所作的政治哲学研究是厚重的力作，林进平的著作研究观点也很独到，冯颜利对马克思主义公平正义理论研究着力甚深。这些探索丰富了我国马克思主义政治哲学研究。前几年，张文喜老师和我写过一本《马克思主义政治哲学史》，程广云老师出版了关于马克思主义政治哲学三大批判的研究，我们曾就马克思主义政治哲学史做过一次学术对话。目前，学界关于马克思主义政治哲学的研究成果数量可观，刚才王立已做过介绍，我想今后这方面的探索会越来越丰富，大家也会就其中一些问题展开深入的探讨和争鸣，希望这些商榷进一步推动政治哲学学科建设和学术研究的发展。

与其他现代政治哲学解释世界的框架不一样，马克思主义政治哲学致力于改变世界，这是一种谋求人类解放的具有明确价值诉求的现代理论。我们可以从自主知识体系建构的角度进一步理解这个问题，17 世纪之后的知识体系基本上是解释世界的，进而为资本主义的理论辩护。马克思开辟的思想传统是改变世界的，改变世界就涉及价值立场问题，涉及是什么人的问题。中国马克思主义政治哲学研究鲜明的价值立场是以人民为中心，这是我们建构中国自主的政治哲学知识体系的底色。回答中国之问、世界之问、人民之问、时代之问，就要以马克思主义政治哲学的内在逻辑反思中国式现代化进程中的现实问题，深入探究中国式现代化的政治逻辑。

关于马克思主义政治哲学研究，学界近年来开展了多角度探索。例如，对马克思主义政治哲学的思想来源研究，马克思主义政治哲学文本研究，马克思主义政治哲学的当代价值研究，马克思正义论、平等观、国家观、共同体理论等具体领域研究，马克思主义政治哲学的中国语境研究，英美马克思主义哲学家和欧陆马克思主义哲学家的相关研究。其中一些英美学者的分析理论凸显了规范性特征，很多年轻学者在这个领域投入很多精力。分析马克思主义政治哲学家确实做了很多富有成效的研究，也引起坚持历史唯物主义的马克思主义政治哲学研究者的强烈争鸣，这在马克思主义正义论研究领域体现得很充分。

1972 年，伍德发表《马克思对正义的批判》，到现在 50 多年了，半个多世纪学界对马克思正义论不能达成共识，表明这是一个说不尽的话题。因为来自不同领域的研究者对此都有话说，比如古希腊哲学研究者、分析哲学研究者、历史唯物主义研究者、伦理学研究者、公共政策研究者，对正义论及其现实性都有独特的理解，又保持持久的兴趣。即使就其中的基本问题，大家从不同角度所作的解读和阐发，仍然各持己见。我注意到为马克思做政治哲学小传的约瑟夫·克罗波西说，正义消失于哲学中，表明政治消失于哲学中。正义之于政治，之于政治哲学的意义是不可忽视的。约瑟夫·克罗波西对马克思政治哲学的归纳是比较简略的，有些观点我想大概也不能被人们同意，但他这种关于正义的强调对我们具有启发性。由此也可以理解，建构一种马克思主义正义论，不仅是必要的，而且是可能的。

我们在这个过程中发现，衡量历史评价和道德评价在马克思主义正义论中的位置是一种重要的研究理路。今天，需要构建一种符合时代发展需要的马克思主义分配正义论，用以研究如何实现教育、医疗、住宅、社会保障等领域中要遵循的正义原则，这对推进中国式现代化当然具有非常重要的意义。我们要以"两个结合"的科学方法，促进马克思主义政治哲学同中华优秀传统文化相结合，更好地提炼中国传统政治哲学中葆有活力的思想精华，汲取其中丰富的治国理政智慧和立德化民的智慧，理解对中国式现代化产生深远影响的马克思主义政治哲学的理论主题，借鉴西方政治哲学的合理思路和方法，守正创新，建构当代中国马克思主义政治哲学，提出促进中国式现代化发展的新见解。

各位老师，作为首届马克思主义政治哲学 30 人论坛，本次会议力图呈现马克思主义政治哲学研究的年度代表性成果，大家聆听前辈学人的真知灼见，分享政治哲学研究的前沿探索，一共包括 7 场报告会，我们还特别设立了两场青年论坛，请年轻的朋友们发表高见。我在会前看了大家提交的论文，有些读后很受启发。中国人民大学哲学院主办的集刊《马克思主义哲学评论》由社会科学文献出版社出版，今天曹义恒老师也来参会并主持一个发言环节。大家知道，这个集刊创办多年，黄志军教授担任执行主编，今年增加"马克思主义政治哲学研究专刊"，希望呈现马克思主义政治哲学研究新作，进而成为马克思主义政治哲学专业委员会会刊，每年集中展现中国马克思主义政治哲学研究成果。

希望本次会议是一次新的开始，大家每年分享中国马克思主义政治哲学研究成果，相互切磋，集思广益，探赜学术史深处，分析现实问题。在中国辩证唯物主义研究会领导下，我们努力将马克思主义政治哲学专业委员会建成一个不懈推动中国马克思主义政治哲学研究的真正的学术共同体。

预祝本次会议圆满成功，谢谢大家！

专题评论

编者按：本栏目所汇集的是"中国式现代化与马克思主义政治哲学"学术研讨会暨首届马克思主义政治哲学30人论坛中关于正义议题的讨论，囊括了6位中青年学者的发言精华。主要涉及马克思与正义，他们或从概念分析，或从叙事方式，或从文本研究等角度对主题进行了深入浅出的讲解和讨论。

弄清马克思、恩格斯对正义概念的两种用法

段忠桥*

在 20 世纪七八十年代英美马克思主义学者关于"马克思与正义"的那场大讨论中，时任美国斯坦福大学教授的艾伦·伍德（Allen W. Wood）提出了一个使不少人感到诧异的论断——"马克思并不认为资本主义是不正义的"[①]。伍德的论断不仅在英美学界引起激烈争论，而且对我国学者，特别是从事马克思主义哲学研究的学者，也产生了很大影响。只要翻阅一下近些年来我国学者关于马克思与正义问题的论著就不难发现，很多人都直接或间接地谈到伍德的论断，其中一些人还明确赞同或在很大程度上认可他的论断。[②]

在我看来，伍德的论断是不能成立的，因为它与马克思和恩格斯本人的相关论述明显相悖。鉴于伍德的影响，为了推进我国学者对马克思正义思想的研究和开展真正意义上的国际学术交流，我在《中国社会科学》2017 年第 9 期发表了一篇题为"对'伍德命题'文本依据的辨析与回应"的论文，质疑了伍德的论断。伍德后来得知此事（据说是在他那里访学的中国学者告诉他的），就请人（清华大学的李义天教授）给我带话，说很想看看这篇文章。我和伍德并不相识，但我知道他是英美学

    * 段忠桥，中国人民大学哲学院教授、政治哲学研究中心主任，主要研究方向为马克思主义政治哲学。

① Allen W. Wood, "The Marxian Critique of Justice", *Philosophy and Public Affairs*, Vol. 1, No. 3. (Spring, 1972), p. 245.

② 参见李佃来主编《马克思与正义》，中国社会科学出版社，2018。

界研究德国古典哲学的著名专家，并出版过一本题为《卡尔·马克思》的著作，此外我还知道，他也是我的良师益友——牛津大学政治哲学教授 G. A. 科恩的好朋友。李义天给我传话后我一时有点犹豫，这不是因为不想让伍德看我的文章，而是因为要让他看，就得将其译成英文，这篇文章有两万多字，翻译起来难度非常大。我虽然是在英国获得哲学博士的（1994 年），而且我的博士学位论文《马克思的社会形态理论》还在英国出版（1995 年），但那是 20 多年前的事了，现在完全靠我自己将文章译为英文几乎是不可能的。但思来想去，我最后决定还是要将文章译成英文给伍德，于是我请我们教研室的青年教师田洁帮助翻译，并请我的好朋友、英国研究马克思的著名学者戴维·麦克莱伦教授帮助把关，最后请李义天将我的文章的英译文转给了伍德。伍德（现任美国印第安纳大学教授）看到我的文章后很快写了一篇题为"马克思反对从正义出发批判资本主义——对段忠桥教授的回应"的文章，此文很快在《中国社会科学》2018 年第 6 期发表。说到这里我要向《中国社会科学》杂志表示感谢，因为国内学术期刊是很少发表中国学者与国外学者争论的文章的。

不过，读完伍德的回应文章后我有些遗憾，因为他在文中只是通过偷换概念和转换论题来为他的论断做辩护，对我提出的疑问没做出令人信服的回应。尽管如此，我觉得还是有必要对伍德的这篇文章做出回应，这不仅因为国内很多学者都有这样的期待，更因为这篇文章进而显露了伍德对马克思和恩格斯著作中的正义概念存在不少误解，而纠正这些误解对于深化我国学者对马克思正义思想的研究是十分必要的。于是，我写了一篇题为"马克思和恩格斯对正义概念的两种用法——再评伍德的两个误解"的文章，此文后来发表在《中国社会科学》2020 年第 6 期。我今天发言的一些内容就源自这篇文章。

从伍德的相关论文来看，他在其论断中讲的"资本主义"，无疑指的是以资本家剥削工人为基本特征的资本主义分配关系。马克思认为资本主义分配关系是正义的，还是不正义的？对于这个问题，伍德的回答是前者，我的回答则是后者。在我看来，导致我们分歧的一个深层原因，是伍德没有弄清马克思和恩格斯在相关论述中对正义（或公平）概念的两种用法。

在谈到资本主义分配关系时，马克思和恩格斯虽然多次使用正义概念，却从没给它下过一个定义，也没对它的含义做过任何说明。由此我们只能做这样的推断，他们对正义概念的使用是沿袭了当时人们通常的用法，即用它来指称"给每个人以其应得"。时至今日，人们对正义概念本身的解释仍是这样，例如，G. A. 科恩在谈到分配正义概念时说，如果我的一些批评者坚持要求我必须仅以通常的话语说出我认为正义是什么，那"我就给出正义是给每个人以其应有这一古老的格言。"① 戴维·米勒在谈到正义原则时说："在断定每一种关系模式具有其独特的正义原则时，我诉诸读者对我们所谓正义的'语法'的理解。依照查士丁尼的经典定义，作为一种一般意义上的德性的正义乃是'给予每个人应有的部分这种坚定而恒久的愿望'。"②

认真读一下马克思和恩格斯的相关论述我们可以发现，他们对正义概念③实际上有两种不同的用法。

第一种是基于历史唯物主义用法。由于正义的含义是"给每个人以其应得"，因此，在涉及资本主义分配关系时，正义是一种道德评价。凡被认为是正义的分配关系，也即要求从道德上予以赞扬的分配关系，凡被认为是不正义的分配关系，也即要求从道德上予以谴责的分配关系。根据历史唯物主义，道德评价属于上层建筑中的意识形态，是由一定社会经济基础，即生产关系的总和所决定的。以下是马克思和恩格斯的两段相关论述：

---

① G. A. Cohen, *Rescuing Justice and Equality*, Harvard University Press, 2008，第 7 页。
② 〔英〕戴维·米勒：《社会正义原则》，应奇译，江苏人民出版社，2008，第 39~40 页。
③ 这里讲的"正义"在马克思、恩格斯的德文原著中是用 Gerechtigkeit 表示的，这一概念在中文版的《马克思恩格斯全集》中有时也被译为"公正"或"公平"，因此，国内很多学者都把"公平"、"公正"和"正义"作为同一概念来使用的，本人也遵循这种用法。

马克思："在雇佣劳动制基础上要求平等的报酬或仅仅是公平的报酬，就犹如在奴隶制基础上要求自由一样。什么东西你们认为是公道的和公平的，这与问题毫无关系。问题在于在一定的生产制度下什么东西是必要的和不可避免的。"①

恩格斯："按照资产阶级经济学的规律，产品的绝大部分不是属于生产这些产品的工人。如果我们说：这是不公平的，不应该这样，那末这句话同经济学没有什么直接的关系。我们不过是说，这些经济事实同我们的道德感有矛盾。"②

从第一段论述来看，马克思讲的"雇佣劳动制"指的是资本主义生产关系，"公平的报酬"指的是在这一生产关系中处于被支配地位的工人提出的要求，由于工人认为的"公道的和公平的"属于意识形态中的道德评价，因而它与"在一定的生产制度下什么东西是必要的和不可避免的"这一涉及生产关系的问题无关。从第二段论述来看，恩格斯讲的"产品的绝大部分不是属于生产这些产品的工人"指的是实际存在的"经济事实"，也即资本主义分配关系，"这是不公平的，不应该这样"指的是工人的道德感即道德评价，由于体现为"公平"的道德感属于上层建筑中的意识形态，它同研究经济事实的"经济学没有什么直接的关系"。

不难看出，在基于历史唯物主义的用法中，马克思和恩格斯讲的公平指的是人们对从属于生产关系的分配关系的道德评价。正是基于这种用法，他们认为不能从公平出发而只能从资本主义生产力和生产关系的矛盾运动和必然趋势出发，去说明和批判现存的资本主义制度，并一再强调无产阶级的解放事业不是基于某种公平观念的实现而是基于历史的必然性。他们还严厉批判了以蒲鲁东、杜林和拉萨尔为代表的各种小资产阶级的或各种社会主义宗派分子的正义要求，明确指出无论哪种正义

---

① 《马克思恩格斯全集》第 16 卷，人民出版社，1964，第 146 页。
② 《马克思恩格斯全集》第 21 卷，人民出版社，1965，第 209 页。

要求都不能用于研究资本主义经济关系的政治经济学，更不能用来指导无产阶级革命。关于前一点，马克思在批判蒲鲁东的永恒公平理想时指出："如果一个化学家不去研究物质变换的现实规律，并根据这些规律解决一定的问题，却要按照'自然性'和'亲和性'这些'永恒观念'来改造物质变换，那么对于这样的化学家人们该怎样想呢？如果有人说，'高利贷'违背'永恒公平'、'永恒公道'、'永恒互助'以及其他种种'永恒真理'，那么这个人对高利贷的了解比那些说高利贷违背'永恒恩典'、'永恒信仰'和'永恒神意'的教父的了解又高明多少呢？"① 关于后一点，恩格斯说："如果我们对现代劳动产品分配方式（它造成赤贫和豪富、饥鸿遍野和酒肉生活的尖锐对立）的日益逼近的变革所抱的信心，只是基于一种意识，即认为这种分配方式是不正义的，而且正义总有一天定要胜利，那我们就糟了，我们就得长久等待了。"②

第二种是基于不同阶级或社会集团的分配诉求的用法。在资本主义社会中，由于资本主义分配关系给处于不同地位的阶级或社会集团带来不同的利益，而"正义"概念本身的含义是"给每个人以其应得"，因此，尽管不同阶级或社会集团对"每个人应得什么"存在不同的，甚至截然对立的理解，但他们都把"正义"或"公平"作为自己的分配诉求。以下是马克思和恩格斯的两段相关论述：

马克思："什么是'公平的'分配呢？难道资产者不是断言今天的分配是'公平'的吗？难道它事实上不是在现今的生产方式基础上唯一'公平的'分配吗？……难道各种社会主义宗派分子关于'公平的'分配不是也有各种极不相同的观念吗？"③

恩格斯："这样也就证明了，现代资本家，也像奴隶主或剥削

① 《马克思恩格斯选集》第 3 卷，人民出版社，2012，第 196 页。
② 《马克思恩格斯全集》第 20 卷，人民出版社，1971，第 171 页。
③ 《马克思恩格斯选集》第 3 卷，人民出版社，1995，第 302 页。

农奴劳动的封建主一样，是靠占有他人无偿劳动发财致富的，而所有这些剥削形式彼此不同的地方只在于占有这种无偿劳动的方式有所不同罢了。这样一来，有产阶级的所谓现代社会制度中占支配地位的是公道、正义、权利平等、义务平等和利益普遍协调这一类虚伪的空话，就失去了最后的根据，于是现代资产阶级社会就像以前的各种社会一样被揭穿：它也是微不足道的并且不断缩减的少数人剥削绝大多数人的庞大机构。"①

在第一段论述中，马克思表明，不同的阶级或社会集团对于"今天的分配"即资本主义分配关系是否公平持有"极不相同的观念"，资产者断言的"公平"不同于他本人断言的"公平"，也不同于各种社会主义宗派分子断言的"公平"。在第二段论述中，恩格斯指出，现代资本家像奴隶主或封建主一样也是靠占有他人无偿劳动发财致富的，有产阶级却把这说成是"公道、正义"的。

不难看出，在基于不同阶级或社会集团的分配诉求的用法中，马克思和恩格斯讲的正义或公平指的是不同的阶级或社会集团提出的"给每个人以其应得"的分配诉求。正是基于这种用法，他们在谈到正义或公平时总要加上"资产者的""工人的""各种社会主义宗派分子的"这样的定语，以表明不同阶级和社会集团虽然都把"正义"和"公平"作为自己的分配诉求，但由于他们对"每个人应得什么"的理解是不同的，他们讲的正义或公平在内容上也是各不相同的。也正是基于这一用法，马克思和恩格斯谴责资本主义剥削是不正义的，因为资本家无偿占有了本应属于工人的剩余产品，并指出社会主义的按劳分配默认由非选择的偶然因素（天赋和家庭负担）所导致的人们实际所得的不平等，因而是"弊病"，也即不正义的。②

总之，伍德对马克思恩格斯著作中正义概念存在两种误解，一是在

---

① 《马克思恩格斯全集》第 19 卷，人民出版社，1963，第 125 页。
② 参见段忠桥《马克思正义观的三个根本性问题》，《马克思主义与现实》2013 年第 5 期。

基于历史唯物主义的用法中将正义阐释为"司法概念"而不是"道德概念";二是在基于不同阶级和社会集团的分配诉求的用法中认为马克思从未谴责资本主义的不正义。鉴于伍德在中国学界的影响,纠正他的误解对于我国学者正确理解马克思的正义思想无疑是十分必要的。

正义理论当中的叙事[*]

张文喜^{**}

关于正义理论当中的叙事成分，我是想对正义学说进行话语理论的再解释的。大家知道，我们所讲的正义，当然有一个话语的层次。我们开这个会议，也是把我们对正义的关注提升到政治话语层次，寻求观点的一致性。可以说，关于正义哲学的讨论都是在话语上进行的。我希望从话语层面对正义论进行再阐释。

第一，我们去讨论正义必然有一个话语层面，那么这个话语层面主要指什么？我们讨论正义的问题从最开始是话语的书写，这是我准备在报告当中讨论的。

第二，准备讨论一下自古以来中国关于公平正义的一些分析，我觉得非常有意思。自古以来我们讨论正义问题最早是在口语社会当中来进行的，大家是用口语，是用话语，而不是首先写下来。如果关于正义论的讨论可以分阶段的话，第一个阶段是话语层面，是口语层面，而第二个阶段则是文字书写层面。

第三，我要讨论一下各种不同的文明正义理论总是有叙事的成分，讲故事的成分，这也是各个文明所具有的基本特点。

为了论证以上观点，我引用两段话说明。第一段是恩格斯在《再论

* 该文系国家社会科学基金重点项目"马克思财产权批判与社会正义理念研究"（021AZX001）的阶段性成果。
** 张文喜，中国人民大学哲学院，教育部长江学者特聘教授，主要研究方向为马克思主义政治哲学、历史唯物主义、人的问题、哲学基础理论。

蒲鲁东和住宅问题》中批判蒲鲁东用事实来说明观念时说："希腊人和罗马人的公平认为奴隶制度是公平的；1789年资产者的公平要求废除封建制度，因为据说它不公平。在普鲁士的容克看来，甚至可怜的专区法也是对永恒公平的破坏。所以，关于永恒公平的观念不仅因时因地而变，甚至也因人而异，这种东西正如米尔柏格正确说过的那样，'一个人有一个人的理解'。"① 第二段是来自柏拉图的《理想国》。苏格拉底对克法洛斯说："克法洛斯，您说得妙极了。不过讲到'正义'嘛，究竟正义是什么呢？难道仅仅有话实说，有债照还就算正义吗？这样做会不会有时是正义的，而有时却不是正义的呢？打个比方吧！譬如说，你有个朋友在头脑清楚的时候，曾经把武器交给你；假如后来他疯了，再跟你要回去；任何人都会说不能还给他。如果竟还给了他，那倒是不正义的。把整个真情实况告诉疯子也是不正义的。克：你说得对。苏：这么看来，有话实说，拿了人家东西照还这不是正义的定义。玻勒马霍斯插话说：这就是正义的定义，如果我们相信西蒙尼得的说法的话。"② 这两段话都关涉正义的话语层面。

第一点，我们有一个工作是必须要做的，即对正义学说进行话语理论的解释，包括我现在正在讨论的正义问题就是在话语层面，任何人所讲的正义都有一个话语的层次。我们开的这个会也是我们对正义的关注，提高了政治哲学的话语层次上去。

提到这么一个高度，最后干什么？最后希望寻求观点之间的一致性，但这是做不到的。因为我们不是开政治协商会议，协商一下，大家形成一个共识，这不是我们学术讨论的路径。虽然我们在讨论正义的问题，要提高到政治话语的层次上，希望是寻求一致性，希望得到在场学者的认同，赢得某种话语上的一致性，但基本上来说认同也就是认异。

按照苏格拉底的说法，要回答政治问题，言说优先于书写。在没有文字或者文献资料帮助的情况下，我们现在一个会议室相当于言说的场

① 《马克思恩格斯文集》第3卷，人民出版社，2009，第323页。
② 〔古希腊〕柏拉图：《理想国》，郭斌和、张竹明译，商务印书馆，1986，第6页。

域，相当于古希腊广场民主政治当中的场域，在语言的特性中，大家在讨论这个正义话题的时候不是写下来的。那么，言说和书写有什么区别？言说最大的特点就是现场感，新生兄讲的历史唯物主义境域之下来讨论政治哲学问题，我们听他的发言，首先感知到他的讲话有语序和规则，但是这种规则不是语法，而是使用语言的共同经验，这种共同经验却又充满个性理解。所以，在这当中很想跟他对话，或许，这是现场才可能发生的一种临时性思想的碰撞。

这个跟我们自己坐在书斋里面写的关于正义论的论文是完全不同的感觉，是不同的体现。所以，我们说在现场讨论这一问题是在不断调动我们的社会生活经验，调节我们的聚焦，以至于我们讨论问题的时候主客不分，彼此产生一致性的理解，这是我解释的言说优先于书写的意思。

第二点，我们一开始讨论正义问题首先是以口语、口述的方式来讨论的。这我们已经讲过了。但是还没有讲透，也没有充分把口述正义与书写正义的差异搞清楚。简单说，书面文字当中的正义就是第二阶段的产物。口述和书面的区别在哪？我简单的理解是，口述是具有个案适用性的，口述通常是针对个案的。针对个案来说，这个个案中的事情是不是不正义，它必定是各有见解。

我们议论纷纷，会产生各种各样不同的观点、不同的立场。而这样一来书写的功能是什么呢？书面书写的功能就是对每个人需要讲同一件事情，通过论文的书写来讨论同一件事情，讨论同样一个关于正义的理解。所以，我们可以明确写作和口述正义之间的差别。写作中很重要的是，要明确特定的政治立场。我们研究马克思主义政治哲学是立场在先的，没有立场的话，谈什么马克思主义政治哲学呢？有了明确和特定的政治立场，才能谈论马克思主义政治哲学嘛！

我们书面的写作还有一个特点是逻辑和反思的，口述更可能是属于前逻辑和前反思的。无论是有些人口中所谓乱讲的正义，还是有些人口中称之为合理的正义，都与话语有关。话语的主要特点是什么呢？海登·怀特说，我们首先看到"话语的前逻辑性"。这时"话语"便会面向"一个经验领域，以供后来进行逻辑分析"。"话语"为什么重要呢？"话语在赢得自身说话权利的过程中经历了人类认知意识的整个发展过程。"① 我认为，当今世界没有一个人能够超越这一论断。因为除了逻辑论证之外，没有找到通往前逻辑领域之路的人，只能被动地被引向这个论断，而知道自己的话语权利就是意识到与有问题的现实世界达成一致的人，则必须意识到话语实现它与社会或与他人的统一。

值得注意的是，拉丁文关于话语的意思表明，这个话语的意思就是前后运动，往返运动，这个话语就是让……讨论起来，我们让……问题展开来。当然不能说我们让话语跑起来。如果话语乱了，就意味着我们满嘴跑火车，就可能不太得体了。但是，让这个话语跑起来，恰恰可能是话语的一个特点。这个特点本质是什么呢？话语就是进行编码，和一连串现象之间进行勾连，但它有一个最大的特点就是拒绝融入现实，这就是话语特点。好像我们可以随便谈。这在柏拉图《理想国》里也反映出这种特点。

从历史上看，所谓的口述正义首先通常是通过诗史、诗歌来表达。段老师特别强调的是逻辑分析，特别强调马克思主义分析的维度，我们认为这可能缺的是诗性的思维。人类一开始讨论正义的问题，所谓口述正义，首先是通过诗歌来表现。往往以诗歌当中的故事为典范，来表达某种生活方式，把这种生活方式理解为正义的时候，通常有一个说法叫得体或良善的生活方式，这就是正义。

我们坐在这里，我们一起讨论什么叫得体或良善的生活方式，它就是所谓的有规范的生活。我现在讲话讲了一半跑出去了就不符合得体的生活了。最早的所谓口述正义就是我们的生活方式，这种生活方式有得体的、有不得体的，有粗俗的、有优雅的区分，等等。从口述正义到书面文字当中的正义，如果要发生转化，那就需要把诗歌当中所表达出来的有关道德原则、政治原则单独拿出来，拿出来变成我们正式场合进行

①　参见〔美〕海登·怀特《后现代历史叙事学》，陈永国、张万娟译，中国社会科学出版社，2003，第9页。

道德讨论的正式话题。从而形成一个行动纲领，或者是一条思想路线，这是口述正义到书面文字书写正义当中所形成的一个发展历程。

如果我们从中西印三大文明来看，口述正义到书面文字中的正义，在西方大体相当于从荷马史诗到柏拉图，在中国是从《诗经》到孔子，在印度则是从《吠陀》《奥义书》《薄伽梵歌》到《梨俱吠陀》等。这些文本里面涉及口述正义到书面文字正义的转化。我们今天大谈特谈罗尔斯的《正义论》，当然属于书写文字中的正义。

第三点，我刚才讲到了各个文明中的正义理论是具有叙事成分的，这个叙事成分意味着我们对社会现象的政治问题进行认知时，会对它们进行情节编排。我们讨论正义论是有情节的、有故事的，是有节奏的，是可能用很多话语类型来理解正义论的。

我们可以看到任何历史是不可能没有故事的，没有故事的历史是不存在的。同样，对正义论的理解需要提到这个层面，我们从故事情节的历史中去理解正义论的时候，可以把正义论理解为具有两面性，一面就是非正义的，另一面是正义的。从正义与非正义相互参照的角度讲，就是一张白纸的两面。我们讨论正义论是离不开讨论非正义的。就像我们讨论资本主义生产方式的文明面时，不能不谈论它的野蛮面。

所以，我们要懂得语法规则，要掌握概念的正确使用，等等。讨论正义论的时候，我们的企图是双重性的。无论是在学校还是法庭，抑或是各种场合，我们需要把我们理解的正义大声地讲出来，哪怕是争吵。正义的词根，无论是在德文，还是在拉丁文那里，都有说和讲的意思。

另外，我们话语有什么特点？是自发的，要追求说话的权利，这是它的取向。当我们知道自己在讨论正义问题的时候，追求话语权取向的时候，千万不要忽视，还可以以其他的方式讨论，不能仅仅停留在你要表达的一种愿望上，应该遵守逻辑，遵守公共讨论的规则，像马克思那样应该根据他的唯物史观的框架把内容呈现出来。

我们今天去理解正义论，不仅仅要理解罗尔斯这样一种书面文字当中体现出来的正义的主旨，也要理解我们日常的生活方式，在口水仗当中解决共同生活的一种方法。我们不能只听到一种声音。正义问题涉及共同生活当中解决争端的办法，不仅是文字的、契约的，而且是行为的、口语的、话语的。

最后，我们就不得不把话语正义与宇宙间秩序联系起来。从历史唯物主义来看，从人类开始思考正义这个题目，就存在各种理论。但是，九九归一，正义的存在要依赖它和非正义的对照。与此相关的宏大理论类型大体有两种类型：一种是承认历史本来不具有正义，要求将宇宙秩序和人类规律区别开来；另一种是承认历史中有正义，要求宇宙和人类事务之间相互规律性对待原则。具体言之，有两种观点：一种是承认正义问题在历史之外，另一种是承认正义问题在历史之内。

为了明确这两种理论类型，我们需要将有关正义理论的意识状态加以分类。当我们意识到正义是可以为大家知道的事物时，正义作为一个名称存在了。好像说，正义变成名称来充当叙述的主题的时候，各种书籍中的话题也就变得明显，可以加以认识和区分了。比如，我说，我不知道正义，真实的意思是什么呢？应该是指我并不熟悉罗尔斯或别的其他思想家各种书籍中的正义。

关于马克思的正义问题

李佃来*

上午段老师一开场就谈到了正义，我觉得这个问题有必要继续予以澄清，所以我就来谈谈这个问题。这个问题到现在为止已经争论了 50 年了，50 年以来这个问题依然没有说清楚，的确如此。

我们知道，塔克和伍德提出的观点被命名为"塔克-伍德命题"。虽然塔克和伍德的立论基点并不完全一样，但他们都认为马克思没有基于正义来批判资本主义，这就是"塔克-伍德命题"的主要观点。

实际上，学术界围绕"塔克-伍德命题"所展开的讨论，也就是在讨论马克思究竟有没有从正义的角度对资本主义进行批判。总体上我不太同意伍德的观点，但他提出的问题不能回避。马克思是不是很明确地说他就是拿着正义的武器去批判资本主义的？毫无疑问，马克思从来没有这样说过，甚至可以说马克思就是明确地反对拿着正义的武器来批判资本主义，这一点毋庸置疑。当我们说马克思有正义思想，或者他把资本主义批判为非正义的时候，我们也不能说他拿起了正义的武器批判资本主义，这是两回事。所以，我觉得应该区分出两个问题来，一是马克思有没有以正义为武器批判资本主义；二是马克思有没有对资本主义在事实上做出一种"非正义"的批判，我觉得这是两个不同的问题。伍德在第一个问题上作出了正确的判断，但他没有进一步追问第二个问题，更不可能对这个问题作出深刻阐释。

---

* 李佃来，武汉大学哲学学院院长，教授，主要研究方向为马克思主义政治哲学、国外马克思主义和马克思主义哲学史。

　　我要重点讲一下马克思有没有对资本主义在事实上做出"非正义"的批判。为什么会存在这个问题？至少我们从文本上找到依据。例如，恩格斯曾经非常明确地说道，"在道德上是公平的甚至在法律上是公平的，而从社会上来看很可能是很不公平的"，① 这是恩格斯的原话。

　　在西方传统中，特别是近代以来一直到罗尔斯，正义在很大意义上是一个法权概念。这一方面是指，正义作为一种规范，最终要落定到法律中；另一方面是指，正义往往也会被认定为一种自然法。无论是实定法律还是自然法，都代表着一个法权概念。

　　我们现在要分析的是正义作为法权在衡量资本主义生产关系的时候，我们可以从中看到什么东西？从法权的角度直观地看，资本主义的关系看起来是正义的，马克思对此也有所论述。比如劳动力的交换对买者也就是对资本家来说是一种特别幸运，"对卖者也决不是不公平"。②

　　怎么来理解马克思的这个判断？从法权层面看，劳动力的交换是一种契约关系，其前提是所有权。当基于各自的所有权进行交换的时候，如果这种交换关系是对等的，即交换的每一方都得到了与其所有权等价的东西，那么这种交换关系就是正义的，对双方来说没有违反契约，没有违反法权原则。

　　就劳动力的交换环节来说，工人得到了其劳动力的价值即工资。工资恰恰就是与工人的劳动力相对等的价值，为什么？是因为劳动力的价值指的是养活劳动力的价值，而如果资本家不能够养活劳动力的话，劳动力会被饿死，资本就不会继续增值了，于是资本家会支付劳动力的价值，从而养活工人。从这个意义上来说，工资就是与劳动力相对等的价值，工人和资本家之间的交换就是对等的、平等的，是符合契约和法权的，因而也是正义的。这就是马克思为什么说劳动力的交换对卖者即对工人来说也绝不是不公平的原因。

　　恩格斯曾经非常明确地指出："在道德上是公平的甚至在法律上是

---

　　① 《马克思恩格斯全集》第19卷，人民出版社，1963，第273页。
　　② 《马克思恩格斯文集》第5卷，人民出版社，2009，第226页。

公平的，而从社会上来看很可能是很不公平的。"① 这就意味着马克思在对资本主义的批判上有一个法权尺度和事实尺度的问题。用法权尺度加以衡量的东西未必就能反映真实情况。马克思对资本主义的批判是深层次的批判，不是英国古典政治经济学的那种研究。根据英国古典政治经济学的判断，在工人与资本家之间所建立起来的关系体系，是完全符合所有权规律和法权原则的公平交易体系，这是自由人的体系，因此是很正当的。

但是马克思和英国古典政治经济学很不一样的地方在于，他通过辩证的思维分析出了资本主义社会真实的生存结构和社会关系。真实的社会关系和法权完全不一样了，超出了法权，或者是法权不能覆盖的东西。

马克思对这个问题有非常明确的分析和指认。在他看来，工人和资本家之间的劳动力买卖关系虽然始终在契约和法权框架下进行，符合法权正义的原则，但这种法权正义有一种欺骗性。这是因为工人得到的工资是劳动力的价值，而不是劳动的价值。但是工人领取工资往往在劳动结束之后，这就容易造成一种错觉，即工人领取的工资是劳动的全部价值，工人无偿劳动的部分似乎也是有偿的。马克思说这是一种假象，这种假象是资本主义雇佣劳动和历史上其他劳动相区别的一个地方。

在雇佣劳动制度基础上存在一个无偿劳动的部分，我们很清楚这就是剩余价值的部分。奴隶制社会有偿的劳动看起来也像无偿的劳动，因为奴隶没有人身自由，是依附于他人的，奴隶也会得到生活的用品，但是看起来这个有偿的部分也像是无偿的。甚至可以说中世纪的农奴也有这个特点，农奴有一部分时间为自己劳动，另外一部分时间为地主、为他人劳动。

现代人谴责奴隶制社会和农奴制社会，认为在这种社会里存在强迫为他人无偿工作的关系。但实际上，无论是工人，还是奴隶和农奴，本质上是一样的，在他们工作中有一部分是无偿劳动。工人的无偿劳动无法用法权原则来加以概括和解释。在《资本论》第一卷中，马克思用

---

① 《马克思恩格斯全集》第 19 卷，人民出版社，1963，第 19 卷。

"商品生产所有权规律转变为资本主义占有规律"① 来说明这个问题。

由此来看，马克思没有用正义这个武器来批判资本主义，但这并不意味着他没有对资本主义在事实上做出一种"非正义"的批判，这是两码事。真实的情况就是，马克思对资本主义在事实上做出了一种"非正义"的批判。怎么进一步解释这个情况？我认为罗尔斯对马克思正义观的理解是非常深刻的，有些观点我们还是要吸取。罗尔斯认为对于正义的理解不能局限于法权，要有一个更广的视域，特别是需要在社会基本结构和社会基本制度的层面来理解正义。如果说马克思对资本主义的批判可以被概括为一种在事实上的"非正义"的批判，那么，这里的正义和非正义涉及制度层面的设计或者说社会结构整体运行的问题。

具体地说，资本主义社会是阶级社会，资本家和工人作为两大对立的阶级，处在一个固定的社会位置上。资本家处在一个对他人劳动成果无偿占有的社会位置上，而工人则处在被他人所剥削的社会位置上，这种固化的社会结构是一种社会制度层面的不正义结构。

这个问题不能用法学来解释，不是法律上的规定，法律上没有讲这个问题。马克思指出："工人丧失所有权，而对象化劳动拥有对活劳动的所有权，或者说资本占有他人劳动……这是资产阶级生产方式的基本条件，而决不是同这种生产方式毫不相干的偶然现象。这种分配方式就是生产关系本身，不过是从分配角度来看罢了。"② 马克思讲得很清楚，工人的所有权被他人所占有，资本家占有他人的所有权，这件不正义的事情本身就是生产方式的问题。这说明马克思是在唯物史观的视域下，从社会制度层面而非法权层面，来批判资本主义的"非正义"的。

由此可见，我们要回归到马克思的文本，特别是要深入剖析文本深层的内容，把握住没有直接呈现在字面上的东西。只有这样，才能把这个问题说清楚。

---

① 《马克思恩格斯全集》第 43 卷，人民出版社，2016，第 4 页。
② 《马克思恩格斯文集》第 8 卷，人民出版社，2009，第 208 页。

马克思与正义的关系问题

高广旭[*]

我进入马克思主义政治哲学研究的切入点，正是昨天很多老师探讨的马克思与正义的关系问题。虽然对于马克思是否持有积极的和明确的正义观学界依然有争论，但是在我看来，就这个问题本身而言，它所承载思想空间和理论张力正是进入马克思主义政治哲学研究的不二法门。我对于这个问题的研究主要是从《资本论》及其手稿的政治经济批判语境入手。

在我看来，澄清马克思与正义的关系问题，首先需要澄清马克思对于资本主义批判究竟是否遵循正义原则。而要澄清这个问题，《资本论》作为马克思资本主义批判最重要的文本显然是不能忽略的。深入阐释《资本论》的政治哲学思想构成是澄清马克思与正义的关系问题的理论前提。为此，近年来我围绕《资本论》的政治哲学解读做了一些思考。然而，随着思考的深入，我发现阐释《资本论》的政治哲学思想和立足《资本论》语境研究马克思政治哲学，二者是不能等同的。因为如果说如何阐释《资本论》的政治哲学思想是一个偏向于文本阐释的课题，那么如何基于《资本论》的思想资源构建马克思政治哲学则是一个偏向理论建构的课题，前者的研究最终应该为后者服务或者说应该最终转向后者。

基于这样一个思考，近年来，我把研究重心放于在《资本论》政治

---

* 高广旭，东南大学人文学院哲学系教授，主要研究方向为马克思哲学基础理论、马克思主义伦理学、马克思主义政治哲学等。

经济学批判语境下建构的马克思政治哲学理论。主要从三个角度做了尝试性的探索。一是从西方政治哲学传统和理论谱系的角度定位《资本论》的政治哲学，阐释了古典政治哲学、近代政治哲学和黑格尔政治哲学与《资本论》的关系。二是从政治与经济的"关系"这一"问题域"出发阐释《资本论》中的政治哲学思想。如价值形式分析的社会政治哲学定向、劳动价值论视域中的正义问题、时间批判的政治哲学意蕴等。三是从当代中国马克思主义政治哲学建构的角度阐释《资本论》政治哲学思想的理论价值。

今天我主要汇报一下第三个方面的探索。这就是，从建构中国马克思主义政治哲学这一"当代性"课题的角度，尝试推进《资本论》语境下马克思政治哲学研究。这个探索主要追问和回答了三个问题：一是何谓当代中国马克思主义政治哲学建构的现实语境？二是如何获取当代中国马克思主义政治哲学建构的思想资源？三是当代中国马克思主义政治哲学建构应当秉持何种价值旨归？

首先，建构当代中国马克思主义政治哲学涉及如何立足当代中国的现实语境提出理论建构的基本"问题"。在我看来，这个现实语境中的"问题"就是如何理解中国特色社会主义的资本形态及其政治哲学意蕴的问题。虽然资本在直接意义上不是一个政治哲学概念，但是资本作为一种社会生产关系构成我们透视其他一切价值观念的基础性和前提性的语境。当代中国政治哲学理论建构不仅无法回避资本问题，而且应该透过对资本形态的探讨透视其政治哲学意蕴。

中国特色社会主义市场经济条件下的公有资本蕴含中国特色社会主义的政治理念。一方面，从中国特色社会主义理论和实践的现实角度看。以公有制为主体多种所有制经济共同发展的所有制形式，以按劳动分配为主体多种分配方式并存的分配形式，这一中国特色社会主义生产关系的创立，正是建立在对资本作为现代社会生产要素的重构基础上的。公有资本不仅是中国特色社会主义市场经济的创新，就其所蕴含的价值旨趣而言，也蕴含一种政治哲学理念的创新。另一方面，从资本作为一种社会生产关系的角度看。资本总是在与劳动的交换关系和生产关系中确立自身，所以资本形态的变革必然伴随着劳动成果如何分配、人的美好生活如何实现等政治哲学问题。中国特色社会主义语境下的资本存在方式和资本形态，表征着当代中国劳动者在社会财富分配方面处于什么地位，在实现自身的美好生活方面获得什么制度保障的重要政治哲学意义。

其次，既然中国特色社会主义语境下的资本形态及其政治哲学意蕴是很重要的问题，那我们用什么思想资源去阐释它呢？我想这里涉及三个方面。

其一，马克思主义政治哲学是建构当代中国马克思主义政治哲学的理论基础。以资本批判为话语出场方式的马克思主义政治哲学，将对现代社会政治问题本质的把握诉诸资本主义生产方式，揭示资本在现代社会生活中发挥的政治作用以及政治权力通过资本社会化的内在机制。马克思主义政治哲学的资本批判致思路径，为建构当代中国马克思主义政治哲学提供了问题域的支撑。其二，建构当代中国马克思主义政治哲学需要结合当代中国国情和中华优秀传统文化，彰显中国马克思主义政治哲学的"中国"特色，发展马克思主义中国化的理论成果，继承中华优秀传统文化，实现中华优秀传统政治哲学思想的创造性转化和创新性发展。其三，建构当代中国马克思主义政治哲学必须有效整合马、中、西政治哲学的思想资源。以马克思主义政治哲学为中枢，以"人的自由和全面发展"作为核心政治哲学理念，批判吸收中国传统政治哲学思想和西方政治哲学思想的合理成分。

最后，当代中国马克思主义政治哲学建构秉持怎样的价值理念？如何协调不同政治哲学理念的矛盾甚至相互冲突，或者说构建怎样的价值生态？对于这两个问题的反思和回答，是关系到当代中国马克思主义政治哲学建构的可能性和合法性的基础性问题。

一方面，从秉持的价值理念层面来看，当代中国马克思主义政治哲学建构应该积极吸收马克思在《资本论》及其手稿中所彰显的人的自由和全面发展这一最高价值理念。中国特色社会主义政治文明不仅要实现物的或经济生活全面发展，更要实现人的政治生活丰富和发展。坚持人民至上而非资本至上的价值理念，是中国马克思主义政治哲学的根本价值指引。另一方面，从构建的价值生态层面来看，经济社会发展的不平衡不充分的基本国情决定了当代中国在某种意义上处于马克思说的"异时代问题的同时代解决"的发展阶段。生活方式和利益主体的多元化，使得社会价值理念也呈现多元化的特征。基于《资本论》的社会形态理论化解价值冲突，实现不同价值观念的会通与对话，构建一种和而不同、开放包容的文化生态。进而，营造一种既具有内在的精神统一性，又具有内在张力和对话空间的政治哲学价值生态，以此化解效率与公平、权利与德性、个体与共同体等价值观念的矛盾关系，是当代中国马克思主义政治哲学的重要任务。

总之，从"当代性"的角度推进《资本论》语境中的马克思政治哲学研究，建构面向当代中国现实的中国马克思主义政治哲学理论，是一项内容繁杂且意义重大的理论工程。

基于劳动所有权的"马克思正义悖论"问题再审视

梁燕晓*

很多学者已就马克思正义问题进行了广泛的讨论，这里我想从劳动所有权这一小切口来进行切入，考察马克思是否运用了劳动所有权理论来批判资本主义。

在马克思正义理论经过几十年的讨论之后，罗尔斯站了出来，进行反思和总结，他回顾了伍德等人的正面观点和胡萨米等人的反面观点，认为辩论双方都在一定程度上承认马克思确实谴责了资本主义，但双方的分歧点在于，马克思进行谴责时所依靠的价值观中是否包含一种正义观念。

实际上，作为近代资本主义社会所宣扬的主要正义观念，劳动所有权是马克思在《资本论》及其手稿中揭露资本主义内在运行机制的不正义时所主要使用的理论批判工具，是资本主义所遭受"剥削"、"盗窃"和"抢劫"等指控得以成立的理论基石。在当前研究中，对于劳动所有权在分析马克思主义论争中所处的地位、在《资本论》整体批判逻辑中所发挥的作用等阐释，可能还不够系统和深入。

鉴于此，今天主要讨论三个问题，第一部分是以劳动所有权为视角，重新梳理从伍德、胡萨米、科恩到罗尔斯，是怎样理解劳动所有权在马克思正义问题中所扮演的角色。第二部分处理的问题是，劳动所有权在

* 梁燕晓，中共中央党校（国家行政学院）哲学教研部副教授，主要研究方向为马克思主义政治哲学。

近代的政治思想谱系中，主要是在洛克、斯密和黑格尔那里是一个怎样的位置，以及是如何被标榜为资本主义的法权正义和主流意识形态的。第三部分主要处理的问题是，劳动所有权在《资本论》中的定位，以及马克思是如何借助这一理论来层层批判资本主义的不正义的。

首先来看第一个问题。从正面观点来看，伍德主要依据"前半截"唯物史观来审视资本主义社会，认为适应生产方式的社会制度就是正义的，否则就是非正义。具体到资本主义的运作过程来看，伍德分割了交换和生产过程，主张前者是不违背劳动所有权的公平交换，而后者是超越劳动所有权原则但符合生产方式的正义行为。从反面观点来看，对于伍德的主张，胡萨米基于"后半截"唯物史观进行反驳，认为伍德"唯生产方式论"的阐释模式，只注意到了决定正义观念的生产方式因素，而忽视了另一个关键的阶级利益因素，未能认识到无产阶级虽被压迫但仍能形成"先进的阶级意识"、可以使用代表未来社会的先进正义观念——劳动所有权——去谴责资本主义的不正义。同时，在胡萨米看来，伍德未能认识到马克思是在讽刺的意义上谈论资本主义交换过程的"公平性"。科亨也大致赞同马克思使用劳动所有权来批判资本主义，但认为如此会使得与当代自由主义共享同一个规范性前提，进而使马克思主义陷入理论危机之中。至于罗尔斯，则是对正反方观点做了综合处理。罗尔斯认为，马克思在事实描述的司法意义上使用正义概念时，确实如伍德等人所理解的那样认为资本主义是正义的，而当马克思在规范信念的意义上使用正义概念时，他确实如胡萨米等人所理解的那样认为资本主义具有违背劳动所有权的不正义性，并且后者是马克思的主要观点，只是马克思本人没有充分意识到。

从上述的分析中，我认为存在一种"批判视角的错位"。伍德、胡萨米和罗尔斯等人几乎共同假定了，资本主义在法权和意识形态层面，自然而然地是将剥削他人劳动的所有权而非自我劳动所有权标榜为主导性原则。而事实却是，资本主义意识形态家们一直对外鼓吹和宣扬的是劳动所有权正义。揭露资本主义这一虚假口号的表里不一、言行不一，正是马克思在《资本论》中所要进行的"自在自为"的理论斗争。

其次来看第二个问题。从政治思想谱系的"古今之变"的维度讲，近代资本主义社会将宣扬劳动所有权，作为彰显现代主体性自由的手段，其中，比较有代表性的理论有洛克的劳动所有权、斯密的劳动价值论和黑格尔的人格所有权。事实上，劳动所有权的确立是跟劳动在古代和现代的地位变迁非常有关系的。在前现代社会中，劳动是被蔑视和被诅咒的对象，是卑贱的职业、是赎罪的手段。而在现代社会中，劳动被当作履行天职的途径、被视为获取财富、承认和自由的手段。伴随着劳动在古今之变中的"升格"，劳动所有才被资本主义社会宣扬为旗帜性意识形态。但是，在洛克、斯密和黑格尔等人相关理论中，存在两种虚假的前提性设定。一种属于历史溯源问题：孤立人在原始状态中存在假定，以及原始状态向社会状态过渡中的"原始积累"问题。另一种属于理论逻辑批判问题：在悬置或暂时承认第一种问题的合法性的前提下，如何解释仆人劳动、资本所有权和贫困与贱民等的不正义性现象。

最后简要地来看一下第三个问题。马克思在《资本论》中正是从逻辑和历史这两个维度出发，展开了对资本主义非正义性的批判。早在《1844 年经济学哲学手稿》中，马克思便遭遇了"工人越劳动越贫困"这一明显违背古典政治经济学所宣扬的劳动所有权规律的悖论性困惑，而直到"资本主义占有规律转变"理论在《资本论》中得到阐发后，这一思想困惑才得以获得解答。《资本论》可分为三个部分：商品货币、资本生产与再生产以及资本原始积累，对应的分别是劳动价值论、剩余价值论与资本积累论，以及资本原始积累论。劳动价值论是对劳动所有权的积极肯定，剩余价值论与资本积累论是对劳动所有权转变的逻辑刻画，资本原始积累论是对劳动所有权起点的历史挖掘。因此，在一定程度上可以这样讲，一整部《资本论》正是围绕如何用劳动所有权来批判资本主义的不正义展开的。

学术评论

中国式现代化与现代中国的两种国家叙事[*]

刘荣军^{**}

摘　要： 工业化问题是马克思建构现代化观和现代史观的基础问题。工业现代化的核心问题是"工业以至于整个财富领域对政治领域的关系"问题。这一核心问题的展开要求我们从市民社会与政治国家、经济社会与政治社会的原则高度正确处理好现代社会发展与现代国家建构的关系问题，从社会政治哲学出发，以资本与国家的关系问题为枢纽和中介处理好"资本-劳动-国家-对外贸易-世界市场"这个政治经济学批判的内在逻辑问题。以《资本论》的革命结论为基础，马克思把"社会成为国家的主人"这个人的解放的实现条件奠定在了"劳动者成为生产资料的主人"这个根本上，把巴黎公社看成法国二月革命时呼喊的"社会共和国"的"诞生记"，建构了内含"劳动共和国"与"民主共和国"于自身之内的"社会共和国"构想。中国式现代化作为中国共产党领导的社会主义现代化，它在坚持中国特色社会主义的基础上实现了"现代化国家"和"人民共和国"这两种国家叙事的高度统一和内在结合，为坚持以人民为中心的发展思想，实现人民富裕与人民民

───────────────

* 本文系福建省社会科学基金研究阐释党的二十大精神重大项目"立足新时代十年伟大变革扎实推进全体人民共同富裕研究"（FJ2023Z004）和国家社会科学基金项目"财富与劳动视域的马克思共和国思想及其社会政治哲学研究"（20BZX003）的阶段性成果。

** 刘荣军，华侨大学哲学与社会发展学院教授，主要研究方向为马克思主义哲学、经济哲学、社会政治哲学。

主相统一的现代化发展道路奠定了坚实基础。

关键词：中国式现代化；工业现代化；现代化国家；人民共和国；人民富裕

"马克思主义政治哲学"是进入 21 世纪以来的热门课题，"中国式现代化"是党的二十大以来的热门话题。2023 年 7 月 22~23 日，由中国辩证唯物主义研究会马克思主义政治哲学研究会主办、中国人民大学哲学院承办的首届"马克思主义政治哲学 30 人论坛"在中国人民大学举办。会议以"中国式现代化与马克思主义政治哲学"为主题，对于推动中国式现代化的总体性实践和马克思主义政治哲学的深入开展具有重要的学术意义和历史意义。这是我于 2013 年 10 月 19~20 日参加在上海财经大学举办的"全国经济哲学研究会成立大会暨首届学术研讨会"以后的十年来，参加的又一个新成立的学术团体会议。从 2013 年"全国经济哲学研究会"的成立再到 2023 年"马克思主义政治哲学研究会"的成立，说明经济哲学和政治哲学正越来越成为我们这个时代马克思主义哲学研究的重要理论形态。站在马克思主义哲学角度说，在经济活动日益被提升到政治问题高度的现代社会，这种情况本质地决定了以黑格尔法哲学批判为出场语境的马克思哲学的基本视域与问题意识，首先就是对现代社会的经济本性与政治本性的深入研究。它说明，马克思主义哲学作为历史唯物主义、政治经济学批判和社会政治哲学高度统一的现代哲学形态，它就是在对现代政治社会的政治哲学阐释和政治经济学批判中，把传统的观念论哲学引向了对社会现实的关注，把传统的唯心主义历史观转化成了现代的唯物主义历史观，从而实现了对古典政治哲学、古典政治经济学和德国古典哲学的总体性超越。

一　工业化进程中的现代化道路及其发展主题

讲"中国式现代化""中国式现代化与马克思主义政治哲学"，离不开"现代""现代社会""现代史观""现代化""现代性"等这些家族相似性概念。那么，在马克思主义哲学视域内，现代社会是一个什么样的社会、现代史观又是一种什么样的历史观呢？我认为，现代社会是一个市民社会与政治国家高度统一、经济社会与政治社会内在结合的发达的工业社会；现代史观就是马克思主义对"现代"、"现代社会"和"现代化"等问题的根本看法，是马克思主义对以现代市民社会为根本特征、以现代资产阶级社会为典型表现的现代社会的根本看法。在这里，如何区分现代社会、现代市民社会、现代资产阶级社会与现代社会主义社会这三个系列的范畴，应该是我们探讨"中国式现代化与马克思主义政治哲学"的一个基本问题。

在人类历史上，现代化与工业化并不是同时发生的。现代化进程最初发生在欧洲特别是西欧，它其实经历了两个发展阶段。第一个阶段大约从 16 世纪初到 18 世纪中期，这是早期现代化阶段，或者叫启蒙现代化或启蒙现代性阶段。在这个阶段上，西欧社会以中世纪后期具有经济性质的城市革命和商业革命为开端，先后经历了文艺复兴、宗教改革、科学革命、启蒙运动、政治革命等重大事变，为 18 世纪中期以后工业革命的兴起奠定了基础和条件。第二个阶段即从 18 世纪中期的工业革命至今的历史阶段。当然，这个第二个阶段又经历了第一次工业革命（18 世纪 60 年代开始的"机械化"时期）、第二次工业革命（19 世纪 70 年代开始的"电气化"时期）、第三次工业革命（20 世纪四五十年代开始的"自动化"时期），目前正处于第四次工业革命阶段（进入 21 世纪以来的"智能化"时期）。事实上，18 世纪中期开始的工业革命，首先从英国开始，然后传至欧洲大陆和北美地区，最后几乎涉及世界上的大多数国家，从而大大地推进了工业现代化的历史进程，使西方现代化从早期现代化阶段进入了工业现代化发展的快车道。据考证，恩格斯是最早提出并使用"工业革命"这个概念的人。正是恩格斯在《英国状况·十八世纪》中提出的"英国的革命是社会革命""社会革命才是真正的革命"① 等深刻观点，形成了今天广为流传的"工业革命不仅是技术革新，也是一场产业革命和深刻的社会变革"这个具有社会共识性的基本观点。

说到《黑格尔法哲学批判》和《德法年鉴》上的两篇文章，人们谈论最多的就是"市民社会"这个概念。然而，这种谈论是不是遮蔽了马克思与"市民社会"概念相提并论的另一个重要概念，即"政治社会"。在《黑格尔法哲学批判》中，马克思曾在与"市民社会"相对举的意义上 13 次使用了"政治社会"这个概念。马克思说："中世纪的精神可以表述如下：市民社会的等级和政治意义上的等级是同一的，因为市民社会就是政治社会，因为市民社会的有机原则就是国家的原则。"② "市民等级和政治等级同一就是市民社会和政治社会同一的表现。这种同一已经消失了。黑格尔是以同一已经消失为前提的。如果市民等级和政治等级的同一曾表现出实际情况，那么它现在自然就只能是市民社会和政治社会分离的表现！或者更确切地说：只有市民等级和政治等级的分离才表现出现代的市民社会和政治社会的真正的相互关系。"③ "市民社会力图使自己变为政治社会，或者市民社会力图使政治社会变为现实社会，这是表明市民社会力图尽可能普遍地参与立法权。"④

如果说现代社会的基本建制首先表现为市民社会与国家（政治国家）的分离，那么，如何细微而透彻地探讨"政治社会"同"市民社会"和"政治国家"之间的关系就是一个具有重要意义的理论问题。虽然说马克思一再强调政治社会与市民社会的"同一性"，但这并不表明马克思就认为二者之间没有必要的"差异性"。至少，马克思在概念使用背后往往有着自身的理论逻辑："市民社会"更多强调的是现代社会的经济性和利己性，而"政治社会"更多强调的是现代社会的政治性和

---

① 《马克思恩格斯全集》第 3 卷，人民出版社，2002，第 526 页。
② 《马克思恩格斯全集》第 3 卷，人民出版社，2002，第 90 页。
③ 《马克思恩格斯全集》第 3 卷，人民出版社，2002，第 91 页。
④ 《马克思恩格斯全集》第 3 卷，人民出版社，2002，第 147 页。

公共性。就此来说，"政治社会"概念在《〈黑格尔法哲学批判〉导言》中虽然只出现了一次，但是我认为，这一次却是具有奠基性意义的一次。马克思说："一旦现代的政治社会现实本身受到批判，即批判一旦提高到真正的人的问题，批判就超出了德国现状……工业以至于整个财富领域对政治领域的关系，是现代主要问题之一……这个例子充分说明了德国式的现代问题。"① 在这里，马克思站在"现代的政治社会现实本身（应当）受到批判"的历史高度，给我们揭示了两个问题：首先是"现代主要问题之一"。值得注意的是，"工业以至于整个财富领域对政治领域的关系"是 1995 年以后新版的翻译（如《马克思恩格斯选集》1995年第二版、《马克思恩格斯文集》2009 年版、《马克思恩格斯全集》中文第二版、《马克思恩格斯选集》2012 年第三版等），在 1985 年以前的旧版中的翻译是"工业以至于整个经济界和政治界的关系"（如《马克思恩格斯全集》中文第一版、《马克思恩格斯选集》1972 年第一版等）。新版译文相对于旧版译文主要有两个变化：一是把原来的"经济界"和"政治界"的译法改成了现在的"财富领域"和"政治领域"的译法，从而突出了"现代"社会发展的财富主题；二是把原来的"经济界和政治界"之间的关系词"和"字改成了现在的"财富领域对政治领域"之间的关系词"对"字，从而突出了这两者在逻辑上的主从关系。可以说，马克思从财富领域与政治领域的内在契合上揭示出了工业化与现代化的内在张力，从而揭示了工业现代化发展的历史本质：在经济活动已经被提升到政治高度的现代社会，以工业化为社会基础的现代化发展必须正确解决"工业以至于整个财富领域对政治领域的关系"问题，从而为"真正的人的问题"即"人的解放"问题提供坚实的社会基础；其次是"德国式的现代问题"。正如今天的"中国人问题"同当年的"犹太人问题"和"德国人问题"具有可比性一样，今天的"中国式现代化"问题同马克思当年提出的"德国式的现代问题"一样具有可比性，这就

① 《马克思恩格斯全集》第 3 卷，人民出版社，2002，第 204 页。

是经济发展与政治建构、财富生产与国家治理、现代化发展的普遍性与现代化道路的特殊性的关系问题。

这里的关键就在于，当马克思洞悉到"工业以至于整个财富领域对政治领域的关系"是"现代主要问题之一"以后，他同时也注意到了落后的德国同先进的英法之间的历史差距，最典型地体现在经济学上："在法国和英国，问题是政治经济学，或社会对财富的统治；在德国，问题却是国民经济学，或私有财产对国民的统治。"① 影响所及，恩格斯的著作叫《国民经济学批判大纲》，而马克思的著作叫《政治经济学批判大纲》。事实上，国民经济学是当时德国人对英国人和法国人称作政治经济学的资产阶级政治经济学采用的概念。德国人认为政治经济学是一门系统地研究国家应该采取哪些措施和手段来管理、影响、限制和安排工业、商业和手工业，从而使人民获得最大福利的科学。因此，政治经济学也被等同于国家学。而英国经济学家斯密认为，政治经济学是关于物质财富的生产、分配和消费的规律的科学。随着斯密主要著作的问世及其德译本的出版，在德国开始了一个改变思想的过程。有人认为可以把斯密提出的原理纳入并从属于德国人界定为国家学的政治经济学。另一派人则竭力主张把两者分开。在 1844 年 3 月至 1845 年春的一年多时间里，马克思虽然站在无产阶级和共产主义立场上既批判了以斯密为代表的自由主义经济学（自由贸易），也批判了李斯特所主张的国家主义经济学（贸易保护），但是从马克思 1857～1859 年制定的"资本－劳动－国家－对外贸易－世界市场"这个政治经济学批判的总体思路出发，我们认为，在今天一方面是经济全球化、新全球化，而另一方面是逆全球化、反全球化同时并存的世界变局下，在经济全球化还必须以民族国家和主权国家的存在为历史前提的情况下，无论是斯密的经济学思想还是李斯特的经济思想，都是从社会现实出发的富有生命力的经济思想，对我们构建和发展中国特色社会主义政治经济学都有建设性意义。最起

---

① 《马克思恩格斯全集》第 1 卷，人民出版社，1956，第 457 页。

码，如果我们不抱任何偏见就会发现，既要求对内的自由主义改革又主张对外的保护主义政策，正是李斯特经济学的特殊性和独特魅力所在。因此，中国式现代化的成功推进必须从马克思主义政治经济学和新时代中国特色社会主义政治经济学的双重意义上，把英法传统的政治经济学和德国传统的国民经济学统一起来，从社会与国家、经济与政治、政府与市场的统一出发解决好资本与劳动、生产与分配、效率与公平、财富与德性、商业与正义等关系问题。从一定意义上说，"中国式现代化"无疑是从"两个结合"的历史高度对马克思当年提出的"德国式的现代问题"的理论创新、实践创新和制度创新。

无论如何，正是从"历史向世界历史的转变"的原则高度审视工业化与现代化的内在关系以及工业现代化的历史进程，马克思在《1844 年经济学哲学手稿》中才从工业是"人的本质力量的公开的展示"意义上把"私有财产和共产主义"的讨论引向了深入，他和恩格斯在《神圣家族》中也才提醒我们必须探讨"关于工业的重大意义""同共产主义和社会主义之间"的"必然的联系"[1] 问题；在《德意志意识形态》中，从"对实践的唯物主义者即共产主义者来说，全部问题都在于使现存世界革命化，实际地反对并改变现存的事物"[2] 的原则出发，批判了费尔巴哈"正是在共产主义的唯物主义者看到改造工业和社会结构的必要性和条件的地方""他却重新陷入唯心主义"[3] 的根本错误。就此来说，没有对工业化与现代化进程的这种历史穿透性的深刻把握，马克思不可能创立历史唯物主义，也不可能为科学社会主义提供一个革命性的哲学奠基，更不可能创新出超越了资产阶级共和国的无产阶级共和国理论。

马克思的国家理论，经历了一个从批判到建构的历史转变。马克思对国家理论的批判，包括两个基本向度：一是对自由主义国家理论的批判，二是对共和主义国家理论的批判。遗憾的是，前者研究的人一直很

---

[1] 《马克思恩格斯全集》第 2 卷，人民出版社，1957，第 166 页。
[2] 《马克思恩格斯选集》第 1 卷，人民出版社，2012，第 155 页。
[3] 《马克思恩格斯选集》第 1 卷，人民出版社，2012，第 158 页。

多，而后者研究的人向来很少。事实上，包括马克思恩格斯在内，很多青年黑格尔派最初都是共和主义者。马克思恩格斯都是经由共和主义而走向共产主义的。马克思在《论犹太人问题》中对鲍威尔在犹太人问题上的错误观点的批判、在《评一个普鲁士人的〈普鲁士国王和社会改革〉一文》中对卢格在社会贫困问题上的错误观点的批判、在《道德化的批判和批判化的道德》中对海因岑在财产权问题上的错误观点的批判，就是他对共和主义的三次批判。正是经由这种批判，马克思从超越自由主义与共和主义的共产主义立场上提出了"真正的共同体"与"自由人联合体"构想。这既是马克思思考社会与国家、经济与政治关系而提出"两个本质"思想的产物，也是他创作《资本论》、建构社会共和国思想的基础。

研究《共产党宣言》发表以后马克思对 1848 年欧洲革命的经验总结、对《资本论》及其手稿的写作出版、对 1871 年巴黎公社的经验总结这三件主要工作，它们其实构成了两次革命风暴中间夹裹的一次政治经济学批判（类似于"夹心饼干"）。最起码，审视 1871 年巴黎公社起义这个重大革命事件，我们既要以 1848 年欧洲革命为对照，也要以马克思在《资本论》及其手稿中的重大结论为指导。如果这样来看，马克思的政治经济学批判和他的共和国思想之间的联系就可能会更加清晰、更加透彻地呈现。

在《1848 年至 1850 年法兰西阶级斗争》中，马克思对巴黎六月起义的失败进行了深刻的总结，指出六月起义的失败使无产阶级确信了这样一条真理："它要在资产阶级共和国范围内稍微改善一下自己的处境只是一种空想，这种空想只要企图加以实现，就会成为罪行。"[①] 正因此，1848 年巴黎六月起义的失败反而成了"资产阶级共和国"的"现形记"。马克思说："无产阶级既然将自己的葬身地变成了资产阶级共和国的诞生地，也就迫使资产阶级共和国现了原形：原来这个国家公开承认

---

① 《马克思恩格斯选集》第 1 卷，人民出版社，2012，第 469 页。

的目的就是使资本的统治和对劳动的奴役永世长存。"① 由此出发，以《资本论》的革命结论为基础，马克思在《法兰西内战》中把"社会成为国家的主人"这个人的解放的实现条件奠定在了"劳动者成为生产资料的主人"这个根本上，把巴黎公社看成法国二月革命时呼喊的"社会共和国"的"诞生记"（巴黎无产阶级在宣布二月革命时所呼喊的"社会共和国"口号还仅仅表现出"要求建立一个不但取代阶级统治的君主制形式、而且取代阶级统治本身的共和国"的"这样一种模糊的意向"，而"公社正是这个共和国的毫不含糊的形式"②），建构了内含"劳动共和国"与"民主共和国"于自身之内的"社会共和国"构想：①"社会共和国"作为总体，是"人民群众获得社会解放的政治形式"③，扬弃了"对财富的贪得无厌和对财富生产者的憎恨"④。②"劳动共和国"作为内容，体现了"劳动的政治"与"劳动的科学"相统一的生产原则。马克思说："只有在劳动共和国里面，科学才能起它的真正的作用。"⑤ ③"民主共和国"作为形式，是"无产阶级专政的特殊形式"⑥，是无产阶级同资产阶级之间"阶级斗争要进行最后的决战"的"最后的国家形式"⑦。

总之，对"工业以至于整个财富领域对政治领域的关系"⑧ 这个事关"现代"、"现代社会"和"现代化"发展主题的历史领悟，决定了马克思社会政治哲学以人的自由和劳动解放为主题批判资产阶级共和国、建构社会共和国的问题意识与革命立场。马克思主义政治哲学启示我们：从政治哲学视域研究国家问题或共和国问题，必须要有一个经由"资本与劳动"的关系而把"财富、劳动与国家"的关系贯通起来的理论大视角。

---

① 《马克思恩格斯选集》第 1 卷，人民出版社，2012，第 469~470 页。
② 《马克思恩格斯选集》第 3 卷，人民出版社，2012，第 98 页。
③ 《马克思恩格斯选集》第 3 卷，人民出版社，2012，第 140 页。
④ 《马克思恩格斯选集》第 3 卷，人民出版社，2012，第 82 页。
⑤ 《马克思恩格斯选集》第 3 卷，人民出版社，2012，第 150 页。
⑥ 《马克思恩格斯选集》第 4 卷，人民出版社，2012，第 294 页。
⑦ 《马克思恩格斯选集》第 3 卷，人民出版社，2012，第 375 页。
⑧ 《马克思恩格斯选集》第 1 卷，人民出版社，2012，第 6 页。

二 中国式现代化与现代中国的两种国家叙事

从世界历史进程审视现代化进程，英国是在 17 世纪资产阶级革命之后的 18 世纪走上经济发展和工业革命的快车道的，后来的法国、德国、美国、日本、苏俄等国的发展道路也说明，政治革命（即建立一个独立、自由、民主、统一的国家）始终是现代化和经济建设的先导，而工业总是成为经济富强与政治民主的连通器。毛泽东在 1945 年的《论联合政府》一文的"工业问题"中就曾深刻地指出："没有独立、自由、民主和统一，不可能建设真正大规模的工业。没有工业，便没有巩固的国防，便没有人民的福利，便没有国家的富强。"① 所以，"一个不是贫弱的而是富强的中国，是和一个不是殖民地半殖民地的而是独立的，不是半封建的而是自由的、民主的，不是分裂的而是统一的中国，相联结的"。"中国工人阶级的任务，不但是为着建立新民主主义的国家而斗争，而且是为着中国的工业化和农业近代化而斗争。"②

事实上，鸦片战争以后，经济上的富强与政治上的民主，构成了中国人民谋求国家发展的两个硬核目标。为了寻求富强，中国人民先后经历了三次大的政治转型与国家建构③：第一次大的政治转型与国家建构是"走向共和"，建立旧民主主义共和国（资产阶级共和国）。然而，辛亥革命胜利后建立的中华民国，在使共和观念深入人心而挫败了袁世凯帝制和张勋复辟的情况下，却在经历了北洋政府的军阀混战后最终沦为了国民党政府的独裁统治。毛泽东说："就是这样，西方资产阶级的文明，资产阶级的民主主义，资产阶级共和国的方案，在中国人民的心目中，一齐破了产。"④ 第二次大的政治转型与国家建构是"走向人民共

---

① 《毛泽东选集》第 3 卷，人民出版社，1991，第 1080 页。
② 《毛泽东选集》第 3 卷，人民出版社，1991，第 1080~1081 页。
③ 刘荣军：《中国现代化进程的国家叙事逻辑》，《中国社会科学报》2020 年 2 月 26 日。
④ 《毛泽东选集》第 4 卷，人民出版社，1991，第 1471 页。

和"，建立新民主主义共和国。这包括土地革命时期"中华苏维埃共和国"的实践，抗日战争时期"三三制"抗日民主政权的实践，抗战后期和解放战争时期"联合政府"方案的提出、"人民民主专政"理论的确立和"中华人民民主共和国"的设想，以及1949～1956年社会主义革命时期的中华人民共和国。毛泽东说："资产阶级的民主主义让位给工人阶级领导的人民民主主义，资产阶级共和国让位给人民共和国。这样就造成了一种可能性：经过人民共和国到达社会主义和共产主义，到达阶级的消灭和世界的大同。"① 第三次大的政治转型与国家建构是"走向社会主义共和"，使中华人民共和国成为真正社会主义性质的共和国。1956年社会主义改造的基本完成，既然标志着我国社会主义制度的基本建立，自然也标志着中华人民共和国在社会性质上的成功转型，即从新民主主义的人民共和国转变为真正社会主义的人民共和国。

由此，1949年中华人民共和国的成立与1956年社会主义基本制度的确立，不仅重新启动了中国的现代化进程，而且从社会主义的原则高度上把"人民共和国"和"现代化国家"这两种国家叙事高度统一起来了。就此来说，"社会主义现代化国家"概念的明确提出，说明我们要建设的社会主义中国，不仅是一个社会主义的人民共和国，而且是一个社会主义的现代化国家，是一个将"人民共和国"与"现代化国家"这两种国家叙事高度统一起来的"社会主义国家"。事实上，毛泽东在中华人民共和国第一届全国人民代表大会第一次会议上所作的开幕词中，就从"社会主义国家"所统摄的"社会主义现代化国家"和"社会主义人民共和国"这两个方面出发，为我们提出了"建设一个伟大的社会主义国家"必须实现的双重任务：一是"将我们现在这样一个经济上文化上落后的国家，建设成为一个工业化的具有高度现代文化程度的伟大的国家"；二是"将我国建设成为一个伟大的社会主义共和国"②。很显然，这种内含"现代化国家"与"人民共和国"于自身的"社会主义国家"，

---

① 《毛泽东选集》第4卷，人民出版社，1991，第1471页。
② 《毛泽东文集》第6卷，人民出版社，1999，第349～350页。

在本质上就是马克思"社会共和国"思想内涵的展开与实现，它在我国社会主义社会的落实就是中华人民共和国。

进一步说，这里涉及究竟什么是共和国的问题。恩格斯说过："共和国像其他任何政体一样，是由它的内容决定的。"① 这里举两个例子。第一个例子是古罗马西塞罗《论共和国》对"共和国"的经典定义。这本书在我国的代表性译本有两个。一是沈叔平、苏力译的商务版，其中关于共和国定义的那段译文是："国家是一个民族的财产。但是一个民族并不是随便一群人，不管以什么方式聚集起来的集合体，而是很多人依据一项关于正义的协议和一个为了共同利益的伙伴关系而联合起来的一个集合体。"② 二是王焕生译的两个版本。两个版本译文大同小异，只是存在一些细节上的变化。中国政法大学出版社的译文是："国家乃人民之事业，但人民不是人们某种随意聚合的集合体，而是许多人基于法的一致和利益的共同而结合起来的集合体。"③ 上海人民出版社的译文是："国家乃是人民的事业，但人民不是人们某种随意聚合的集合体，而是许多人基于法权的一致性和利益的共同性而结合起来的集合体。"④ 可以看出，上述几个译本虽然有所不同，但都凸显了西塞罗对"共和国"定义的经典性意义，即从"人民的财产"或"人民的事业"意义上指证了"共和国"的两个根本特征：基于"法的一致"和"利益的共同"而结合起来的"集合体"（"共同体"）。正因为此，国内有学者从"经济事务与政治体制的互动关系"以及"共和政体与人类追求财富的经济活动密不可分"的角度出发，把"共和"的基本原则概括为"公"（天下为公）、"共"（共同治理）、"和"（和平方式）三大义项。

第二个例子是菲利普·佩迪特的《共和主义》对"共和国"的最新

---

① 《马克思恩格斯选集》第 4 卷，人民出版社，2012，第 652 页。

② 〔古罗马〕西塞罗：《国家篇　法律篇》，沈叔平、苏力译，商务印书馆，1999，第 35 页。

③ 〔古罗马〕西塞罗：《论共和国　论法律》，王焕生译，中国政法大学出版社，1997，第 39 页。

④ 〔古罗马〕西塞罗：《论共和国》，王焕生译，上海人民出版社，2006，第 75 页。

定义。在为该书 1999 年平装本所写的"重申共和主义"的"跋"中，佩迪特对"共和国"的含义作了一个描述性的阐述。他说："如果按照以程序为中心的方式来理解的话，共和国就是一个必须促进公共善、共同财富和共同事业的国家。或者用更加现代的语言来说，共和国就是一个必须遵循其公民的共同利益，尤其是通常被理所当然地认为是他们共同的、公认之利益的国家。"① 从"促进公共善、共同财富和共同事业"的意义上定义共和国，必然突出"共和国"所应具有的"公共性"本质和"共同性"特征。由此出发，佩迪特基于"完全且只能服务于人们共同的、公认的利益"原则，对共和国提出了三个意义重大的"否定性的约束"："禁止国家考虑那些被认为是不关乎公民之利益的善；禁止国家考虑那些被认为是不关乎公认之利益的善；禁止国家考虑那些被认为是不关乎共同之利益的善。"②

从西塞罗和佩迪特对"共和国"的定义反思"国家与革命"这个根本问题，可以发现，其中蕴含无产阶级革命所应该具有的双重性质与双重目的：政治革命的目的是推翻专制统治，建立"共和国"，这是一个政治建国的问题；社会革命的目的是反抗社会剥削，建设"社会主义"，这是一个社会建设的问题。就此来说，无产阶级既要成为"共和国的战士"，又要成为"社会主义的战士"，无产阶级革命既要为"共和国"战斗，更要为"社会主义"战斗③。由此，在"国家与革命"的意义上，无产阶级革命就具有了两种内在逻辑：政治革命主要是为了建立社会主义国家，社会革命主要是为了建设社会主义国家。无产阶级革命在依靠政治革命建立了无产阶级共和国之后，就要适时地从政治革命转向更为深刻的社会革命。正如魏特林在《现实的人类和理想的人类 一个贫苦罪人的福音》中所说："共和国和宪法，多么好听的名称，但是仅有这些还不成；饥肠辘辘的穷苦人，衣不蔽身，依然劳累困顿；再来一次革

---

① 〔澳〕菲利普·佩迪特：《共和主义》，刘训练译，江苏人民出版社，2006，第 321 页。
② 〔澳〕菲利普·佩迪特：《共和主义》，刘训练译，江苏人民出版社，2006，第 322 页。
③ 参见《马克思恩格斯全集》第 3 卷，人民出版社，2002，第 393 页。

命吧，这次应当前进一步，是一次社会的革命。"① 就此来说，"中国式现代化是全体人民共同富裕的现代化"②，扎实推进全体人民共同富裕就是一场伟大的社会革命，它要求我们把国家富强与人民富裕、物质富裕与精神富裕统一起来，在"改造工业和社会结构的必要性和条件"的世界历史进程中，既为全面建设社会主义现代化国家、全面推进中华民族伟大复兴，也为推动构建人类命运共同体、创造人类文明新形态提供更多更好的中国智慧、中国方案和中国力量。

以政治革命建立国家、社会革命建设国家的两种逻辑来审视中国从"摆脱贫困"（做减法）到"扎实推进共同富裕"（做加法）的历史转变，我们今天讲共同富裕，有两个经典论述：一是"共同富裕是社会主义的本质要求"，二是"共同富裕是中国式现代化的重要特征"。但是，从人民共和国的意义上讲，是不是还可以有第三个论述："共同富裕是人民共和国的内在要求"。道理很简单，"社会主义国家"不仅应当是社会主义性质的"现代化国家"，还应当是社会主义性质的"人民共和国"。"社会主义现代化国家"和"社会主义（人民）共和国"本身就是"社会主义国家"的两个具有本质统一性的社会面相，两者的高度统一和内在结合使得我国的"中华人民共和国"与"徒有虚名"的"资产阶级共和国"根本区别开来。

值得注意的是，西方国家对共和国的定义主要是按照程序正义界定的，而我们说的人民共和国则是实质正义与程序正义的高度统一，是在"坚持以人民为中心的发展思想"基础上把"发展全过程人民民主"、"推动人的全面发展"和"促进全体人民共同富裕"高度统一的实质性进展。正是以马克思社会共和国为指引，毛泽东说："资产阶级共和国让位给人民共和国，这样就造成了一种可能性：经过人民共和国到达社

---

① 〔德〕威廉·魏特林：《现实的人类和理想的人类　一个贫苦罪人的福音》，胡文建、顾家庆译，商务印书馆，1984，第 3 页。

② 习近平：《高举中国特色社会主义伟大旗帜　为全面建设社会主义现代化国家而团结奋斗——在中国共产党第二十次全国代表大会上的报告》，人民出版社，2022，第 22 页。

会主义和共产主义，到达阶级的消灭和世界的大同。"事实上，共同富裕、天下为公、人民共和，这三者构成了中国古老"大同"理想的根本要义和现代蕴涵。共同富裕既是社会主义的本质要求，也是人民共和国的内在要求。因此，理解现代中国的两种国家叙事，必须把中国式现代化这个总体性实践与社会主义市场经济改革方向和国家治理现代化结合起来，从人民富裕和人民民主的结合中进行理解。

"实现共同富裕不仅是经济问题，而且是关系党的执政基础的重大政治问题。"[①] 从国家与革命这一历史唯物主义问题出发，马克思主义国家理论在我国的落实就是全面建成社会主义现代化国家内涵的展开与实现，它要求我们从社会主义现代化国家与人民共和国相统一的角度，把社会主义新财富观、新劳动观和新国家观统一起来，研究我们国家从物质文化需要向美好生活需要转化、从国家制度优势向国家治理效能转化、从政治国家向社会国家转型的历史逻辑、理论逻辑与实践逻辑及其社会政治哲学蕴涵和世界历史意义。

三 中国式现代化是人民富裕与人民民主高度统一的现代化

中国式现代化，是中国共产党领导的社会主义现代化。中国共产党作为中国工人阶级的先锋队，同时作为中国人民和中华民族的先锋队，其最高理想和最终目标就是实现共产主义。为了实现共产主义，中国共产党首先就必须适应工业现代化的世界历史进程，解决好"工业以至于整个财富领域对政治领域的关系"这个根本问题，解决好富强与民主、人民富裕与人民民主的关系这个根本问题。百年来我们党领导人民进行革命、建设和改革的历史进程，其初心使命就是为中国人民谋幸福、为中华民族谋复兴，其庄严承诺就是实现人民对美好生活的向往，逐步实

---

① 《习近平谈治国理政》第 4 卷，外文出版社，2022，第 171 页。

现共同富裕。

党的十八大以来，以习近平同志为核心的党中央，把握中国特色社会主义进入新时代的历史方位和我国社会主要矛盾已经转化的客观需要，把摆脱贫困和实现共同富裕摆在治国理政突出位置。我们打赢了人类历史上规模最大的脱贫攻坚战，全面建成小康社会，历史性地解决了绝对贫困问题，创造了又一个彪炳史册的人间奇迹。

正是有脱贫攻坚的历史胜利和全面小康的物质基础作保障，以习近平同志为核心的党中央在从 2020 年 10 月党的十九届五中全会到 2022 年 10 月党的二十大的两年时间里，成功实现了从"全面建成小康社会"到"全面建设社会主义现代化国家"的战略转移：先是党的十九届五中全会用"全面建设社会主义现代化国家"的提法替代了"全面建成小康社会"的提法，并且提出"必须把促进全体人民共同富裕摆在更加重要的位置"[1]，再是全国脱贫攻坚总结表彰大会和庆祝中国共产党成立 100 周年大会上两次向世人的庄严宣告，然后是中央财经委员会第十次会议提出"现在，已经到了扎实推动共同富裕的历史阶段"[2]，最后是党的二十大从"新时代新征程中国共产党的使命任务"高度提出"中国式现代化是全体人民共同富裕的现代化"[3] 的最新定论。仔细而深入地考察就会发现，从"共同富裕"高度提出"促进全体人民共同富裕"，从"人民民主"高度提出"促进全过程人民民主"[4]，这两个重大实践纲领和政治智慧基本上都是在 2020 年 10 月党的十九届五中全会以后被明确地确立起来的。正因为此，在 2021 年 11 月党的十九届六中全会审议

---

① 《中共中央关于制定国民经济和社会发展第十四个五年规划和二〇三五年远景目标的建议》，人民出版社，2020，第 55 页。
② 习近平：《扎实推动共同富裕》，《求是》2021 年第 20 期。
③ 习近平：《高举中国特色社会主义伟大旗帜　为全面建设社会主义现代化国家而团结奋斗——在中国共产党第二十次全国代表大会上的报告》，人民出版社，2022，第 21~22 页。
④ 2019 年 11 月 2 日，习近平在上海虹桥街道考察全国人大常委会法工委基层立法联系点时指出："人民民主是一种全过程的民主。"2021 年 7 月 1 日，习近平《在中国共产党成立 100 周年大会上的讲话》中明确提出："践行以人民为中心的发展思想，发展全过程人民民主，维护社会公平正义。"参见习近平《在中国共产党成立 100 周年大会上的讲话》，人民出版社，2021，第 12 页。

通过的《中共中央关于党的百年奋斗重大成就和历史经验的决议》（以下简称《决议》），在把党的十九大的"八个明确"丰富并完善为"十个明确"的时候，在第三个明确中提出了"解决新时代我国社会主要矛盾"的"发展理念"，即"践行以人民为中心的发展思想，发展全过程人民民主，维护社会公平正义，着力解决发展不平衡不充分问题和人民群众急难愁盼问题，推动人的全面发展、全体人民共同富裕取得更为明显的实质性进展"①。可以说，"第三个明确"从原则高度阐释了以中国式现代化全面推进强国建设、民族复兴必须坚持的发展思想，就是"一个中心、三个要点"："一个中心"是"坚持以人民为中心的发展思想"，"三个要点"是"发展全过程人民民主"、"促进全体人民共同富裕"和"推动人的全面发展"，组合起来就是"人民富裕""人民民主"和"人的发展"。这说明，中国式现代化要真正"坚持以人民为中心的发展思想"，就必须把"发展全过程人民民主"和"推动全体人民共同富裕"这两条主渠道统一起来，把人民民主与人民富裕这两个核心目标统一起来。

首先，在理论逻辑上，实现人民民主与人民富裕的统一体现了中国式现代化对马克思主义的继承与发展。生产力与生产关系、经济基础与上层建筑的矛盾运动及其规律，是马克思主义的基本原理。党的十八大以来，习近平站在马克思主义人民性的基本立场上，把对政治与经济、民生与民主关系的思考注入对社会主义本质认识的深化中，提出了"人心是最大的政治"②、"民心是最大的政治"③、"民生是最大的政治"④ 等一系列观点，既从"共同富裕是社会主义的本质要求"角度提出了推动全体人民共同富裕的发展目标，又从"人民民主是社会主义的生命"角度提出了发展全过程人民民主的发展目标。最为重要的是，习近平提出

① 《习近平谈治国理政》第 4 卷，外文出版社，2022，第 9 页。
② 《习近平著作选读》第 1 卷，人民出版社，2023，第 32 页。
③ 《习近平谈治国理政》第 3 卷，外文出版社，2020，第 137 页。
④ 《习近平眼中的民生》，光明网，https://dangjian.gmw.cn/2021-02/09/content_34612061.htm。

了"以人民为中心"的发展思想，提出了"我们追求的发展是造福人民的发展，我们追求的富裕是全体人民共同富裕"① 的思想，认为共享发展就是要共享国家经济、政治、文化、社会、生态各方面建设成果，全面保障人民在各方面的合法权益，就是要充分发扬民主，广泛汇聚民智，最大激发民力，形成人人参与、人人尽力、人人都有成就感的生动局面。可以说，把人民民主和人民富裕的统一放到"人民对美好生活的向往，就是我们的奋斗目标"② 和"让人民生活幸福是'国之大者'"③ 的高度思考，真正从"人民"的"主体地位"和"全过程""全体-共同"的"全称意义"上凸显了民生需求与民主能力、经济富裕与政治民主、民生民富与民主民权、促进全体人民共同富裕与发展全过程人民民主的高度统一，这是习近平新时代中国特色社会主义思想对马克思主义关于政治与经济之间决定与被决定、作用与反作用基本原理的继承与发展。

其次，在历史逻辑上，实现人民民主与人民富裕的统一体现了中国式现代化是当代中国马克思主义、21 世纪马克思主义的题中应有之义。中国共产党成立一百年来，始终把为中国人民谋幸福、为中华民族谋复兴作为自己的初心使命，团结带领全国各族人民为争取民族独立、人民解放和实现国家富强、人民幸福而不懈奋斗。党领导人民创造了新民主主义革命的伟大成就，成立了中华人民共和国，"实现了中国从几千年封建专制政治向人民民主的伟大飞跃"④，为实现民族复兴、国家富强和人民富裕创造了根本社会条件；创造了社会主义革命和建设的伟大成就，建立了社会主义制度，确立了人民代表大会等政治制度，为人民当家作主和实现民族复兴、国家富强和人民富裕奠定了根本政治前提和制度基础；创造了改革开放和社会主义现代化建设的伟大成就，实现了人民生

---

① 《习近平关于社会主义社会建设论述摘编》，中央文献出版社，2017，第 35 页。
② 《习近平谈治国理政》第 1 卷，外文出版社，2018，第 4 页。
③ 熊若愚：《让人民生活幸福就是"国之大者"》，《光明日报》2021 年 6 月 9 日。
④ 《习近平谈治国理政》第 3 卷，外文出版社，2020，第 11 页。

活从温饱不足到总体小康、奔向全面小康的历史性跨越，为实现民族复兴、国家富强、人民富裕和人民民主提供了充满新的活力的体制保证和快速发展的物质条件。党的十八大以来，中国特色社会主义进入新时代。以习近平同志为主要代表的中国共产党人，坚持以人民为中心的发展思想，创造了新时代中国特色社会主义的伟大成就，为实现中华民族从站起来、富起来走向强起来的伟大复兴以及国家富强、人民富裕和人民民主提供了更为完善的制度保证、更为坚实的物质基础、更为主动的精神力量。可以说，坚持以人民为中心的发展思想，把发展全过程人民民主与推进全体人民共同富裕统一起来，把人民民主与人民富裕统一起来，这是习近平新时代中国特色社会主义思想作为当代中国马克思主义、21世纪马克思主义的题中应有之义。

最后，在实践逻辑上，实现人民民主与人民富裕的统一体现了中国式现代化对坚持和发展中国特色社会主义总任务的价值引领。党的十九届六中全会《决议》的"十个明确"，在首先明确中国特色社会主义最本质的特征、中国特色社会主义制度的最大优势是中国共产党领导的前提下，以第二个明确的"总任务"（新增了"以中国式现代化推进中华民族伟大复兴"的内容）为指导，通过第三个明确中新时代我国社会主要矛盾的解决，需要坚持以人民为中心的发展思想，需要把发展全过程人民民主和推动人的全面发展、全体人民共同富裕统一起来的内在逻辑，并与第四个明确中阐述的"五位一体"总体布局和"四个全面"战略布局贯通起来。这种体系结构上的内在逻辑说明，新的征程上，要满足人民日益增长的美好生活需要，就必须坚持人民性的基本立场，把发展全过程人民民主和推动全体人民共同富裕统一起来，着力解决好发展不平衡不充分这个更加突出的问题和主要制约因素，使人民的获得感、幸福感和安全感在充分行使国家权力、积极进行民主参与基础上更加充实、更有保障、更可持续，为以中国式现代化推进中华民族伟大复兴提供民意基础和民主保障。正如习近平所说："人民民主是社会主义的生命。没有民主就没有社会主义，就没有社会主义的现代化，就没有中华民族伟大复兴。"① 因此，坚持以人民为中心的发展思想，实现人民民主与人民富裕的统一，既是习近平新时代中国特色社会主义思想的重要内容，也是全面贯彻习近平新时代中国特色社会主义思想对坚持和发展中国特色社会主义总任务的价值引领。在归根结底的意义上说，这也是党的十九届六中全会《决议》在阐述党的百年奋斗的"十条历史经验"时把"坚持党的领导"和"坚持人民至上"排在最前面两个的内在理据。

总之，历史而理性地审视，"中国式现代化"作为中国共产党领导的社会主义现代化之所以能够取得成功，就在于它是一个从被动现代化走向自主现代化、从工业现代化走向新型工业化、从西方式现代化走向中国式现代化、从学习资本主义现代化走向开创社会主义现代化的发展道路，从"学徒状态"走向"自我主张"的艰辛而伟大的奋斗历程。在这个过程中，马克思主义的理想目标、社会主义的本质要求、我们党矢志不渝的奋斗目标，经由中国式现代化这个中国特色社会主义的总体性实践，在新时代全面建设社会主义现代化国家、全面推进中华民族伟大复兴这个时代性目标中被高度统一起来了。

中国共产党是一个使命型政党、革命型政党。国家与革命问题既是历史唯物主义的核心理论问题之一，也是中国特色社会主义发展的重大现实问题之一，自近代以来就与我们实现现代化和民族复兴的伟大梦想紧密相连。马克思主义关于政治革命和社会革命相统一的观点，揭示了社会主义国家与革命的两种内在关联（通过政治革命建立社会主义国家；通过社会革命建设社会主义国家。政治革命是社会革命的手段、社会革命是政治革命的目的，两种革命最终都是为了实现国家富强和人民富裕），揭示了中国革命、建设和改革的历史逻辑，从财富生产与分配同国家与革命相结合的意义上回答了与中国道路紧密联系的三个问题。

第一，我们要建立建设什么样的国家？答：属于社会主义性质的人民共和国和现代化国家。

---

① 习近平：《在庆祝全国人民代表大会成立 60 周年大会上的讲话》，人民出版社，2014，第 7 页。

第二，我们要进行什么样的革命？答：基于党的伟大自我革命引领的伟大社会革命。

第三，我们为什么要建立建设这样的国家、进行这样的革命？答：为了实现免于"一切形式的奴役"和"一切社会贫困、精神沉沦和政治依附"① 的人的全面发展、人民共同富裕和人类共同进步。

Chinese Modernizationand Two National Narratives of Modern China

Liu Rongjun

College of Philosophy and Development，Huaquao University，

Xiamen，Fujian，361021

Abstract：Industrialization is the foundation of Marx's conception of modernization and modern history. The core problem of industrial modernization is "the relationship of industry and therefore the whole sphere of wealth to the political sphere". This core issue requires us to correctly deal with the relationship between the development of modern society and the construction of modern state from the principles of civil society and political state，economic society and political society. And start from social and political philosophy，take the relationship between capital and state as the hub and intermediary to deal with the internal logic of the political economy criticism of "capital-labor-state-foreign trade-world market". On the basis of the revolutionary conclusion of Capital，Marx laid down the conditions for the realization of the liberation of the person，"society becomes the master of the state"，on the fundamental principle of "the workers become the masters of the means of production"，and regarded the Paris Commune as the "birth record" of the "social republic" shou-

---

① 《马克思恩格斯选集》第 3 卷，人民出版社，2012，第 171 页。

ted by the French Revolution in February. It constructs the conception of "social republic" which includes "labor republic" and "democratic republic". As the socialist modernization led by the Communist Party of China, Chinese modernization has achieved a high degree of unity and internal combination of the two national narratives of "modern country" and "people's republic" on the basis of adhering to socialism with Chinese characteristics, and it has laid a solid foundation for adhering to the people-centered development philosophy and realizing the path of modernization that combines people's prosperity with people's democracy.

Keywords: Chinese Modernization; Industrial Modernization; Modern Country; People's Republic; People's Prosperity

黑格尔的伦理共同体及其对早年
马克思共同体思想的影响[*]

唐　瑭　唐梓耘[**]

摘　要：从德国现代化探索的视角来对黑格尔早年马克思的共同体思想进行探讨，可以发现现代伦理国家的构成需要解决"普遍性-特殊性"的对立，而黑格尔的伦理共同体未能弥合二者的对立，这也直接促使了马克思与青年黑格尔派成员从共和的角度重新搭建共同体，并开启了早年马克思政治哲学的理论转向。重新审视这一理论转向，可以更好地审视德国现代化探索所分化的"国家-社会"问题，进而理解黑格尔共同体思想对马克思的影响。

关键词：黑格尔；马克思；共同体

"共同体"是以总体性形式表现的社会关系，其形态与生产方式高度关联，因而成为马克思哲学中的重要概念。然而，马克思共同体思想的形成并非一蹴而就，而是具有其历史性：一方面，马克思共同体思想诞生于 19 世纪德国现代化探索的历史背景；另一方面，在德国现代化探索的进程中，黑格尔透视到了现代世界中存在特殊性领域即"市民社

---

* 该文基金项目：国家社科"马克思政治哲学视阈下的'人类命运共同体'研究"（18CZX005）、中央高校课题"习近平总书记关于美好生活的重要论述研究"（20720221011）。

** 唐瑭，厦门大学哲学系教授，厦门大学习近平新时代中国特色社会主义思想研究中心研究员，主要研究方向为马克思主义发展史、国外马克思主义；唐梓耘，厦门大学哲学系马克思主义哲学专业硕士研究生，主要研究方向为马克思主义发展史。

会"与普遍性领域即"政治国家"的对立，并提出了"伦理共同体"理论以试图解决这一问题，这一现代社会政治的"副本"后来成为早年马克思的理论对象。可以说，马克思对共同体的思考正是始于他对黑格尔"伦理共同体"理论的继承、反思与批判。简要地讲，当马克思第一次自觉地超出自己原先接受的黑格尔国家学来思考共同体问题时，他仍然沿用了黑格尔的"市民社会-政治国家"框架，但他对市民社会与政治国家各自的性质及二者关系有了和黑格尔不同的理解，这使得他对"社会分裂的根源是什么""理想共同体的形态如何"等问题给出了新的答案。因此，本文将从 19 世纪德国现代化探索的历史背景开始，简要地论述黑格尔关于"市民社会-政治国家"的基本判断和建立在这种判断之上的"伦理共同体"理论；接着论述早年马克思对黑格尔法哲学从接受到批判的具体思路，指出马克思通过批判黑格尔法哲学在共同体问题上得出了什么新观点，由此突出黑格尔的"伦理共同体"理论对早年马克思共同体思想的影响。

一 德国现代化探索与黑格尔的理论问题

1807 年于普鲁士王国推行的"施泰因-哈登堡"改革开启了由统治阶级推动、试图通过国家改革吸收英法现代化经验的德国现代化道路。[①]在当时国家改革派的现代化探索中，黑格尔的理论是最具有代表性的一个。一方面，黑格尔在学生时期就赞美启蒙、批评专制，后来也一直心系德意志国家的发展。他关注法国革命并学习英国古典经济学，这使得他对英法现代化有较深的认识并抱有积极的态度，也使得他能在 19 世纪初响应德意志民族战败后的"图强"诉求。另一方面，黑格尔哲学所注重的普遍性与历史性，也使得他能辩证地看待英法现代化经验与德国的特殊情况，从而既不提倡重走英法现代化的老路，又力求从德国特殊的

---

① 唐瑭：《唯物史观视域下的德国现代化道路探索》，《南京社会科学》2022 年第 2 期。

历史与现状出发并挖掘其中的积极要素来谋求德国现代化。这使得黑格尔在由国家改革来实现现代化的方针上，与普鲁士当局一致。在目睹了神圣罗马帝国被法兰西共和国无情冲垮后，黑格尔一改年轻时认为国家妨碍自由的激进观点，意识到德意志土地上亟须建立起一个真正统一的政治国家。从神圣罗马帝国在法兰西共和国的征服下土崩瓦解的历史情境中，黑格尔不仅看见了德、法两个民族间的争斗，更意识到了诞生于资产阶级革命的现代国家具有多么强大的力量，而作为古代世界遗产的封建国家已经在历史车轮滚滚向前的进程中风雨飘摇了。因此，若要避免德意志民族未来沦落到和犹太人一样"无国可依"的境地，就必须使德国成为一个现代国家。

在黑格尔看来，现代国家的首要特征就是统一于一个使国家的"各部分从属自己而存在"①的政治中心。黑格尔进一步指出，这种现代的社会政治形态来源于资产阶级的文化与精神，尤其是在启蒙思想中被高举的主观自由原则，或者说个人主义。②当人们秉持着这种个人主义，专注于自己的私人生活，只顾着操心自己的私人事务时，关于民族、国家的那些公共事务就会集中到一个特定的中心上。这样的现代国家既因其统一于政治中心的凝聚力，又因得到人民因个体自由而迸发出的活跃精神的支持而"无限强大"。③在这里，我们或许已能发现黑格尔所设想的现代国家中存在某种张力：现代国家一方面以社会层面的主观自由、个人主义为原则，另一方面又在政治层面上统一。这两个方面之间显然存在特殊性与普遍性的紧张关系，并且一旦失去协调就很可能滑入某个极端中，即要么私人生活中各行其是的特殊性撕裂了统一的国家，要么政治中心的普遍性变为宰制一切的专制主义而破坏个体自由。而黑格尔所探索的正是国家解体与专制主义之间的中道，他理想的现代国家是将

① 〔德〕黑格尔：《黑格尔政治著作选》，薛华译，中国法制出版社，2008，第25页。
② 〔以〕阿维纳瑞：《黑格尔的现代国家理论》，朱学平、王兴赛译，知识产权出版社，2016，第62页。
③ 〔德〕黑格尔：《黑格尔政治著作选》，薛华译，中国法制出版社，2008，第37页。

自由个体凝聚在一起的共同体，是"普遍性与特殊性的统一"①。可见，黑格尔对德国现代化道路的探索，并非只局限于德意志民族的"图强"事业，更关乎着一个如何协调现代社会政治中特殊性与普遍性的共同体问题。

二 市民社会与国家

通过学习作为"现代世界基础上所产生的若干门科学中的一门"②的英国政治经济学，黑格尔认识到了一个在现代化中诞生的，"通过个人的劳动以及通过其他一切人的劳动与需要的满足，使需要得到中介，个人得到满足"③ 的体系，亦即斯密所谓"一切人都成为商人"④ 的自由市场社会，这个体系成了后来黑格尔所谓的"市民社会"的基础。在市民社会中，每个人都以自己的利益为目的，每个人都为了追逐私利而同他人交往，每个人的特殊性（包括其身为经验世界中的个体所具有的禀赋、偏好及各种偶然属性等）都有机会得到展露和发挥。黑格尔不仅明白市民社会的形成是历史大势所趋，更承认市民社会所具有的重要价值，即对个人的主观自由的尊重和保障。这种主观自由在他看来既是使现代世界从根本上有别于以往一切时代的根本原则，又是公共善的必要环节，所以保证个体的主观自由能有一个充分发挥的空间是极为必要的。因此，黑格尔在其构想的现代国家中，不遗余力地要保留市民社会这个特殊性领域。

然而，与古典自由主义者对市民社会持不加批判的积极态度乃至主张放任其自由运行不同，黑格尔认为市民社会是一个不够完善的领域。政治经济学已然揭示了自由市场必然会导致贫富分化、对外殖民扩张等

---

① 〔德〕黑格尔：《法哲学原理》，范扬、张企泰译，商务印书馆，1961，第 280 页。
② 〔德〕黑格尔：《法哲学原理》，范扬、张企泰译，商务印书馆，1961，第 204 页。
③ 〔德〕黑格尔：《法哲学原理》，范扬、张企泰译，商务印书馆，1961，第 203 页。
④ 〔英〕亚当·斯密：《国富论》，郭大力、王亚南译，商务印书馆，2015，第 19 页。

问题，这表示从主观自由原则出发的市民社会经济活动最终会辩证地走向对大部分弱势人群的主观自由的否定。而这种从市民社会中发展出来的不平等最终有可能使整个共同体解体。

除了实践问题，黑格尔在哲学层面上对法权、自由、个体与集体间的关系的理解，决定了黑格尔不会满足于市民社会这个"个人私利的战场"①。在黑格尔的思辨哲学体系中，实体优先于主体，普遍性优先于特殊性，因此他认为"客观精神"在经历了抽象法、道德等阶段后必然要发展到伦理（Sittlichkeit）——这个词意味着一种客观的、稳定的"公序良俗"。伦理突破了抽象的人格，也超越了道德这种在主体内进行的自我反思，它是一种以理性方式组织起来的社会秩序，其对个体而言首先表现为一种客观的、实体性的"外在必然性"。黑格尔认为，个人生活在具体的社会关系中，个体的法权其实来源于他人的承认，而个体的主观自由需要在一种合乎理性的公共关系或社会秩序（也就是伦理）中才能得到充分的实现。与之相反，以主观自由为原则的市民社会是伦理发展的否定环节。市民社会中个体是通过排斥他人的自由与利益来获得自己的自由与利益，这种"原子式"的主观自由在黑格尔看来是抽象的、缺乏现实性的，当然也是不可欲的。因此黑格尔主张，为了使市民社会中的个体摆脱这种"原子化"的状态，使其作为个人的价值得到公众的认同，进而使其主观自由现实化——或者用黑格尔哲学的术语来说，为了使个体成为"定在"——市民社会中从事相同职业的人应当联合起来组成同业公会。

黑格尔为他所设想的同业公会赋予了很多职能，如吸收和培训会员、在经济困难时期保证会员的收入、为普通公民提供表达政治意见的场所等。但同业公会的核心职能，或说这些具体职能的根本意义在于：它使个人主义的现代人得到教化（Bildung），使他们开始从特殊性向普遍性过渡，由此构成了从市民社会中发展出普遍性的"伦理根源"②。同业公

---

① 〔德〕黑格尔：《法哲学原理》，范扬、张企泰译，商务印书馆，1961，第309页。
② 〔德〕黑格尔：《法哲学原理》，范扬、张企泰译，商务印书馆，1961，第251页。

会使特定职业得到公众认同，由此培养起职业荣誉感，从而使其成员脱离"原子化"状态。在这里，个人以其职业为中介，通过共同的荣誉感而与其他同职业的人团结在一起，并在整个市民社会因同业公会所带来的相互承认中找到自己的独特位置。然而黑格尔仍然不满足于此，在他看来，同业公会仍然属于市民社会领域内的设置。同业公会虽然克服了现代人的"原子化"，但如果没有更高的普遍物对其进行规范，那么其终究难以向更高的普遍性发展，而只能沦为一个特殊利益集团、一个"可怜的行会制度"①，而整个社会也不过因此从"一切人反对一切人的私利战场"变成了"一切同业公会反对一切同业公会的私利战场"。归根结底，市民社会是以主观自由为根本原则的特殊性领域，因而不可能只靠自己而彻底克服特殊性。所以，若想在以主观自由为原则的现代背景下形成真正具有普遍性的共同体，达成黑格尔所理想的那种"普遍性与特殊性的统一"，社会就不能停留在市民社会领域，而还需要一个具有更高普遍性的伦理秩序。

在黑格尔看来，国家才是"伦理理念的现实"②、真正的普遍物。市民社会也只有借助国家这个普遍物，才能不至于完全沦为私人利益的战场。但是，黑格尔对国家的理解迥异于英法古典自由主义。古典自由主义者把国家当作维持市民社会经济运作、保障私有财产的外部秩序：一方面，这种国家没有超越市民社会之上的自己的目的，反而是以保障私人利益为原则；另一方面，这种国家对市民社会的规定是一种外在的规范，它并不对市民社会内部的经济运作进行干涉。黑格尔认为这种"外部国家"并不是真正的国家。在他看来，国家并非市民社会与私有财产的手段，而是拥有主权与单一性（Einzelheit）的自为存在。也就是说，国家作为普遍物，并非各种特殊性要素简单地聚在一起形成的"团块"（这种聚合物的本质仍是特殊性，其间充满了特殊性与特殊性的冲突），

---

① 〔德〕黑格尔：《法哲学原理》，范扬、张企泰译，商务印书馆，1961，第 251 页。
② 〔德〕黑格尔：《法哲学原理》，范扬、张企泰译，商务印书馆，1961，第 253 页。

而是独立的、自由的即不依赖他物的"一个单一的东西"①。这种"单一性"意味着国家的"统一"（Einheit），即包含各个部门与诸多特殊性要素的国家是作为单个的整体而行动的。黑格尔如此强调国家的单一性，当然与19世纪德意志追求国家统一的时代背景有关。但更根本的是，在黑格尔对共同体问题的思考中，当组成国家的人民在市民社会中被允许自由发挥他们的特殊性，亦即国家包含多种特殊性力量时，唯有国家整体呈现为具有主观自由的"单一性"形式，我们才可能相信国家拥有超越（它在自身内部所包含的）各种特殊性的普遍性。

黑格尔国家观中的"单一性"规定，自然地在具体的制度层面导出了"王权"。黑格尔并不赞同西方民主制所提倡的所谓立法权、行政权、司法权的"三权分立"。在他看来，前两种权力分别对应着普遍性与特殊性，但司法权却不足以作为普遍性与特殊性的统一。在黑格尔看来，西方民主制的"三权分立"只能实现各种相互对立的权力之间的相互牵制，这种制度或许有望防止集权所导致的专制，但无法将国家凝聚为一个自在自为的存在。这三种相互对立的国家权力常常相互冲突，有时又相互吞噬，它们反倒使国家这个普遍物陷入内部分裂的风险中。在黑格尔的现代国家方案中，取代司法权的是把国家的其他部分及各种权力最后统一为主权意志的王权。国家的"单一性"意味着国家是个体，而且这个个体还是主观自由地行使主权、不以他者为转移地作出最终决断的自为存在，这个概念在现实世界的化身就是君主。当然，从黑格尔主张的是立宪君主制且他否认君主可以为所欲为来说，他的本意并不是赞同一种专制主义的君主，因为专制君主会使国家沦为其私有财产。相对的，黑格尔所采用的，只是君主行使主权而自由地作出最终决断的形式——正是在君主的"御笔一点"中，普遍性才真正形成，国家也在此统一为一个单一的东西。在黑格尔看来，自己的立宪君主制实际上是把主权赋予了国家整体而非它的某个部分，因而王权不是让国家成为君主的私有

---

① 〔德〕黑格尔：《法哲学原理》，范扬、张企泰译，商务印书馆，1961，第296页。

财产，而是让君主成为国家这个普遍物的"化身"。不可否认的是，黑格尔之所以在其现代国家理论中一定要从国家的"单一性"中引申出王权，也是因为他试图从德国特殊的历史情况出发开辟德国的现代化道路：黑格尔先是意识到德意志需要一个强有力且稳定的政治中心，而后又在普鲁士身上看到了德国统一的可能性，因此他希望能通过一尊具有权威的"主权的现实化身"来统一被特殊主义所分裂的德国。

三　伦理共同体

行文至此，我们已经发现黑格尔的现代国家中存在相互对立的两个领域，一个是以个体的主观自由为原则的市民社会；另一个是被视为普遍物的统一于君主的政治国家。上文已经提及，一方面，黑格尔极其重视现代世界的主观自由原则，认为现代国家应当为个体自由发挥其特殊性留下充足的空间，并反对政治国家过度地干涉市民社会，因而也就主张市民社会在现代国家中应该是一个相对独立于政治国家的领域。另一方面，黑格尔当然也反对政治国家成为市民社会的附庸，他实际上相当看重国家作为"自在自为的普遍物"[①] 的独立性，这一点尤其在主权这一概念的人间化身即君主身上表现得淋漓尽致。君主并非市民社会这个私利战场中的一员，而是遥居于市民社会的彼岸，超越尘世中各种特殊利益的纷争，从而作为一种纯粹的普遍性来统治国家。此处其实已经体现出现代社会政治的一大基本特征，即市民社会与政治国家的分离。在黑格尔看来，这种分离构成了一个辩证式的情况：一方面，这种分离符合了现代世界的原则，即满足了主观自由的原则，保证了现代国家同时具有特殊性与普遍性两个环节（而非像古希腊城邦一样只有普遍性环节，也不像中世纪一样只有特殊性环节）；另一方面，这种分离也可能导致这么一种糟糕的情况，即市民社会中的个人只是沉浸于一种个人主

---

① 〔德〕黑格尔：《法哲学原理》，范扬、张企泰译，商务印书馆，1961，第 306 页。

义的私人生活中，而对公共事务漠不关心，对遥居于市民社会彼岸的政治国家毫无意识，这种情况意味着特殊利益与普遍目的之间存在矛盾，意味着本应作为普遍物的国家无法整合被特殊利益所充斥的市民社会，意味着真正实现普遍性的共同体的无法形成。既然黑格尔既要求特殊性与普遍性两个环节同时存在于现代国家中，又希望达成特殊性与普遍性的统一，那么他就必须要辩证地扬弃市民社会与政治国家的分离——既保留市民社会与政治国家这两个领域的相对独立，同时又使二者能在某种层面上实现统一。

要使两个相对独立的领域实现统一，就必须在二者之间"牵线搭桥"。黑格尔所给出的市民社会与政治国家的统一方案，正是在市民社会与君主之间设置"中介"，黑格尔也就在此意义上说"国家制度在本质上是一种中介关系"①。黑格尔所构想的中介主要有二：一是由国家普遍性流射出的政治官僚，其忠于国家并代表国家处理市民社会中的具体经验事务，从而扬弃后者的特殊利益以实现国家的普遍目的；二是由市民社会凝聚成的各个等级（Stände），它们选出能代表各自利益并具有政治素养的议员参与国家立法，使市民社会的特殊利益统一到国家的普遍利益中。黑格尔认为，通过政治官僚与各等级所发挥的共同的中介作用，政治国家就不至于成为压迫人民的暴政，市民社会的特殊利益也不至于孤立起来反抗国家。

政治官僚之所以能成为政治国家与市民社会之间的中介，就在于其既忠于王权的普遍性而作为政治国家的行政机关，同时又作为市民社会中的一个等级着手于市民社会的具体事务。为了保障政治官僚的普遍性，黑格尔提出了考试选拔制、薪俸制、上下监督等措施。考试选拔制确保官僚具有服务于普遍利益、公共事务、治理国家的能力与素养；薪俸制通过让国家来满足官僚的个人需要，使官僚能够免于市民社会中特殊利益的纷争，让官僚能够专心追求普遍利益而非个人的私利；而来自君主

---

① 〔德〕黑格尔：《法哲学原理》，范扬、张企泰译，商务印书馆，1961，第322页。

和同业公会的上下监督，是为了避免掌握了政治国家实际权力的官僚把政治国家当成自己的私有物。黑格尔对官僚政治的构想与现代官僚政治的实际情况大同小异，不过我们也可以从黑格尔对官僚政治的青睐中看出他对公共事务的看法：政治领域的公共事务应由经受专门教育而具有一定知识和素养的专家来处理，而非直接交予人民群众。黑格尔相信，如果人民群众直接地参与政治事务，那么或者个体的自由会在政治普遍性中被压制，或者市民社会领域中的特殊性之间的冲突会被带到政治领域中。因此，无论是市民社会与政治国家间的相对独立，还是二者间的中介，都是有必要的。

这种信念同时出现在黑格尔为立法权所精心设计的等级要素中。从我们的视角来看，黑格尔所谓的等级要素是一个比较奇特的设计。就这种等级要素是立法权中市民社会的代表而言，我们并不陌生，它本质上就是现代民主国家代议制中的代表要素。但同时，黑格尔却强调现代国家的代议制应该以（在我们看来颇具有中世纪风格的）"等级"为单位。黑格尔为何不主张一种更为直接的代议制，而一定要保留"等级"这种复古的形式作为中介？个中缘由或许与黑格尔要把德国现代化的主体地位赋予当时的容克地主阶级有关，但最根本的原因在于黑格尔对普遍性如何包容特殊性的理解。

一般认为，特殊性与普遍性之间是相互对立的，而黑格尔则区分了"抽象普遍性"与"具体普遍性"。"抽象普遍性"是一般人所认为的与特殊性对立的普遍性；"具体普遍性"则是"包括一切特殊性于其中"[①]的普遍性，黑格尔所理想的现代国家作为共同体所具有的普遍性正是这种"具体普遍性"。在黑格尔看来，普遍性将特殊性内容包容进自身，这一过程无法通过在二者间建立直接的同一关系来完成，而是要使普遍性与特殊性之间产生"有机的联系"。正是基于这种逻辑学观点，黑格尔才在他对市民社会与政治国家的关系的讨论中指出，如果私人生活的

---

① 〔德〕黑格尔：《小逻辑》，贺麟译，商务印书馆，1996，第 351 页。

特殊性与共同体整体的普遍性直接同一，那么情况要么像古希腊城邦一样，国家的普遍性直接吞噬了特殊性与个体的主观自由；要么像中世纪一样，国家会沦为私有财产而丧失其普遍性。而即便是保持市民社会与政治国家相对独立，直接代议制也会使特殊性内容以一种无机的、机械主义的方式直接组成总体。这种无机的关系，会表现为特殊性与普遍性之间直接的冲突：对于个别的特殊性而言，普遍性会表现为总体的因而也是异己的、对抗性的暴力；而对于普遍性而言，特殊性则呈现为分裂的、任性的、"群氓"式的力量。有鉴于此，黑格尔所提出的方案是：将特殊性内容整合进有序的结构中，使整个国家成为有机的整体。这样一来，普遍性就是整个有机整体的和谐，而非总体对部分的暴力，对于特殊性来说它是更高层面上的协调的力量；而在特殊性内容在机体中找到自己"安身立命"的特定位置后，其主观自由的发展不仅不会表现为分裂整体的力量，反而是对整体的一种促进。黑格尔在此将自然界中"机体"的概念引入国家学——构成机体的各个环节并非在对抗其他环节或对抗整体，而是在机体的和谐中相互包容、相互促进——用以表明现代国家能通过有机的关系协调、包容、统一各种特殊性与普遍性。基于"国家是一个机体"的认知，黑格尔主张通过等级体系这个中介——等级能够将市民社会经济活动中的那种未被主观自由的个体所重视的普遍依赖关系，转化为一种在具有荣誉感、相互承认的等级意识中被意识到的伦理关系——将市民社会整合进国家机体的秩序结构中。

至此，我们已然展开了黑格尔现代国家的秩序结构。现代国家首先包含市民社会与政治国家两个相对独立的领域。其中，市民社会是以私人利益为核心的特殊性领域，政治国家的中心即君主则是普遍性的极端。从君主中流溢出政治官僚从上至下的行政权，市民社会中的同业公会又凝聚为等级要素从而自下而上地参与立法，这两个制度共同构成市民社会与政治国家间的中介作用，从而将整个国家有机地联系为一个共同体。不过，如果我们对黑格尔的现代国家的理解仅仅停留于这种客观外在的秩序结构，那么我们就不能完全理解黑格尔何以将其定性为"普遍性与特殊性的统一"。因为在黑格尔的设计中，现代国家中的特殊性领域与普遍性领域并没有完全同一，伦理秩序似乎也只是通过中介作用让这些不同的部分"藕断丝连"，而现代国家的成员——在市民社会中作为只关心自己私人利益的市民（Bourgeois），在普遍劳动与公共事务方面又作为公民（Citoyen）——仍然具有双重身份。为了保障现代人的主观自由（并为了防止这种特殊性的任性直接侵入普遍性领域），黑格尔保留了现代社会中特殊性与普遍性、个体与共同体间的距离，可既然如此，他又如何声称现代国家实现了"普遍性与特殊性的统一"呢？

　　现代国家统一的秘密就在于黑格尔独特的"伦理"概念。必须强调的是，黑格尔的"伦理"是其所谓"客观精神"的最后阶段，而黑格尔的"精神"是主观与客观的统一。作为精神，伦理不仅具有"公序良俗"意义上的客观形式，即作为家庭、市民社会、国家等外在的秩序结构的形式，同时还具有存在于个体的自我意识中的主观形式，其表现为个体对客观的伦理秩序的积极意向。在黑格尔的伦理国家理论中，国家是伦理实体，这不仅意味着国家对于个体而言是客观、稳定、实在的规范力量，同时还意味着国家本就是个体的自我意识的实现。因为在"实体即主体"式的精神运动中，实体是主体的"现实性"，即主体在追求实现自身本质的运动中所趋向的终极目的。而既然国家是伦理实体，是主体的自我意识的实现，那么国家这个伦理共同体就不能成为个体不得不俯首屈从的遥居彼岸天国的利维坦，而是要维护个体在特殊领域的主观自由、合法权益、威信和福利①。国家之所以是至上的实体，不是因为它是站在特殊性对立面的伟大暴力，而是因为只有守在它身边，特殊性才能得到现实的充分发展。

　　如果仅从外观上来看，国家等伦理实体确实表现为个体的"外在必然性"②，但就伦理是充分发展了的精神而言，个体会在自我意识中把看

① 〔德〕黑格尔：《法哲学原理》，范扬、张企泰译，商务印书馆，1961，第 309 页。
② 〔德〕黑格尔：《法哲学原理》，范扬、张企泰译，商务印书馆，1961，第 261 页。

似外在的伦理实体认作自己的"内在目的"①。个体之所以会积极地投身于国家，根本原因是国家本就维护个体的主观自由与特殊利益，而个体则在中介机关的伦理教化下意识到自己的主观自由与特殊利益无法在自己任性的无限扩张中最大化，而是只有在国家之中才能得到充分实现。个体在这种意识中把共同体视为自己的实体，意识到国家"对我来说就根本不是他物"②，由此也就实现了自我意识与外部秩序、市民社会与政治国家、特殊性与普遍性的自觉统一。我们也可以从此看出"国家制度在本质上是一种中介关系"的深层内涵：中介体系所起到的中介作用，并不只是为了在几个分离的领域之间建立形式上的联系，而更是为了让国家明确特殊利益是什么并加以维护，并使个体对国家的存在与积极意义产生充分的意识。正是在伦理精神的这种"共同体维护成员的利益，成员信任并投身于共同体"的统一机制中，现代社会的特殊性环节与普遍性环节"貌离神合"，并形成一个"使主观性的原则完美起来，成为独立的个人特殊性的极端，而同时又使独立个人回复到实体性的统一，于是在主观性的原则本身中保存着这个统一"③的伦理共同体。

综上所述，黑格尔所构想的现代国家是一个既建立在以主观自由为原则的市民社会这个特殊性领域之上，又依靠以普遍性为原则并拥有至上主权的政治国家进行自上而下的规范，并通过中介机关使社会制度与个体意识相互协调，最终让特殊性与普遍性实现自觉统一的伦理共同体。我们认为，这一"伦理共同体"的理论意义并不在于黑格尔所提出的具体实践方案，而在于他准确地观察到了现代社会中自由个体与共同体间的矛盾，并试图在理论中协调它们。然而，黑格尔最终也只是在思辨中实现了主观自由与共同体间的和谐。可以想见的是，在现实世界的发展中，黑格尔通过思辨弥合起来的矛盾将会在更为严峻的历史情境与更具批判精神的哲学理论中得到激化，并促使思想家们为现代共同体问题寻

① 〔德〕黑格尔：《法哲学原理》，范扬、张企泰译，商务印书馆，1961，第 261 页。
② 〔德〕黑格尔：《法哲学原理》，范扬、张企泰译，商务印书馆，1961，第 267 页。
③ 〔德〕黑格尔：《法哲学原理》，范扬、张企泰译，商务印书馆，1961，第 260 页。

求一种更彻底的解决方案。

四　伦理共同体的破产与青年马克思对共同体的思考

黑格尔去世后，德国的现代化探索进入艰难求索的阶段。曾被黑格尔寄予厚望的普鲁士当局愈发反动，而由当局主导的国家改革也未能将被特殊主义分裂的德国整合成公民自由、国家统一的现代共同体。因此，一些青年黑格尔派哲学家们，试图通过批判地发展包括《法哲学原理》在内的黑格尔哲学，继续解答黑格尔未能终结的时代问题。

马克思正是当时接过这一课题的人中走得最远的一个。在撰写其博士论文时，马克思认同黑格尔哲学已然揭示出世界应当符合的"理性本质"，指出接下来要做的无非突破黑格尔哲学的保守体系，通过意志与实践把这种"理性本质"在世界中实现出来。《莱茵报》时期的马克思仍延续这一哲学立场，因而也就在共同体问题上，与黑格尔持一致的理解：第一，个人主义是一种应该加以改造的"粗野的本能"，人的理想状态是作为共同体的成员而过一种"整体的生活"；第二，理想的共同体应当保障个体的权利与自由，并且个人在主观上是自愿地、积极地加入共同体的；第三，人由"天然的独立性"向"以整体的生活为乐事"的转化是一个"教育"的过程，并且这一教育工作应该由"合乎理性的"国家来完成①。马克思此时的共同体思想，与黑格尔一样采取了一种"自上而下"的社会整合思路：为了使现代人超越个人主义而过一种共同生活，我们需要仰赖合乎伦理精神的国家制度的引导与规范。

在《莱茵报》担任编辑的时期，正是马克思依照哲学的"理性"批判现实社会的实践时期。然而，马克思基于"伦理共同体"理论，批判被特殊主义分裂的德国社会时，却遇到了要对所谓物质利益发表意见的难题。这些物质利益难题向马克思展现了这么一个事实：在现实情况中，

---

① 《马克思恩格斯全集》第 1 卷，人民出版社，1995，第 217 页。

国家并不是被以普遍利益为旨的伦理精神所主导，反倒是受追逐私人利益的"下流的唯物主义"①所支配。按照马克思原先接受的黑格尔的"伦理共同体"思想，"伦理"这一联合性力量是其客观层面（国家）和主观层面（个体的自我意识）的自觉统一，而达成统一的关键就在于要让个体把国家视为"内在目的"而不是纯粹的（甚至与自己的意图和利益相违背的）"外在必然性"，这就要求作为伦理秩序之客观形式的国家制度必须维护人民的利益。然而，马克思所看到的现实情况是，私人利益支配了国家制度与国家权力，这个在现实中处处占上风的"下流的唯物主义"不仅宣告了"伦理共同体"理论的破产，更揭示了一切诉诸政治制度自上而下地规范社会的共同体方案的共同缺陷：当政治权力掌握在少数人手中时——由于物质利益在国家运行中的支配性地位，即掌权者总是为了其特殊利益运用权力——国家只可能服务于少数人的特殊利益而非共同体的普遍利益。这就促使马克思对共同体的思考转向了激进政治的思路：既然少数人掌握政治权力只可能使国家追求统治阶级的特殊利益，那么要想实现以普遍利益为旨的共同体，就必须让人民普遍地、直接地参与政治。

于是，马克思从报纸编辑部回到书房，转向对黑格尔法哲学的批判，以期从中阐发理想共同体的新原理。而这一理论工作的成果，就是《黑格尔法哲学批判》手稿（以下简称《批判》）。在《批判》一开始，马克思就通过费尔巴哈式的主谓颠倒法，颠覆了在黑格尔的概念运动中达成了内部和谐统一的伦理共同体，而将市民社会和政治国家的关系重新置于现实的基础上。马克思指出，在历史中真正活动着的东西是"作为家庭的成员和市民社会的成员而存在的这种群体"②，然而黑格尔却把"观念"当成社会历史的本体。因此，在"伦理共同体"中，市民社会与国家之间的过渡和统一，其实并不是现实中私人利益向普遍利益的转化，不是从现实的市民社会与国家本身引申出的历史的关系，而只不过

---

① 《马克思恩格斯全集》第 1 卷，人民出版社，1995，第 289 页。
② 《马克思恩格斯全集》第 3 卷，人民出版社，2002，第 12 页。

是观念内部的思辨运动与虚构同一。在马克思看来，此处要探讨的是政治问题、历史问题，但黑格尔实质上所诉诸和讨论的是他的逻辑学。黑格尔想通过"实体即主体"的精神运动，把逻辑学的"货币"兑换成社会政治的历史产物，然而马克思认为：从普遍的、抽象的逻辑规定到特殊的、具体的政治制度的神秘桥梁"永远也架设不起来"①。经过对"逻辑的、泛神论的神秘主义"② 的批判，原先被黑格尔在思辨中弥合为"貌离神合"的社会分裂，就被重新还原为市民社会与政治国家间事实的分离。而当马克思从这个事实的分离重新出发时，黑格尔那种保留"市民社会-政治国家"的二元结构并通过中介将二者统一的共同体方案，就在手段和目的上存在严重问题。

首先，在手段上，黑格尔所构想的中介并不能实现他所希望的统一。黑格尔所构想的现代国家立法权中的等级要素（它被黑格尔理解为居于政治国家和市民社会之间的中介），实际上是政治国家内部的要素，它与非政治的市民社会中的私人等级并不是一回事。因此，在现代国家的立法环节中，真正的市民社会实际上被虚化了，代替它与国家联系的其实是与它分离的政治等级——立法这个被设想为政治国家与市民社会的中介的环节，仍是在市民社会遥不可及的政治彼岸发生的。在批评黑格尔国家的等级要素是一种形式主义的基础上，马克思进一步通过在逻辑学中区分了"基于同一本质因此不需要中介的对立"与"不同本质之间无法中介的对立"。③ 在他看来，市民社会与政治国家的分离正是第二种对立，即非政治本质与政治本质间的彻底矛盾。所以，市民社会与政治国家根本无法通过中介实现统一。

其次，在目的上，被黑格尔寄予厚望的政治国家并不具有真正的普遍性。尽管黑格尔意识到历史上实存的国家往往是没有维护人民利益的"坏"的国家，但他最终还是将克服私人利益的特殊性、整合社会分裂

① 《马克思恩格斯全集》第 3 卷，人民出版社，2002，第 18 页。
② 《马克思恩格斯全集》第 3 卷，人民出版社，2002，第 5 页。
③ 《马克思恩格斯全集》第 3 卷，人民出版社，2002，第 111 页。

的重任托付给了由少数专家统治的、高高在上的政治国家。根据黑格尔法哲学，现实的（Wirklich）国家制度是合乎伦理的国家制度，因而是真正的普遍物。既然国家是真正的普遍物，那么只要通过中介使市民社会同国家这个普遍物产生联系，乃至让个体在自我意识中信任国家，统一了普遍性和特殊性的共同体就宣告完成。对此，马克思批评黑格尔对政治国家有着错误的定性，即"不加批判地把这种不适当的存在当作真正的、十全十美的存在"①。在马克思的批判下，黑格尔所设想的保障官僚的普遍性的考试选拔制、薪俸制、上下监督等措施，反而确定了官僚的特权地位。而黑格尔所倚重的官僚的高尚精神、善良意图、受教育的思想等个人素养，也终究无法使官僚免于客观的、制度性的"官僚关系"②的支配。因此作为与市民社会相对立的政治特权阶级，官僚不可能摆脱其"特殊利益的虚构的普遍性"③的性质。马克思由此指出，被黑格尔视作"普遍等级"的官僚所形成的其实是一个特殊利益集团，而由官僚所控制的国家的所谓普遍性也就沦为形式主义。那么，这样一来，同样是面对现代社会中"市民社会-政治国家"的结构，黑格尔看到的是"特殊性-普遍性"，马克思看到的是"特殊性-伪装成普遍性的特殊性"。既然政治国家不具有真正的普遍性，反倒因为它与市民社会相分离的地位而没有摆脱特殊性，那么理想的共同体就不应该是通过中介把市民社会整合到政治国家中。究其实质，马克思认为脱离了人民的政治国家只可能是形式的普遍性，而真正的普遍性不可能在黑格尔的"形式的普遍性-中介-特殊性内容"中实现。相对的，马克思认为真正的普遍性应该是形式与内容完全统一的普遍性，在理想的共同体中"形式的原则同时也是物质的原则"④。因此，马克思主张，应当由在现实生活中就

---

① 《马克思恩格斯全集》第3卷，人民出版社，2002，第77页。黑格尔所谓的"现实性"是本质与实存的统一，因此他并非完全站在普鲁士当局的立场为现存的国家制度做辩护。但即便是黑格尔所理想的符合理性的"现实的国家"，在马克思看来也因为其与人民抽象对立，而不可能具有真正的普遍性。

② 《马克思恩格斯全集》第1卷，人民出版社，2001，第216页。

③ 《马克思恩格斯全集》第3卷，人民出版社，2002，第59页。

④ 《马克思恩格斯全集》第3卷，人民出版社，2002，第40页。

已超越个人主义并积极联合的人民直接组成共同体。

在《批判》中，马克思用一种人本学和政治哲学相结合的思路，来重新理解黑格尔所揭示的市民社会与政治国家的分离，并重新思考理想的共同体方案。首先，马克思认为政治性是人的"类本质"，政治生活是人民积极联合起来追求公共善的"类生活"①。其次，马克思把现代市民社会的形成归结于将政治领域与人民生活相分离的制度变革②；将政治国家指认为"同人民生活现实性的尘世存在相对立的人民生活普遍性的天国"③，即作为人的"类本质"的政治性、普遍性的异化；并将市民社会理解为丧失了政治性而以"个人主义原则"④ 为本质的非政治领域，在其中生活的人是与作为"类本质"的政治性相异化的"市民"。因此，理想共同体的形成就在于扬弃这种异化，即"国家制度的回归"⑤，从实践上来说就是让人民通过"不受限制的选举和被选举"⑥ 而直接参与政治，使人民在政治生活（也就是"类生活"）中超越个人主义而积极联合，由此组成特殊性与普遍性真正统一的共同体。

由上观之，马克思在《批判》中提出的是一种达到"人的本质"原则高度的"政治共同体"：一方面，这个共同体用以统一诸个体的联合性力量是政治的，亦即人们通过参与政治，在政治生活中超越个人主义

---

① 这一时期的马克思赞同并自觉接受了费尔巴哈哲学的基本原则，因而也就和费尔巴哈一样将"类"（这一概念意味着人的社会性、人类的普遍性）视为"人的本质"。但与费尔巴哈主要在"爱"的意义上理解"类"不同，马克思进一步将这个概念推进到政治领域，他认为人的"类本质"在政治生活中才能得到最高实现。《批判》中也有许多语句表达了这一基本主张，例如马克思认为应当把社会、国家等"社会存在方式看作人的本质的实现"（《马克思恩格斯全集》第 3 卷，人民出版社，2002，第 52 页），并批评黑格尔"不是把国家推崇为人的最高现实"（《马克思恩格斯全集》第 3 卷，人民出版社，2002，第 50 页）。

② 《批判》："历史的发展使政治等级变成社会等级……从政治等级到市民等级的真正转变过程是在君主专制政体中发生的。官僚政治实现了反对一个国家中有许多不同国家的统一思想……只有法国大革命才完成了从政治等级到社会等级的转变过程，或者说，使市民社会的等级差别完全变成了社会差别，即在政治生活中没有意义的私人生活的差别。"（《马克思恩格斯全集》第 3 卷，人民出版社，2002，第 100 页）

③ 《马克思恩格斯全集》第 3 卷，人民出版社，2002，第 42 页。

④ 《马克思恩格斯全集》第 3 卷，人民出版社，2002，第 101 页。

⑤ 《马克思恩格斯全集》第 3 卷，人民出版社，2002，第 42 页。

⑥ 《马克思恩格斯全集》第 3 卷，人民出版社，2002，第 150 页。

而实现积极联合；另一方面，在这个共同体中，"政治"其实就是达到"人的本质"高度的"类生活"，而不能是一般意义上的与人民抽象对立的政治制度①。这一理论显然受到了当时青年黑格尔派政治解放思想的影响。与马克思关系密切的鲍威尔、卢格等人，都提出过类似的共和主义的或激进民主的共同体方案，即主张通过政治参与使人成为在政治共同体中彼此平等且相互联合的公民，从而消除市民社会中的特殊性因素所导致的社会分裂。黑格尔的"伦理共同体"和马克思等人的"政治共同体"都致力于克服现代人的个人主义，但二者所采取的途径截然相反。黑格尔并不打算在市民生活的层面上彻底消除其特殊性和个人主义，而是主张将个体及其特殊性整合进各安其分的伦理秩序中，在整体的层面上形成共同体；否则，如果让"作为单个人的多数人"②直接组成共同体，会导致共同体沦为由相互对立的特殊性要素无机地聚集在一起而形成的混合物，从而不具有真正的普遍性。而对于市民生活中与共同体的普遍性背道相驰的特殊性，马克思等人并不像黑格尔一样持较为保守和宽容的态度，而是主张在人民生活中就要克服这种特殊性。而他们用以消除个人主义的方案，是通过广泛、平等的政治参与，使现代人从"市民"变成共和政治中的"公民"。然而，在这种对现代个体特殊性的激进反对和对共和政治的乐观预期下，恐怕隐藏着他们对于现代资产阶级社会中特殊性要素的顽固性的低估——当然，从后来的唯物史观立场来看，这种低估的本质是因为他们未能充分意识到政治制度等上层建筑是建立在经济基础上的。以马克思为例，在撰写《批判》手稿时，马克思恐怕尚未研读过《法哲学原理》的市民社会章。故他虽然从黑格尔手里接过"市民社会"这个词，却只是在政治哲学的意义上把"市民社会"的本质理解为由政治制度变革所产生的非政治的"个人主义原则"

---

① 这一时期的马克思认为，任何与人民相对立的、不由人民直接决定的政治制度都属于政治异化。因此我们应当认识到，马克思在《批判》中提出的当然是一种"政治共同体"，但他绝非满足于人们只是借助抽象的政治制度，仍然与人民生活其他领域相对立的政治领域上联合起来。

② 〔德〕黑格尔：《法哲学原理》，范扬、张企泰译，商务印书馆，1961，第 323 页。

（而不是政治经济学所关注的劳动、私有财产等）①，而没能看到政治经济学已揭示的作为黑格尔所谓"市民社会"之基础的"需要的体系"②及其形塑整个现代社会的巨大作用，从而错误地以为仅需通过一种较为彻底的民主政治就能超越市民社会的个人主义。从这个角度上讲，尽管黑格尔对资产阶级社会终究持一种非批判的态度，但他正确地透视到了现代个人主义原则背后的经济机制，而他的伦理共同体方案正是试图把现代社会的主观自由原则整合进公共秩序的一次理论探索。相比之下，青年黑格尔派的政治共同体理论，多少有点企图在现代社会复兴古希腊城邦共和政治的乌托邦色彩。

在撰写《批判》之后，马克思逐步开始了对市民社会的政治经济学研究，因而意识到纯粹的政治方案无法克服市民社会的个人主义，并在《论犹太人问题》中通过批判鲍威尔"毫无批判地把政治解放和普遍的人的解放混为一谈"③，扬弃了先前在《批判》中仅仅通过激进的政治方案来实现共同体的思路：一方面，马克思仍然坚持共同体的普遍性是"形式与内容完全统一"的普遍性，主张由人民直接组成共同体；另一方面，马克思指出，要想超越现代市民社会的个人主义，形成具有真正普遍性的共同体，不可能通过纯粹的政治变革来完成，而必须由扬弃市民社会内部的私人利益来实现。至此，马克思从之前把矛头指向政治制度的政治解放思路，转向了针对市民社会内部私人利益的市民社会批判思路。这一市民社会批判的思路最终所指向的，正是马克思成熟的共同体思想中，既建立在唯物史观的科学基础上又实现了"每个人的自由发展是一切人的自由发展的条件"④ 原则的"自由人联合体"。

综上所述，黑格尔的"伦理共同体"理论是马克思共同体思想形成过程中的重要理论对象。黑格尔的"伦理共同体"中保留了以主观自由

---

① 《批判》："现代的市民社会是实现了的个人主义原则；个人的存在是最终目的；活动、劳动、内容等等都只是手段。"（《马克思恩格斯全集》第 3 卷，人民出版社，2002，第 101 页）

② 〔德〕黑格尔：《法哲学原理》，范扬、张企泰译，商务印书馆，1961，第 203 页。

③ 《马克思恩格斯全集》第 3 卷，人民出版社，2002，第 168 页。

④ 《马克思恩格斯选集》第 4 卷，人民出版社，2012，第 647 页。

为原则的市民社会与作为普遍性领域的政治国家在形式上的分离，并通过中介使二者联系起来而在精神中实现统一。然而这一理论终究只是在唯心主义的思辨中调和市民社会与政治国家的矛盾，并不能真正克服市民社会中分裂共同体的特殊性要素。马克思在《批判》中基于人本学唯物主义与激进政治相结合的思路，将伦理共同体所思辨的弥合起来的矛盾还原为市民社会与政治国家间事实的分离，并指出了理想的共同体应该建立在形式（共同体的普遍性）与内容（人民）的直接统一上。这一"形式与内容统一"的共同体原则构成了马克思共同体思想的新起点，成为后来马克思成熟的共同体理论中一以贯之的根本原则。

Hegel's Ethical Community and Its Influence on Marx's Thought in His Early Years of Community

Tang Tang；*Tang Ziyun*

Abstract：From the perspective of the exploration of Germany's modernization to explore Hegel's and early Marx's community thoughts，this paper finds that building a modern ethical state requires mending the conflict between universality and particularity. However，Hegel's ethical community had failed to mend the conflict between the two，which directly prompted Marx and young Hegelian members to rebuild community based on republicanism and started a theoretical turn of Marx's political philosophy in his early years. By re-examining this theoretical turn，this paper can better examine the "state-society" issue in the exploration of Germany's modernization，and thus understand the influence of Hegel's community thought upon Marx.

Keywords：Hegel；Marx；Community

论阿尔都塞对马基雅维利主义的阐释与改造[*]

卢斌典^{**}

摘　要： 综观阿尔都塞思想的发展历程，马基雅维利主义在其中扮演着重要角色，马基雅维利主义成为我们解析阿尔都塞思想内涵与实质的一条重要的逻辑线索。阿尔都塞主要从三个层面阐释和改造马基雅维利的思想：在理论传统上，阿尔都塞认为马基雅维利拒斥经院哲学和亚里士多德主义，批判人类学阐释和历史循环论，反对同意的哲学和霍布斯的自然法政治哲学，这样便建构了一位另辟蹊径的思想家形象；在政治立场上，阿尔都塞指出马基雅维利并不是一味地推崇君主制，而是站在人民立场上，探索适合意大利的政体，实现君主、贵族与人民平衡，于是阿尔都塞塑造了一位共和主义者形象。在哲学理念上，阿尔都塞洞察到马基雅维利关注虚空、形势和偶然性，将他的思想改造为"偶然相遇唯物主义"的重要组成部分，进而反对庸俗唯物主义和意识形态叙事，因此，阿尔都塞展现了一位哲学家形象。阿尔都塞阐释和改造丰富后人对马基雅维利主义的认知，启发了当代激进左翼的理论建构，增进我们对马克思主义政治哲学研究的理解，但阿尔都塞混同马基雅维利主

---

　*　该文为博士后面上资助项目"西方马克思主义的文化转向及其当代效应研究"（2022M 723540）的阶段性成果。

　**　卢斌典，青岛大学马克思主义学院讲师，主要研究方向为马克思主义哲学、当代资本主义批判。

义与马克思主义,片面推崇偶然性,走向了新形而上学。

关键词:马基雅维利;实践哲学;阿尔都塞;偶然相遇的唯物主义

马基雅维利是中世纪晚期意大利的政治思想家和哲学家,他致力于结束意大利分崩离析的状态,主张建立中央集权国家。他抛弃了经院哲学和亚里士多德实践哲学的教条和方法,主张以历史经验为依据研究现实问题,把政治学当作一门实践哲学或政治科学来研究,为后人留下了宝贵的精神遗产。他在《君主论》中提出了非道德的现实主义的君主专制理论,在《论李维》中论述了共和主义理论。他在《论李维》中指出,他理论的新颖性和研究课题的重要性使他"踏上了迄未有人涉足的道路"①。一方面他对权力的阳谋及其效果主义使他饱受争议,另一方面他踯躅于专制主义和共和主义之间令人难以捉摸。恩格斯赞扬马基雅维利是在需要巨人的时代而站出来的巨人。马基雅维利的幽灵回荡在政治科学和革命实践的上空,影响着诸多思想家的理论建构。卡西尔在《国家的神话》中认为马基雅维利在政治学领域引发了伽利略式的理论革命,用人性深刻地揭示出历史现象。他指出:"他在历史上总是被一大群势同水火的反对者、支持者以及殷勤周到的评论家包围。"② 列奥·施特劳斯则认为:"马基雅维里是绝无仅有的一位哲学家,不惜将自己的名字,同跟社会政治生活本身一样年代久远的任何一种政治思想与政治行为公然联系起来,以至于他的名字被人普遍使用,作为这种政治思想与政治行为的代名词。他恶名昭著,成为政治思想与政治行为中弃义背理、不择手段的经典化身。"③ 阿尔都塞通过在理论传统、政治立场和哲学理念等方面上的解析,塑造了一个孤独的、平民主义而又是推崇偶然

---

① 〔意大利〕尼科洛·马基雅维利:《论李维》,冯克利译,上海人民出版社,2005,第43页。
② 〔德〕恩斯特·卡西尔:《国家的神话》,范进、杨君游、柯锦华译,华夏出版社,1990,第162页。
③ 〔美〕列奥·施特劳斯:《关于马基雅维里的思考》,申彤译,译林出版社,2016,第2页。

性的马基雅维利形象，他认为马基雅维利是敏锐的思想家和最伟大的唯物主义哲学家，开辟了独一无二的政治哲学路向，是与人民共在的政治家，同时也是相遇的唯物主义潜流中的重要组成部分。研究阿尔都塞对马基雅维利主义的阐释和改造，能更好地把握马基雅维利的思想旨趣，同时也能增进我们对阿尔都塞思想发展历程的理解，为理解当代激进左翼政治哲学建构和推动马克思主义政治哲学研究提供有益的借鉴。

一　理论传统的革新与新的问题式

阿尔都塞认为马基雅维利是现代政治科学的奠基人和新的知识形式的发明者。马基雅维利结合历史经验深入研究意大利的政治局势，将政治科学从神学的怀抱和亚里士多德的伦理唯心主义中挣脱出来，他拒斥公认的道德和传统的德性论，主张直面现实的情境。因此，马基雅维利是孤独的，因为马基雅维利在思想上没有父亲，不与其他思想家为伍，不从属于某个阵营，不源于某个哲学传统。在马基雅维利之前有两大主流的哲学传统，一是以上帝和《圣经》为摹本的经院哲学传统，二是以苏格拉底、柏拉图和亚里士多德为代表的实践哲学范式。后者重视人性和伦理，主张建立理想国和古典的政府类型学，然而马基雅维利与这种范式保持距离，不臣服于旧的真理形式，不在旧的问题框架中寻找答案，而是代之以新的发问方式和解决方案。马基雅维利所处的时代是 15 世纪后期到 16 世纪初期的意大利，此时意大利面临内忧外患，马基雅维利思考的问题是如何建立统一的民族国家，他给出的解决方案是依赖新君主建立新的君主国。为此，他钻研幸运与德性的内在张力，研究适合于当时意大利的政体。

阿尔都塞认为马基雅维利既不沉浸于人类学阐释，也不陷入历史循环论中。阿尔都塞指出，马基雅维利的理论绝不是一种具有道德意味和宗教性质的人类学，它不诉诸先天的道德本能和辨别是非善恶的能力，而是一种将人与欲望等同起来的世俗人类学，因此具有反心理主义的特点。阿尔都塞指出："因为缺少从某种关于人性的理论出发对政治和社会形式所作的发生学演绎，马基雅维利式的人类学的伪装面目暴露了出来。……为了拒绝一切道德的或宗教的人类学，他从人类学所择取的只是自己所需要的内容和概念（无限的欲望）：在一种人类学（或一张关于人性的理论）的肤浅表象下面，他描绘的实际上是社会的和政治的行为"。① 同时，马基雅维利的历史理论也不是一种唯心史观或历史循环论，而是根据以往的历史经验，研究现实的历史。正是因为他对这两种理论传统的拒斥，马基雅维利脱离了古典政治哲学的问题域，不再在古典政治哲学的对象和方法中找寻答案，而是开辟了新的场所，促成了革新的辩证法，将创制民族国家的时代问题提了出来，造成了他理论上的绝对孤独。阿尔都塞指出马基雅维利的政治科学并不高于古典政治哲学，恰恰相反，是低于那种政治哲学传统的。阿尔都塞指出："他讨论的是对'事物'——政治（也就是政治实践）——的客观知识，这是马基雅维利的创新；它与以往盛行的东西——对政治的想象性表述、政治的意识形态——形成了鲜明的对比。"② 这也就是说，马基雅维利从未求助于柏拉图、亚里士多德、伊壁鸠鲁、斯多葛派、西塞罗等人的思想资源和理论范式。于是，马基雅维利与其他思想家拉开了距离，产生了鸿沟。阿尔都塞指出："他是独创的，它是一位奠基人，它完成了一种与整个占统治地位的意识形态对立的思想——正是这一点，足以使马基雅维利对我们具有吸引力。"③

在借鉴马克思等人对马基雅维利的评价的基础上，阿尔都塞认为马基雅维利拒绝新旧自然法政治哲学谱系。马基雅维利生活在资本主义生产萌芽和文艺复兴时期，教皇和教会的统治力量式微，中世纪神学政治

---

① 〔法〕路易·阿尔都塞：《政治与历史：从马基雅维利到马克思》，吴子枫译，西北大学出版社，2018，第294~295页。
② 〔法〕阿尔都塞：《哲学与政治：阿尔都塞读本》，陈越译，吉林人民出版社，2010，第321页。
③ 〔法〕阿尔都塞：《哲学与政治：阿尔都塞读本》，陈越译，吉林人民出版社，2010，第322页。

逐渐烟消云散，以权力为核心的政治哲学体系焕发生机和活力，围绕占有权力和保存权力的建立自身理论，同时建立专制主义的民族国家成为时代需要。17 世纪的政治思想家重视人的自然权利和法律的规制。阿尔都塞指出："这套哲学试图从法律意识形态赋予人类主体的那些属性（自由、平等、所有权）出发，在理论上推论出实在法和政治状态的存在。"① 这种哲学理念都在玩弄自然状态、社会契约、服从的契约和政治主权等概念，并将其作为政治理论的对象。在这种哲学理念指导下涌现了两种致思路线：一种是以霍布斯为代表的自然权利论，另一种是以洛克和卢梭为代表的反君主制论。人性论是霍布斯政治思想的基石，他认为人性是恶的，人的自然状态充满着孤独、污秽和野蛮，而权力来源于人们保护自己免于暴力死亡建立社会契约，而每个人将其权力交给威权，使其维系和平、抵御战争。卢梭是预设了一个自然状态与社会状态、自然与文明对立统一的过程，他分析了暴力推翻专制统治后的平等问题，他指出只有社会契约才能保护平等。洛克同样承认自然状态下人的自由和平等，社会是为了保护私人财产而形成的，同时也要对政府权力实行监督和制衡。但是在阿尔都塞看来，马基雅维利与这两种路线是断裂的，这两种路线是关于同意的哲学，而马基雅维利是关于奠基的哲学，他拒绝了自然法的问题框架，拒绝道德化、宗教和唯心主义的政治思想传统，又拒绝新的自然法政治哲学传统。马基雅维利指出："我的目的是写一些东西，即对于那些通晓它的人是有用的东西，我觉得最好论述一下事物在实际上的真实情况，而不是论述事物的想象方面。"② 马基雅维利转而研究真实的政治原始积累，认为国家并不是法律和自然的产物，他用暴力和政治语言代替法律和道德语言。于是，他的这种双重"断裂"使得他"在政治思想史当中占据着一个绝无仅有的、不稳定的位置"。③ 在这里，马克思的观点与马基雅维利的观点不谋而合，他认为马基雅维利

---

① 〔意〕安东尼奥·葛兰西：《现代君主论》，陈越译，上海人民出版社，2006，第 112 页。
② 〔意〕尼科洛·马基雅维利：《君主论》，潘汉典译，商务印书馆，2012，第 73 页。
③ 〔意〕安东尼奥·葛兰西：《现代君主论》，陈越译，上海人民出版社，2006，第 113 页。

"使政治的观点摆脱了道德",他指出:"从近代马基雅弗利、霍布斯、斯宾诺莎、博丹,以及近代的其他许多思想家谈起,权力都是作为法的基础的,由此,政治的理论观念摆脱了道德,所剩下的是独立地研究政治的主张,其他没有别的了。"① 斯宾诺莎则指出:"关于一味追求支配权的君主必须用以巩固与维持其国家的手段,精明的马基雅维里已有详尽的论述……因为马基雅维里维护自由,而且为此提过一些非常有益的意见,如果这样解释这位贤哲的思想,我觉得更为可信。"② 他认为马基雅维利是宗教的反对者,他是为了促进共和国的诞生和加强人民的统治,是出于对邪恶的恐惧而写的《君主论》。在阿尔都塞看来,马基雅维利区分了现实与想象,摆脱了道德和宗教意识形态的困扰。阿尔都塞认为:"按照马克思的说法,它再也不需要让'辞藻胜于内容'了;说得再确切些,它再也不需要从过去的神话里借用道德意识形态,以这样的形式来想想自己的具体政治目标了。这是因为,在踏上那条还没人走过的道路的时候,马基雅维利已经和道德意识形态的那些幻觉断然决裂了。"③

由于马基雅维利拒斥传统和意识形态幻象,这使得他曲高和寡,而由于创制统一的民族国家的难度以及时机的不成熟,他的理想变成一种奢望和乌托邦。他也不相信自己能干预和创设历史,即便他抛出了自己智慧的结晶,他也得不到回应,也没有新君主完成他的愿望,也没有志同道合者信赖他的理念,此外,他的智慧和真诚还被扭曲和误解。马基雅维利重新定义了暴力和正义,马基雅维利批判毁坏事物的暴力,而不谴责纠正事物的、积极的、建设性的暴力。他认为如果利用暴力和不道德方法而有利于国家正义,那是正当的和可以被允许的,甚至在创建国家过程中暴力和无耻是不可或缺的。马基雅维利认为为了好的目的可以不择手段,这种好的目的不是满足个人私欲,而是为了促进国家的发展。

① 《马克思恩格斯全集》第3卷,人民出版社,1995,第368页。
② 〔荷〕斯宾诺莎:《政治论》,冯炳昆译,商务印书馆,1999,第44~45页。
③ 〔法〕阿尔都塞:《哲学与政治:阿尔都塞读本》,陈越译,吉林人民出版社,2010,第367页。

于是，马基雅维利开辟了两条道路，一是目的层面，二是手段层面。前者是第一性的，后者服务于前者。他为暴力、残忍、无耻和欺骗留有余地。而他心目中的新君主也必须掌握这些东西，新君主必须学会表演和伪装，不犯众怒，做到取信于民，靠智慧支配军队，服务于自己的目的。新君主既像是狮子，又像是狐狸。因此，马基雅维利的《君主论》在某种意义上接近奥勒留的《沉思录》和格拉西安的《智慧书》，这也是不限于道德的政治智慧遭受非议的原因。然而马基雅维利的初衷并不是不讲道德，而是讲在达成民族国家统一面前，其他都是第二位的。于是，在历史的长河中，就出现了一个孤勇者的形象，他只能将理论遗产留给后人。他投射出刺目的光芒，吸引和照射着许多政治思想家。

二　反暴政与共和主义立场

马基雅维利为后人留下了一份原创性和争议性的理论遗产，然而不同时代和不同的人对马基雅维利主义的理解也是不同的。阿尔都塞则总结了对马基雅维利的四种解读模式。这四种解读模式大致可以分为两种类型，一种属于是或非马基雅维利的，另一种属于纯粹暴力或关于暴力理论的思想家。第一种是克罗齐的历史化解读模式。克罗齐认为马基雅维利是一位客观和中立的理论家，他不带偏见地完成了政治科学的建构。第二种是将马基雅维利当作马基雅维利主义者的解读模式。一方面，人们无情地批判作为马基雅维利主义者的马基雅维利，掩盖和遮蔽了他的贡献和思想旨趣。另一方面，这种马基雅维利主义经常被君主和政客运用和实践，变成政治上不道德的厚颜无耻之徒。第三种是对马基雅维利的民主化或平民化的解读模式。这种解读模式认为马基雅维利是位将暴君真相授予人民的共和主义者，《君主论》是为了指点人民，号召他们武装起来反对暴君。卢梭便是这种解读模式的代表之一，他认为马基雅维利其实是在给人民讲课，《君主论》是共和党人的教科书。第四种是以葛兰西为代表的黑格尔主义解读模式。黑格尔也是欣赏马基雅维利的，他反对流俗地对马基雅维利的道德评价，但是黑格尔视域中的马基雅维利是臣服于客观精神自我实现过程的，他眼中的国家是上帝的世俗表现，他将马基雅维利与政治历史结合起来，将其认定为具有国家关怀和国家理念的政治家。换句话说，黑格尔强行将马基雅维利拉入他的逻辑学、历史哲学乃至宗教哲学中。阿尔都塞指出："对黑格尔来说，马基雅维利的现实性就在于他有胆量提出并探讨了这个政治难题（在黑格尔看来，也是哲学难题）：怎样在分裂破碎、难御外侮的国土上创制国家。当然，黑格尔以整个理念哲学为基础，所关心的是国家的理念，而马基雅维利却只具有国家的'本能'。"① 显然，葛兰西继承了黑格尔的理论总问题，深入研究意大利统一的政治难题，他指出民族是阶级斗争的赌注，民族统一必须由绝对主义的资产阶级国家来完成。他认为马基雅维利不仅是一位科学家，还是一位充满激情的政治家。因此对马基雅维利的评价不应局限在道德领域，而应进行历史主义和现实主义的阐释。他在马基雅维利的君主论的基础上提出了现代君主论，他认为《君主论》并不是纯理论或纯实证的著作，而是一种革命乌托邦和一篇政治宣言，他眼中的现代君主其实是马克思主义的无产阶级政党组织，也就是无产阶级的先锋队。通过葛兰西的描述，我们不难看出"实践哲学"其实是马克思主义的代称，他意图通过马克思主义理论来重塑马基雅维利的国家和革命思想。通过阿尔都塞的论述，我们可以发现阿尔都塞是从属于第三种解释模式的，他旨在站在人民的立场上同时又要进行客观公正地评价马基雅维利的历史贡献，回到真正的马基雅维利，研究他关于暴力的理论。

阿尔都塞认为马基亚维利是与人民共在的政治家，他的《君主论》是政治意识形态和政治科学完美融合的典范，他写作此书的目的是服务于他的政治理想，唤醒沉睡中的人民，团结起来建设统一的国家。在奈格里看来，阿尔都塞是用马基雅维利和斯宾诺莎传统来改造马克思主义，

---

① 〔法〕阿尔都塞：《哲学与政治：阿尔都塞读本》，陈越译，吉林人民出版社，2010，第323页。

将《君主论》看作和《共产党宣言》一样的革命性政治宣言。马基雅维利依托自由来建立新共和国，斯宾诺莎是通过欲望来实现民众民主解放，而马克思凭借活劳动最终达到废除国家的目的。阿尔都塞指出："在绝望中向君主进言的马基雅维利是从人民的观点出发来这样做的。他进言的对象，在君主的幌子下，其实是人民。这个宣言看上去把一个未来的个人，一个不存在的个人当成它惟一的对话者，其实是在向大多数的普通民众进言。宣言不是写给单个人的，尤其不会写给不存在的个人：它总是在向群众进言，以便把他们组织成革命的力量。"① 阿尔都塞认为马基雅维利的愿望并不是制造一名暴君，而是为了批判暴政，铲除使暴君成为暴君的原因，避免引起国民的憎恨和政权的腐败。一方面他试图通过法律体系将君主变为民众的捍卫者，扎根于民众，与民众融为一体，不负民众所托，联合民众的力量反对贵族，实现民众的相对自由。阿尔都塞指出："他的用意，并非是想要整合出一套关于个人激情和意见的人类学或心理学。它的目标是大众。"② 另一方面他试图建构一个复合政府，国家是由君主领导的人民性质的国家，并在君主、民众和贵族之间达成一种平衡状态。因此，阿尔都塞认为马基雅维利笔下的新君主不是暴政的代表，新君主的君主实践是由其人民性质决定的。马基雅维利并不是推崇君主制的，而是站在人民的立场上探索适合于意大利统一和强大的政体。

在阿尔都塞遗留下来的文本中，我们发现在《马基雅维利与我们》③中充斥着他与人民共在的共和主义政治立场。《马基雅维利与我们》主

---

① 〔法〕阿尔都塞：《哲学与政治：阿尔都塞读本》，陈越译，吉林人民出版社，2010，第339~340 页。
② 〔法〕阿尔都塞：《哲学与政治：阿尔都塞读本》，陈越译，吉林人民出版社，2010，第407 页。
③ 根据陈越、吴子枫等人的考据，《马基雅维利与我们》这个文本有复杂的历史，它源于阿尔都塞 1962 年在巴黎高等师范学院的授课内容，1971~1972 年进行了修改，1972 年继续授课，1975 年前后进行补充，1986 年进行大幅度修改。其中 1977 年作了"马基雅维利的孤独"的讲座，1985 年在《来日方长》中曾写了马基雅维利的一个章节，后又删除，并入《相遇唯物主义的潜流》中，1986 年曾打算写一部《哲学家马基雅维利》，最终未完成。

要从四个方面论述了马基雅维利的思想，第一是理论和实践的结合。第二是马基雅维利的理论和理论配置，第三是新君主理论，第四是新君主的政治实践。首先是马基雅维利的理论的接受史和应用史。在理论上，它吸引了斯宾诺莎、孟德斯鸠、黑格尔、马克思、克罗齐和葛兰西等人的关注，在实践中，它被统治者和反抗者反复运用。其次是马基雅维利的理论配置。它汲取了古今历史经验，钻研历史规律，看到了德性与时机的内在张力，审时度势，研究客观的形势。阿尔都塞指出："他寻找的不是德性，而是能力，这里没有道德的内容，指的只是君主非凡的政治能力和智力。"① 再次是马基雅维利的新君主理论。它就如同一个有关大厦奠基的隐喻，它首先选择一位奠基人，奠基人充当立法者，通过颁布法律来奠定国家的基础，这种法律保护民众不受贵族的压迫，随后这种对法律的遵守和对新君主的尊重深深扎根在人民之间。新君主的出场是与无能的旧君主相对比的，新君主通过统治术或暴力，赢得国家的独立，获得人民的信任。最后是新君主的政治实践。在阿尔都塞看来，国家是由暴力机器、同意机器和政治法律机器共同构成的一台机器，暴力机器指的是由市民和臣民组成的军队，同意机器指的是宗教意识形态和新君主的威望，政治法律机器指的是新君主颁布的反对贵族专制的法律。新君主必须掌握这"三驾马车"，懂得意识形态的重要性。阿尔都塞指出："君主必须考虑人民意识形态的现实，并且把对自身的表述——作为国家的公共面孔——纳入这种意识形态中去。但他的意识形态政策必须是一种政治，而不是意识形态的蛊惑。君主在他的行为和实践的每一个细节上无疑都要符合人民的自发意识形态。"② 马基雅维利已涉及君主意识形态、宗教意识形态和大众意识形态等三种形式。它们既提供励精图治的姿态和一种软性的臣服机制，又能激发人民的激情，使其站出来捍

---

① 〔法〕阿尔都塞：《哲学与政治：阿尔都塞读本》，陈越译，吉林人民出版社，2010，第367页。
② 〔法〕阿尔都塞：《哲学与政治：阿尔都塞读本》，陈越译，吉林人民出版社，2010，第417页。

卫国家利益。这其实为我们提供了原始版的权力的游戏，新君主利用伪装和骗术展现一个良好的主权者形象，又在民众和君主间斡旋和纵横捭阖，使民众畏惧而又不怨恨。

三　"形势"与偶然相遇的唯物主义

在经历了 1968 年五月风暴的洗礼以及 1980 年的杀妻事件后，阿尔都塞逐渐淡出人们的视野，晚年的阿尔都塞已经不再相信马克思主义哲学的存在，声称马克思主义的局限与危机，并且拒斥决定论和辩证法。他发掘了一条在哲学史上被人长久忽视的相遇唯物主义的潜流，坚持历史是无起源、无目的的纯粹的偶然，他回到了马克思的博士论文中对伊壁鸠鲁原子论和偏斜观的描述，试图消解必然性的绝对话语权。同时，他又追溯到马基雅维利、斯宾诺莎、卢梭、马克思、尼采和海德格尔等思想家的哲学观。

1961 年，阿尔都塞接触了马基雅维利并在阅读葛兰西的《狱中札记》中加深印象。阿尔都塞重视马基雅维利在《君主论》中有关能力（virtue 或 virtù）和机运的论述。在新君主国的奠基过程中存在许多条件和吻合情况，首先是能力与机运的相遇情况。相遇是马克思的概念，指的是资本家和自由劳动者的碰面与结合。在这里，相遇是一种客观形势和吻合状态。相遇在两个方面发挥作用：一方面是客观因素，也就是机运与个人的相遇情况；另一方面是主观因素，也就是能力与个人的相遇情况。一个人不光要具有机运，还要有能力，反之亦然。只有同时具备这两个因素，新君主的诞生和新君主国的建立才是可能的。能力和机运就像是亚里士多德的质料和形式的辩证法，同时，二者可以在一定条件下发生转化，能力转化为机运，机运转化为能力，这些都可以在罗马帝国中找到范例。有能力的人会借助他人的力量创造新的形势来巩固他的政权，保卫他的人民。按照阿尔都塞的说法，马基雅维利先于马克思提出了偶然性与必然性、主观能动性和客观必然性的难题。梅洛－庞蒂也指出马基雅维利将客观世界的偶然性和人的主观能动性结合起来，认为"马基亚维里的行为暴露了他的政治学所缺少的东西：一条引导性的线索——它使得它能够在各种权力中间认识到那种可能会有值得期望的东西的权力，并明确把德行置于机会主义之上"。① 阿尔都塞则认为能力与机运并不是必然对立的，而是相辅相成的，这就类似于必然性与偶然性的辩证关系。阿尔都塞指出："关于必然性依赖于彻底的偶然性的矛盾感，在马基雅维利的计划和难题得以被概括的抽象概念层次上，再一次出现。"② 但是马基雅维利并没有解决好新君主诞生的必然条件与偶然条件，使他陷入一种乌托邦的幻想。

阿尔都塞认为马基雅维利在哲学史中首次关注"形势"问题，虽然在马基雅维利的论述中没有出现"形势"的概念，但出现了许多相关描述，比如情况、局面、边际和虚空等。同时，阿尔都塞在列宁的思想中也发现了形势理论，他借助这两种理论，建构了以多元决定论为核心的形势理论。阿尔都塞指出："这个对政治形势进行分析的空间，就它本身的语境而言，是由各种对立和混合着的力量所构成的；它只有安排或包含了一个位置、一个空位，才会有意义：只有空的才能被填补，只有空的才能为个人或集体提供用武之地，才能让他们占领那里，以便重新结合和形成各种力量，完成历史所指定的政治任务——空，是为了将来。"③ 空是一种非存在，然而它却对存在产生着重要影响，阿尔都塞指出："这个政治的空无首先是哲学的空无，在这种空无中，没有原因优先于它的结果，没有道德和神学的原则。这里的一个前提不是根据既成事实的偶然性。"④ 在意大利的内部便存在一个权力的真空，它需要新君主的降临和填补，这是一个从无到有、从混乱到治乱的过程。这也不难

---

① 〔法〕梅洛-庞蒂：《哲学赞词》，杨大春译，商务印书馆，2019，第249页。
② 〔法〕路易·阿尔都塞：《政治与历史：从马基雅维利到马克思》，吴子枫译，西北大学出版社，2018，第282页。
③ 〔法〕阿尔都塞：《哲学与政治：阿尔都塞读本》，陈越译，吉林人民出版社，2010，第334页。
④ Louis Althusser, *Philosophy of the Encounter: Later Writings*, *1978-1987*, Edited by Francois Matheron and Oliver Corpet, Verso 2006, pp. 173-174.

理解阿尔都塞将马基雅维利作为一个思索客观性、偶然性、历史和政治的虚空哲学家了。但是囿于经济决定论的根深蒂固以及法国理论界的贫困，他意图完全扭转必然性的归根结底的决定作用，开辟了偶然相遇唯物主义的新道路。阿尔都塞指出："马基雅维利一点也不是乌托邦的：他知识在思考事物在形势中的情况，只是在'表达事物在实际上的真相'。他的概念证实了这一点，这些概念是哲学的，而且这些概念无疑让他以他的鲁莽、他的孤独，以及对传统哲学家们的蔑视而成为历史上最伟大的唯物主义哲学家。他和斯宾诺莎比肩并立，后者也称马基雅维利是最敏锐的，斯宾诺莎认为马基雅维利在政治上是敏锐的，在唯物主义哲学方面也是敏锐的。"① 这也昭示了阿尔都塞的理论迂回，它绕道马基雅维利、斯宾诺莎和卢梭等人更新对马克思主义哲学的理解，走向马克思主义的康庄大道。阿尔都塞在《来日方长》中指出："我发现了马基雅维利，依我看，他在许多方面都比马克思走得更远：这正是由于他力图思考政治行动在其纯粹性中——亦即在其概念中——的条件和形式。在这方面令我印象深刻的、仍然是他彻底地考虑到任何形势所具有的偶然的真实性，考虑到为了创制意大利民族的统一体，必须有一个无足轻重之徒从无起步……把一个自身分裂的国家的残破之躯重新组织起来。"②

在《偶然相遇的唯物主义》以及《关于唯物主义的潜流》中，阿尔都塞呈现了他的新思考。他认为历史就像是我们踏上一辆不知其始发地和目的地的火车，世间的万物就像是天空落下的雨滴，我们无法判断它落在哪里，也不能掌握其形态和规律，我们的选择就像是掷骰子，而我们做的事就像是开辟一条漫无目的的伐木之道。通过这四个比喻或隐喻，我们发现阿尔都塞对必然性的拒斥，对偶然性的推崇。这种立场是与马基雅维利对机运的思考是一致的，阿尔都塞指出："在相遇唯物主义潮

---

① 〔法〕阿尔都塞：《哲学与政治：阿尔都塞读本》，陈越译，吉林人民出版社，2010，第422 页。
② 〔法〕路易·阿尔都塞：《来日方长：阿尔都塞自传》，蔡鸿滨译，上海人民出版社，2012，第 236 页。

流的历史中，马基雅维利将是我们的第二位证人。"① 阿尔都塞在伊壁鸠鲁、霍布斯、卢梭、马克思、尼采以及海德格尔那里都发现了这种倾向，他们都拒绝思辨主义、本质主义、决定论等意识形态幻觉，反对先验和经验的东西，但是他撷取的这些哲学家与传统意义上我们对唯物主义和唯心主义的看法是有差异的，他的目的很明确，是反对目的论、决定论，延续了他之前的历史无主体立场，但是他也存在矫枉过正的问题，滑入对偶然性的片面强调中。今村仁司指出："从马基雅维利的思想出发（并且从接受马基雅维利影响的斯宾诺莎的政治哲学出发）重读马克思的著作，并由此也把马克思作为偶然的哲学家拯救出来，这就是阿尔都塞新思想的立场。"② 综观阿尔都塞的思想进程，它由对卢卡奇、葛兰西等人实践哲学思想传统的拒斥和对理论实践的推崇，创造性地提出多元决定论思想，又走向对哲学实践和政治哲学的接纳，最终不断解构自身进入事件哲学和偶然性哲学的后现代主义立场中，他抛弃早年有关生产关系再生产的一些看法，放弃了对社会结构和生产关系必然性的肯定。阿尔都塞指出："被构想为'偶然相遇唯物论'的哲学对自身的未来抱着确信的态度，这是因为，其功能的主旨就是对事实进行思考，并在必要时通过从整个人类历史当中吸取教训而先行于事实。"③

四 阿尔都塞对马基雅维利主义阐释和改造的评析及启示

通过阿尔都塞的阐述，我们看到了一个不同于传统认知型的马基雅维利形象，他独立思考、踽踽独行，既反对固有的哲学传统和意识形态幻象，又坚定地站在人民的立场上，还拒斥本体论、决定论和目的论，

---

① Louis Althusser, Philosophy of the Encounter: Later Writings, 1978 - 1987, Edited by Francois Matheron and Oliver Corpet, Verso2006, p. 171.

② 〔日〕今村仁司：《阿尔都塞：认识论的断裂》，牛建科译，河北教育出版社，2001，第262页。

③ Louis Althusser. Du matérialism aléatoire. Multitudes, 2005 (2)：194.

是唯物主义潜流中的重要组成部分。阿尔都塞认为马基雅维利对后人的启迪在于真理形式只能在实践和经验中寻找，而不能在道德批判和乌托邦幻象中去寻找，马基雅维利的理论是解密事实与表象关系的哲学、经验性的历史哲学、直面现实的哲学以及实践的哲学。关于阿尔都塞的理论转向偶然相遇的唯物主义，从客观方面讲，一是"冷战"影响着欧洲共产主义运动的进展，革命屡屡失败，阿尔都塞出现政治上的悲观。二是党内外仍未摆脱经济决定论或人本学的认知模式，还沉浸在对必然性的推崇中，阿尔都塞不得不强调偶然性问题的重要性。三是新自由主义的冲击迫使阿尔都塞形成新的理论立场和姿态。从主观方面讲，一是他身体和精神上的痛苦与压抑，二是基于他对《大纲》的解读，他认为"相遇"是马克思的基本概念，工人与资本家的相遇才促进了资本循环的发展。三是受马基雅维利和青年马克思的影响，阿尔都塞重视原子、个体、形势和偶然性。因此，他拒斥总体化、目的论和具有哲学意识形态的再生产理论，转向"偶然相遇的唯物主义"。关于阿尔都塞的这种新思路，有人说它是重要的进步，有人说它是对马克思主义的背离，也有人说是前期多元决定思想的必然结果。无论如何，马基雅维利主义出现在晚期阿尔都塞的视野中，并作为新思想的重要理论支撑。理解这种新思路，无论是对我们研究马基雅维利还是把握阿尔都塞思想本身都具有重要裨益。其实，阿尔都塞的这种转向是连续性与非连续性的统一。说它是连续性的，是因为阿尔都塞在前期思想中已经蕴含的对多元决定、相遇、形势、门槛、偶然性、机会和能力等的关注，他进一步发展了前期的思想。说它是非连续性的，是因为它由对必然性的坚持转到对偶然性的推崇，由历史唯物主义和辩证唯物主义立场转到形而上学的立场。

经由对马基雅维利主义的阐释和改造，阿尔都塞使得马基雅维利成为马克思之前的先行者和政治科学的奠基者，同时他将《君主论》与《共产党宣言》相比附，重视前者的政治宣言性质。那我们该如何看待阿尔都塞的阐释和改造呢？一方面，阿尔都塞的阐释从多维度和宽领域再现马基雅维利的思想，这有助于后人全面而深入地把握马基雅维利主义。另一方面，阿尔都塞将马基雅维利主义与马克思主义混同，削弱了马克思主义的科学性与超越性。此外，阿尔都塞将马基雅维利主义纳入偶然相遇的唯物主义中，用偶然性消解必然性，偏离了马克思主义的基本立场并脱离实践，走向极端主义或形而上学之中。阿尔都塞对马基雅维利主义的阐释和改造深深地影响了阿尔都塞学派及当代激进左翼（主要包含普兰查斯、巴里巴尔、拉克劳以及奈格里等人），影响着政治哲学的当代建构。普兰查斯在阿尔都塞多元决定论的启发下致力于研究马克思主义国家、阶级和政治理论。巴里巴尔在阿尔都塞思考的基础上研究斯宾诺莎和政治的内在关系，重构了斯宾诺莎三大著作之间的联系，打通了政治哲学与形而上学。拉克劳解构了阿尔都塞的"最终决定"，放弃了无产阶级专政，转而进行大众利益的话语批判和公共政治活动，意图新政的政治主体，拓展葛兰西的霸权理论。奈格里则提出诸众概念，延续了马基雅维利的人民立场，重视斯宾诺莎的"爱"和"努力"，探析非物质劳动背景下生命政治的形成和重新夺取共同性的方式。

阿尔都塞对马基雅维利的多维阐释，抛出了很多值得我们深思的问题，为我们建构马克思主义政治哲学提供了重要的启示。首先是我们面对当今的国际政治形势应如何实现中华民族的伟大复兴呢？我们所处的形势（百年未有之大变局）与马基雅维利所处的形势具有一定的相似性，我们需要探寻适合国情的政体，防治政权腐败，充分发挥制度优势，完善国家机器建设和法律体系建构，加强军队建设，抵制意识形态侵袭，坚持群众立场和群众路线，建设人类命运共同体。其次是如何看待必然性与偶然性的内在矛盾呢？如何回应结构主义和后现代主义的质疑呢？如何坚守马克思主义的基本立场呢？我们在承认偶然性的时候，切不可忘记必然性的东西，我们要坚持对总体性和本质性东西的追求，同时也不能沦为机械决定论和经济决定论的拥趸，要辩证地对待必然性与偶然性的内在张力，不能厚此薄彼、顾此失彼。而后现代哲学和后马克思主义思潮企图违背和叛逆马克思主义的真精神，提出反理性、反传统、反权威等诉求，崇尚多元性、碎片化、离散化和异质性等，它们虽具有一定的进步意义，但容易消解事物的内在秩序和规律，使人的存在失去目的和终极意义。因此我们要加强对文本的研究和对马克思主义真精神的把握，把握时代精神，直面时代问题，将马克思主义研究写在祖国的大地上。最后是阿尔都塞的这种阐释对我们当下对马克思主义政治哲学研究的启迪，我们不仅要加强对所有权、正义、平等、自由等概念的解释，充分理解新自由主义（罗尔斯、诺齐克、德沃金等）、社群主义（麦金太尔、沃尔泽等）以及分析马克思主义（柯亨、罗默、埃尔斯特等）的争鸣，回归到马克思的文本和语境中，还要加强对政治思想史的研究。阿尔都塞对马基雅维利主义的阐释和改造便是这方面的典范，他重新回顾 17 世纪或古典的政治哲学，分析它们与马克思政治哲学思想之间的联系与区别，为我们深入研究和建构马克思主义政治哲学提供了范例并指明了道路。

Althusse's Interpretation and Transformation of Machiavellianism

Lu Bindian

Abstract: Throughout the development of Althusser's thought, Machiavellianism plays an important role in it, and Machiavellianism becomes an important logical clue for us to analyze the connotation and essence of Althusser's thought. Althusser interprets and transforms Machiavelli's thought from three aspects: In the theoretical tradition, Althusser holds that Machiavelli rejects scholasticism and Aristotelianism, criticizes anthropological interpretation and historical cycle theory, opposes the philosophy of consent and Hobbes' political philosophy of natural law, thus constructing an image of a thinker with a different path; From the political standpoint, Althusser pointed out that Machiavelli did not blindly advocate monarchy, but stood on the people's standpoint and explored a suitable political system for Italy to achieve a balance between monarchy, nobility and the people, so Althusser created a republican image. In philosophy, Althusser saw that Machiavelli was concerned with the void, situation and contingency, and transformed his thought into an important part of the "accidental encounter materialism", and then opposed vulgar materialism and ideological narrative, so Althusser showed the image of a philosopher. Althusse's interpretation and transformation enriched later generations' cognition of Machiavellianism, inspired the theoretical construction of the contemporary radical left wing, and improved our understanding of the study of Marxist political philosophy. However, Althusse confused Machiavellianism and Marxism, unilaterally advocated contingency, and went towards the new metaphysics.

Keywords: Machiavelli; Practical Philosophy; Althusser; A Chance Encounter with Materialism

伍德观点中的罗宾逊因素[*]

朱　梅^{**}

摘　要：学界关于伍德缘何研究马克思正义论及其观点如何形成的探讨，主要存在两种误解：一是伍德对马克思正义论的研究兴趣由罗尔斯《正义论》引发的政治哲学研究热潮所激发，伍德否定了该看法；二是伍德在《马克思对正义的批判》中的主张是受塔克思想的影响，伍德同样反对该观点，指出自身是受到了罗宾逊部分主张的启发。通过分析伍德与罗宾逊关于马克思理论的阐释，能够大致勾勒出二者的思想关系图景：在强调马克思批判资本主义社会的透彻性和革命性方面，二者是同路人；但就马克思对资本主义社会的批判中是否蕴含道德谴责，以及其经济理论是否属于科学理论方面，二者持不同意见。想要进一步深入理解伍德解读马克思正义论的内在理路，明晰伍德观点的独特性，有必要对伍德观点的形成过程和思想来源展开细致分析。

关键词：马克思正义论；艾伦·伍德；琼·罗宾逊

学界关于伍德观点的研究主要集中于解析其对于马克思正义论的阐

---

* 本文系北京理工大学青年教师学术启动计划资助项目"马克思主义正义论的当代实践"（项目号：XSQD-6120220197）的阶段性成果。

** 朱梅，北京理工大学马克思主义学院预聘助理教授，主要研究方向为马克思主义政治哲学。

释是否符合马克思本意，对于伍德观点因何缘起，具体受到何人思想的
影响，以及何种层面受到影响的探讨较少，且存在误解之处，以至于伍
德本人都忍不住在自己的文章中就此公开发表意见。基于此，有必要对
伍德观点的形成过程和思想来源展开细致分析，这亦是进一步加深关于
伍德解读马克思正义论内在理路的理解程度的应有之义。

一　关于伍德观点如何形成的两种误解

学界关于伍德缘何研究马克思正义论及其观点具体受到何人思想影
响的探讨，主要存在两种误解：一是伍德对马克思正义论的研究兴趣由
罗尔斯《正义论》引发的政治哲学研究热潮所激发；二是伍德在《马克
思对正义的批判》中的主张是受塔克思想的影响。想要弄清这两点并不
难，伍德在其文章中已直接给出明确解答①。

就第一种误解而言，伍德是不是受罗尔斯《正义论》引发的政治哲
学研究热潮的影响而关注马克思正义论？对此答案是否定的。据其本人
自述，伍德在写作博士论文《康德的道德宗教》期间，恰逢美国新左派
运动兴起，人们对马克思主义的关注度明显增多，开始不断涌现新的研
究成果，其中就有学者对马克思思想与康德伦理学之间的关联进行研究
探讨，伍德在写作间隙阅读研究马克思的著作。基于这段学习经历，伍
德在担任康奈尔大学助理教授时承担了一门关于马克思的课程讲授工作。
与此同时，康涅狄格大学的罗杰·汉考克向美国哲学学会提交了一篇名
为《为什么马克思认为资本主义是不正义的？》（正式发表版名为《马克
思的正义理论》）的文章，美国哲学学会认为由讲授马克思相关课程的
伍德来评论该文章较为适宜，于是伍德应邀对其进行评议。

---

① 伍德在如下两篇文章中给出了相关解答：〔美〕艾伦·伍德、李义天：《卡尔·马克思：正
义、伦理与当代世界》，载于李义天、张霄主编《传承与坐标：马克思主义伦理思想访谈
录》，中央编译出版社，2020；〔美〕艾伦·伍德：《评艾伦·布坎南的〈马克思与正义——
对自由主义的激进批判〉》，林进平译，《国外理论动态》2013 年第 11 期。

　　有趣的是，伍德刚读完汉考克这篇文章，还未仔细研读马克思的相关论述时，他对汉考克的主张是持赞同态度的。但在研究了马克思的相关文本后，伍德走向了汉考克观点的对立面，开始思考"为什么马克思没说过资本主义是不正义的？"而且不仅如此，马克思还批评过关于资本主义不正义的观点，并就此问题展开了细致探索。在此之后没多久，《哲学与公共事务》向伍德约稿，于是他将其探索成果形成了一篇论文投给编辑，即《马克思对正义的批判》。伍德后续关于马克思正义论的文章，都是围绕此文观点展开进一步延伸与完善①。也就是说，伍德并非受罗尔斯《正义论》引发的政治哲学研究热潮的影响而关注马克思正义论的。

　　就第二种误解而言，伍德的主张是不是对塔克观点的继承与发展？他对此的回应也是否定的。不仅如此，伍德还不同意将他与塔克的相关研究统称为"塔克-伍德"命题②，指出虽然他"对塔克没有个人敌意，但我一直对外界把我与他的阐释相提并论而恼火"③。伍德强调，就对马克思正义论的解读而言，对他有启发性影响的思想家是罗宾逊，并不是塔克。伍德曾直接言明其观点并不是塔克主张的进一步发展，而是受到了罗宾逊部分主张的启发，指出若有人想探寻其"在《马克思对正义的批判》一文中所提出的关于马克思论述正义的解释的先驱，那更应该在琼·罗宾逊（Joan Robinson）的《经济哲学》中寻找，而非罗伯特·塔克的作品"④。此外，罗宾逊的另一本著作《论马克思主义经济学》也在伍德的后续文章中出场过⑤。换言之，伍德的主张不是对塔克观点的继承与发展，与之密切相关的论述是由罗宾逊先行提出的。

---

① 参见〔美〕艾伦·伍德、李义天《卡尔·马克思：正义、伦理与当代世界》，载于李义天、张霄主编《传承与坐标：马克思主义伦理思想访谈录》，中央编译出版社，2020。
② 详细论证参见朱梅《"塔克-伍德"命题的内在张力》，《马克思主义理论学科研究》2021年第 9 期。
③ 〔美〕艾伦·伍德：《评艾伦·布坎南的〈马克思与正义——对自由主义的激进批判〉》，林进平译，《国外理论动态》2013 年第 11 期。
④ 〔美〕艾伦·伍德：《评艾伦·布坎南的〈马克思与正义——对自由主义的激进批判〉》，林进平译，《国外理论动态》2013 年第 11 期。
⑤ 参见〔美〕艾伦·伍德《〈资本论〉的辩证法》，张晓萌译，《江海学刊》2019 年第 3 期。

二 伍德观点与罗宾逊理论的相似之处

既然影响伍德观点的是罗宾逊的理论，那么具体有何影响？虽然伍德目前并未就此直接进行过说明，但通过研读二者关于马克思理论的阐释，能够大致勾勒出其中的相似之处。纵览罗宾逊的《经济哲学》和《论马克思主义经济学》，前者关于马克思学说的段落主要集中在第二章对古典经济学的价值的阐述中，后者则是整本书都在围绕马克思主义经济学理论展开论述的专著。联系二人之于马克思理论的具体解读，的确如伍德所言，其部分观点与罗宾逊的有些论述颇为相似，主要呈现为如下四个方面。

其一，伍德和罗宾逊就马克思关于工资交易和剩余价值的论述所展开的解读存在相似之处。罗宾逊在阐释马克思价值理论的过程中表明，工资交换劳动力是公平的；剩余价值产生在此交易之后，因而资本家获取剩余价值也是公平的。她在书中具体描述道："工人得到了自己的价值，即按劳动时间计算的成本，雇主则使用劳动力去生产大于劳动力成本的价值。……这里不存在欺骗，每样东西都公平和公正地按其价值进行交换。"[①] 此外，罗宾逊还曾强调马克思并不主张工人有权利获取其所生产出来的全部价值，认为工人应该获得其所生产的全部价值的主张是"天真的空想社会主义者的观点，马克思对他们是轻视的。如果工资吃掉全部纯产品，就不能进行积累了。"[②]

伍德在论及马克思关于劳资交换的观点时，同样认为在马克思眼里，资本家购买劳动力是等价交换，后续过程中资本家所获得的剩余价值亦合法合理，进而得出这其中并不存在任何不正义的结论。根据价值规律，劳动力作为商品的价格取决于平均社会必要劳动时间，根据具体的社会

---

① 《琼·罗宾逊文集 经济哲学》，安佳译，商务印书馆，2019，第44页。
② 〔英〕琼·罗宾逊、约翰·伊特维尔：《现代经济学导论》，陈彪如译，商务印书馆，2017，第42页。

关系它可能会有所变化，但谈不上正义或不正义。当资本家用工资交换工人的劳动力时，该阶段是等价物之间的交换，这种交换不存在任何不平等，反而是一种平等的交换。

而在资本家从工人那里购买到工人的劳动力后，它就不再属于工人，通过使用它所实现的剩余价值也不再是工人的所有物，而是资本家的应得之物。伍德认为当马克思说："当工人的劳动实际上开始了的时候，它就不再属于工人了，因而也就不再能被工人出卖了"①，马克思就是在表明资本家后续开始使用工人的劳动力，创造出剩余价值时，该阶段并不存在交换，即使资本家此时所消费的使用价值是前一阶段从工人那里交换来的劳动力。"在资本主义生产过程中，资本家只不过是在使用他在生产过程之前所购买的东西"②，这其中亦未发生任何不正义。对比二者就马克思关于工资交易和剩余价值的论述所展开的解读，不难发现伍德此部分主张是对罗宾逊的观点的进一步延展论证与强化。

其二，伍德和罗宾逊都察觉到马克思使用"剥削"的思想语境与以往空想社会主义者相比而言有其独特之处，意识到"剥削"在资本主义社会发展中具有客观必然性，符合历史发展规律。罗宾逊指出，"马克思并没有像视剥削为抢劫的幼稚空想家一样来控诉资本主义。相反，他用一种合乎逻辑的讽刺来为资本主义辩护"③，并且"马克思断言，价值理论刚好对剥削作出了解释"④，他承认资本主义的剥削现象在其规则范围之内正当且合理，从整个社会发展进程来看还具有历史进步性。从道德层面批判"剥削"只能是一种主观看法，"从客观上考虑，在马克思的体系中，资本家就是社会的一个器官，其作用就和社会主义的计划人员一样，是为了进行积累。"⑤

伍德对此也尤为赞同，强调在马克思那里，资本家剥削工人是在合

---

① 《马克思恩格斯文集》第 5 卷，人民出版社，2009，第 615 页。
② 李惠斌、李义天编《马克思与正义理论》，中国人民大学出版社，2010，第 19 页。
③ 《琼·罗宾逊文集 经济哲学》，安佳译，商务印书馆，2019，第 44 页。
④ 《琼·罗宾逊文集 经济哲学》，安佳译，商务印书馆，2019，第 41 页。
⑤ 《琼·罗宾逊文集 经济哲学》，安佳译，商务印书馆，2019，第 53 页。

法行使其权利，此行为符合资本主义生产方式运行所需，许多人认为马克思确实或者应该赞同"资本主义的剥削是非正义的。事实上，马克思本人并未得出这种结论"①。伍德赞同将剥削概念的内涵界定如下："'剥削'的基本同义词是'利用'（use）。但并非所有的利用都是剥削。当你对某物的利用蕴含着你对某物的支配时，你就剥削了它……如此理解的剥削，并不必然是不正当或不正义的，当然，它可能是不正当或不正义的——例如，如果我们没有权利行使自己的支配权的话。"② 也就是说，当资本家有权利剥削工人时，这种剥削不等于不正当或不正义。在伍德看来，如果有人撇开非道德化的剥削概念的存在，片面地将剥削概念完全道德化，并且撇开资本主义社会的实际情况，一味地谴责剥削是不正义的，让资本家停止这种不正义之举，这显然是一种脱离历史的妄想言论。

其三，伍德和罗宾逊都着重突出马克思对资本主义批判的彻底性与对纯粹道德说教的排斥性，强调他从未打算拯救资本主义，而是打算直接推翻资本主义。罗宾逊在《论马克思主义经济学》中言明资本主义制度"蕴含着必然会导致它崩溃的内在矛盾。马克思把商业循环的周期性危机，看做是切中资本主义制度要害的根深蒂固而又不断蔓延的弊病的征兆"③，资本主义社会在马克思那里无可救药，也没有拯救的必要性。罗宾逊强调马克思与正统派经济学家的根本区别就在于此。与正统派经济学家将资本主义制度视为永恒存在相比，马克思是从暂时性层面去理解它。这也就导致马克思和正统经济学家在探究如何解决社会经济生活领域的问题时走向了两条相反的道路，即马克思认为资本家和工人之间的矛盾是无法调和的，解决问题只能通过推翻资本主义制度来解决，而正统经济学家采取的方法是在资本主义制度框架内力图缓和矛盾，认为通过不断改良就可以解决问题。

---

① 〔美〕A. 伍德：《非正义的剥削》，王晶译，《马克思主义与现实》2017 年第 2 期。
② 〔美〕A. 伍德：《马克思与康德论资本主义剥削》，李琛译，齐艳红校，《世界哲学》2023 年第 4 期。
③ 〔英〕琼·罗宾逊：《论马克思主义经济学》，邬巧飞译，商务印书馆，2019，第 20 页。

在罗宾逊看来，马克思这样做要远比斥责资本主义不正义更加高明。伍德认为马克思避免从正义角度批判资本主义的观点与此颇为相似，他正是以马克思关于资本主义必然走向灭亡的多重阐释为依据，提出马克思批判资本主义的理由并非因其违背了某种正义原则，而是包含在其关于资本主义的综合分析中。

其四，伍德和罗宾逊都认为道德本身存在价值，并且道德对于人际交往和社会发展起着重要作用，想要人与人之间和谐相处，社会充满幸福，就需要道德，主张道德有其存在的必要性和重要性。就前者而言，伍德关于宗教"必须以道德为基础，而不是道德以宗教为基础"[①] 的看法，与罗宾逊所说的"推荐宗教是因为宗教支持道德，而不是因为道德源自宗教"[②] 的观点，二者都在论述宗教和道德之间的关系中凸显了道德之于宗教的首要性，强调"道德本身是可取的，值得尊重的"[③]，倡导人们应该看到道德本身的价值。

就后者而言，罗宾逊认为任何动物都存在自私自利性，并且自私的动力远强于利他的动力，抑制这种自私自利性需要道德的帮助，因而她充分认可道德标准存在之于人际交往与社会发展的必要性。罗宾逊指出："利他的要求就只能强加在我们头上。强加于我们的机制就是道德观念或个人良心。"[④] 只有在道德标准的限制下，人与人之间才能和谐相处，并且处理好长期利益和短期利益之间的关系，使社会得以正常运行。

伍德也对道德之于人际交往与社会发展的促进作用持认可态度，这也是他为什么一方面为马克思不认为资本主义不正义的主张进行辩护，另一方面又不赞同马克思如此贬低正义概念的做法，指出马克思对正义的唯物主义批判时常让人难以认可。虽然伍德"认为马克思对权利和道德的彻底拒斥极具魅力，甚至在某些方面是极具吸引力的，但我并不认

---

① 李明洁、〔美〕艾伦·伍德：《我们怎样才能幸福：康德与今天的中国——艾伦·伍德教授访谈录》，《哲学分析》2015 年第 2 期。
② 《琼·罗宾逊文集 经济哲学》，安佳译，商务印书馆，2019，第 11 页。
③ 《琼·罗宾逊文集 经济哲学》，安佳译，商务印书馆，2019，第 11 页。
④ 《琼·罗宾逊文集 经济哲学》，安佳译，商务印书馆，2019，第 6 页。

为这是一个可以接受的哲学立场"①。伍德强调，他理解和阐释马克思正义论，但不代表他同意马克思关于正义的看法，因为在很多问题上，他其实是一名康德主义者。就实现人类进步而言，我们还未进入共产主义社会，仍然需要道德的支撑，方能坚定信念，不断有勇气去克服前进途中的重重险阻。

三 伍德观点与罗宾逊理论的差异性

当然，伍德之于马克思正义论的看法并不是罗宾逊理论的简单扩展性复述，二者之间在某些观点上存在差异，甚至相对立。主要呈现为：二者虽然均认为马克思对资本主义社会批判的彻底性和激进性，但是除此之外，马克思在分析资本主义社会时是否还带有道德谴责？罗宾逊持肯定回答，伍德则持否定解答。与此同时，伍德与罗宾逊对于马克思经济理论的态度和解读方式也都存在差异。

其一，关于马克思在分析资本主义社会时是否带有道德谴责，二者持不同看法。罗宾逊认为虽然马克思拒绝通过纯粹的道德说教解决社会现实问题，但其理论中其实充满了意识形态色彩，存在明显的价值判断。对于这一点，马克思却不自知，"就像人察觉不到自己的呼吸那样，没有人会意识到自己的意识形态。马克思尤其认为自己具有充分的科学性"②。罗宾逊认为，马克思在勾勒资本主义经济发展图景时，不自觉地带有道德谴责，"马克思把利润看做是'无偿劳动'的方法，以及关于不变资本、可变资本和剥削率的整套工具，硬是在读者面前呈现出一副资本主义制度是蹂躏工人生活的海盗制度的画面。他的术语从它充满着的道德愤怒中汲取力量"③。换言之，在罗宾逊看来，事实判断和价值判

① 〔美〕A. 伍德：《一个半世纪后的卡尔·马克思》，王晶、刘建江编译，《马克思主义哲学研究》2020 年第 2 辑。
② 《琼·罗宾逊文集 经济哲学》，安佳译，商务印书馆，2019，第 48 页。
③ 〔英〕琼·罗宾逊：《论马克思主义经济学》，邬巧飞译，商务印书馆，2019，第 38 页。

断在马克思那里是统一在一起、时常一同出场的。

不仅如此，在罗宾逊看来，马克思理论中科学和意识形态并存是一件再正常不过的事情了，"给定某种经济制度，我们就能以一种客观的方式，毫不走样地描述这种经济制度运行的技术特征。但是，如果没有悄悄介入的道德评价，我们就不可能对一种制度进行描述"①。如果社会科学家声称自己的研究成果中不带价值判断，全然都是客观分析，不存在任何先入之见，那只能是在欺骗他人或者自我欺骗。"把价值判断从社会科学的主题中剔除，就是把主题本身剔除，因为主题涉及人的行为，就必然涉及人们所做的价值判断。"②

此外，罗宾逊还认为带有意识形态色彩的学说亦有其可取之处，强调"意识形态在社会生活的行为范畴内确实不可或缺"③，"没有了意识形态，我们将无法思考问题"④。具体可取之处展现为：这种意识形态可以反映出人们对于当前社会现实的不满和内心诉求；能够为人们为人处世提供一种规范标准；是人们去探索未知事物时所提出的假设或研究方案的思想源泉。

伍德在抨击那些对马克思理论存在误解的思想家时，也曾提出"经济学从来都不是一门'科学'。对马克思价值理论的拒斥通常是由意识形态和政治所鼓动，至少被认为是出于对'好科学'的关注"⑤。但就马克思关于资本主义社会的分析而言，伍德并不认为其中带有道德谴责。相反，"马克思一直拒绝以任何方式抨击资本主义的社会关系本身是不正义的，或者在道德上是不正当的"⑥。就算马克思用"抢劫"这种常人看来直觉上会和"不正义"相联系的词语来描述资本家对工人剩余价值

---

① 《琼·罗宾逊文集 经济哲学》，安佳译，商务印书馆，2019，第 16 页。
② 〔英〕琼·罗宾逊：《自由与必然——社会研究导论》，安佳译，商务印书馆，2023，第 118 页。
③ 《琼·罗宾逊文集 经济哲学》，安佳译，商务印书馆，2019，第 4 页。
④ 《琼·罗宾逊文集 经济哲学》，安佳译，商务印书馆，2019，第 4 页。
⑤ 〔美〕艾伦·伍德：《〈资本论〉的辩证法》，张晓萌译，《江海学刊》2019 年第 3 期。
⑥ 〔美〕艾伦·W. 伍德：《作为意识形态的道德——马克思关于道德的思想》，张娜、林进平译，《国外理论动态》2018 年第 5 期。

的无偿占有，也不能想当然地得出马克思从道德层面谴责资本主义不正义的结论，这是在将自己的解读强加给马克思。马克思只是在如实呈现资本主义社会是如何运行发展的而已。

在马克思那里，资本家完全有权利抢劫工人的剩余价值，"完全有权利"和"抢劫"是相兼容的。这种"抢劫"是被资产阶级法律合法化并且正常化的"抢劫"，在马克思眼中，它的存在在资本主义生产关系中实属必然。而且伍德眼中的"马克思的正义概念就在于同主流生产方式中的生产关系相适应"①，既然"抢劫"是同主流生产方式中的生产关系相适应的存在，那么"抢劫"在马克思那里就不意味着不正义。并且，伍德在不认同在马克思之于资本主义社会的批判中包含道德谴责的同时，还强调将这种道德化解读塞进马克思的理论体系会有害于其科学性和革命性。

其二，伍德与罗宾逊对于马克思经济理论的态度存在差异。伍德不认同罗宾逊关于马克思的劳动价值理论并非科学命题的论断。在罗宾逊看来，马克思的劳动价值理论是一种形而上学的学说，无法对其进行检验。罗宾逊还强调价值规定只是马克思提出的假设，其思路是"先说明假设条件，然后得出结论。他用对劳动力价值的分析论证支撑住了自己的信条"②。伍德并不认为马克思劳动价值理论和价格理论属于假说，且肯定其科学性。在伍德看来，罗宾逊在解读马克思关于价格、价值与交换价值之间的关系的论述时，存在曲解，罗宾逊混淆了交换价值和价值，亦未能深刻理解马克思透过现象分析本质的思维方法。

其三，伍德与罗宾逊对于马克思经济理论的解读方式存在不同之处。伍德对于罗宾逊将马克思的经济论证简单化的做法十分不赞同。伍德指出，在马克思经济理论中蕴含辩证结构，"面对质疑劳动价值论、价值规律和剥削理论的声音，有必要从这种辩证的结构出发，对马克思经济

---

① 〔美〕艾伦·伍德：《马克思反对从正义出发批判资本主义——对段忠桥教授的回应》，李义天译，《中国社会科学》2018 年第 6 期。

② 《琼·罗宾逊文集 经济哲学》，安佳译，商务印书馆，2019，第 45 页。

理论进行理解和辩护"①。包括罗宾逊在内的正统的学院派经济学家正是因为忽视了这种辩证结构，才会导致对马克思的经济理论产生误读，进而出现对马克思的经济理论的无端指责。

何种指责呢？伍德曾具体举例说明过。例如，罗宾逊曾抱怨"马克思从来就没能像在《资本论》第一卷中那样，将自己其他的理论成功地整理成条理清楚、前后一致的完整体系"②，认为马克思理论中存在逻辑混淆以及论述不一致的问题。伍德认为这就是一种强加于马克思理论的无端指责。在他看来，罗宾逊显然误解了马克思的意思，指出"只有当我们忽视了马克思理论的辩证结构，并且将价值规律误解为发展成熟的相对价格理论时，认为'第一卷与第三卷是不连贯的'这一指责才说得通"③。

至此，通过分析伍德与罗宾逊关于马克思理论的阐释，已然能够大致勾勒出二者的思想关系图景：伍德和罗宾逊都很欣赏马克思本人，解读马克思对于资本主义社会的批判时，二者均承认马克思的分析力透纸背，也都力图如实呈现马克思理论的原初面貌。然而，在具体解读过程中，二者又存在差异。在强调马克思批判资本主义社会的透彻性和革命性方面，二者是同路人；但对于马克思关于资本主义社会的批判中是否还蕴含道德谴责，以及其经济理论是否属于科学理论方面，二者持不同意见。

伍德和罗宾逊在提及经济学难免会带有意识形态色彩时，应该也会想到自身关于马克思理论的解读，也难免会受自身其他观念的影响而无法完全真正还原出马克思理论的原初面貌，即使努力呈现马克思本意一直是二者在解读过程中所想要达到的目标。与此同时，二者在阐释马克思的具体主张时，都对马克思理论丰富的内涵和复杂的论证过程进行了一定程度的缩减与简化，只不过伍德是将马克思关于正义的多维度论述单一化，进而"可能忽略了在同一时段内追寻正义的不同社会环境的复

---

① 〔美〕艾伦·伍德：《〈资本论〉的辩证法》，张晓萌译，《江海学刊》2019 年第 3 期。
② 《琼·罗宾逊文集 经济哲学》，安佳译，商务印书馆，2019，第 46 页。
③ 〔美〕艾伦·伍德：《〈资本论〉的辩证法》，张晓萌译，《江海学刊》2019 年第 3 期。

杂性"①；而罗宾逊则是未厘清马克思理论的论证思路。

　　无论是符合马克思本真精神的部分诠释，还是带有偏差的部分解读，它们都从不同角度明确了回到马克思文本的原初语境探索马克思理论的重要性，促使人们从整体性视角审视马克思理论的多维度内涵和内在逻辑。就马克思正义论而言，其复杂性源于历史发展和社会现实的复杂性，进而导致马克思分析正义的视角具有多样性，那么在解读马克思关于正义的具体论述时，就不能如罗宾逊一样将马克思的论证过程简单化，或如伍德一般局限于文字表述本身，而应该析出隐藏在其背后的正义思想，明确马克思分别基于哪些视角或维度阐述过正义问题，哪些正义原则为马克思本人所认同，哪些正义观点为马克思所拒斥，勾勒出马克思正义论的原貌，进而为解决当今中国社会公平正义问题提供思想启示。

The Factors of Robinson in Wood's Views

Zhu Mei

Abstract：There are two misunderstandings in the discussion from scholars about why Wood studied Marx's theory of justice and how his views were formed. The first point is that Wood's interest in the study of Marx's theory of justice was stimulated by the boom in the study of political philosophy that was triggered by Rawls's *A Theory of Justice*. Wood has already rejected this view. The second point is that the views proposed by Wood in his article "The Marxian Critique of Justice" were influenced by Tucker's ideas. Wood has also refuted this view. He has indicated that his views were inspired by some of the views from Robinson. We can understand the relationship between Wood's views and Robinson's views by analyzing Wood's interpretation of Marx's theory and

①　臧峰宇、朱梅：《关于马克思正义论研究的认知测绘》2019 年第 12 期。

Robinson's interpretation of Marx's theory. Both Wood and Robinson emphasize that Marx's critique of capitalist society is thorough and revolutionary, but there are different opinions on whether Marx's critique of capitalist society contains moral condemnation and whether Marx's economic theory is scientifica. If we want to further understand how Wood interprets Marx's theory of justice and the uniqueness of Wood's views, we must analyze in detail the process of the formation of Wood's views and the sources of his ideas.

Keywords：Marx's Theory of Justice；Allen Wood；Joan Robinson

马克思人民群众观形成过程探微

范　婷[*]

摘　要：马克思人民群众观是历史唯物主义的重要组成部分，在马克思主义发展史中占据重要的理论地位。马克思人民群众观的发展经历了萌芽、形成、确立和丰富发展四个阶段。其对人民群众的认识从在"人本主义"下的抽象认识到历史唯物主义下的具体把握，形成了对人民群众历史起源、历史作用和发展趋向的正确认识。

关键词：马克思；人民群众观；历史唯物主义

一　马克思人民群众观的萌芽时期

中学时代的马克思在自由主义和启蒙思想的影响下，以人类幸福的达成作为自己事业追求的目的。青年马克思大量和系统地阅读了德国古典哲学家的著作，并在青年黑格尔派中崭露头角。虽然马克思在博士论文时期的研究具有唯心主义的倾向，但是一种批判的基因已经在马克思的理论研究中生根发芽。随着这种理论批判向现实批判的过渡，马克思更加坚定以人民群众的视角和立场批判封建专制，为科学的人民群众观的形成奠定了基础。

* 范婷，中国人民大学哲学院博士研究生，主要研究方向为马克思主义哲学、马克思主义价值论。

（一）《博士论文》时期："人"的抽象认识中的自由规指

马克思出生于受到法国大革命影响的莱茵省特利尔城，一种自由主义的气息包围着青年马克思。此时，马克思以一种"自由"的抽象哲学概念作为人的发展的最高价值抉择。这时的马克思把推崇"人的自由存在"作为衡量人的价值的最高标准。虽然还没有对人民群众做出具体的解读，其中"人"和"自由"的内涵还是建立在抽象的哲学思考上，但是"人的自由"是马克思人民群众观的探索的立脚点。在博士论文中马克思提到"你知道得很清楚，我不会用自己得痛苦去换取奴隶得服役；我宁肯被缚在岩石上，也不愿作宙斯忠实奴仆"①。在这里马克思用不愿被束缚的普罗米修斯暗示着一种自由解放的精神，而对这种自由的理解是在"定在"与"人"的主观能动性的矛盾中探索的。马克思用黑格尔"定在"概念说明人的自由，使人的自由具有了更多客观规定性。但是，这种客观的"定在"不能阻碍人的主体能动性，即人的主体的能动性和自由，坚决否定非人性的神性，不承认在主体之外有所谓决定人"命运"的存在。解决这组矛盾的手段即以"自我意识"对人的本质力量进行一种抽象的把握，从而使"自我意识"和"现实"以理论实践的形式终结。

（二）《莱茵报》时期：关注贫困群众的利益

马克思曾说："1842—1843 年间，我作为《莱茵报》的编辑，第一次遇到要对所谓物质利益发表意见的难事。"② 这一时期的马克思以抽象政治哲学的理论哲思为途径思考社会本体的运动趋向，转而开始关注社会本体的现实发展，从一种抽象的思辨哲学转向现实的政治斗争。

此时，马克思把博士论文时期关于人的抽象概念进一步具体化，变为贫困劳苦大众。这是马克思人民群众观形成的现实源头。在这一时期马克思重视劳苦大众的生活，并表现出了人民主权的政治思想。在《关

---

① 《马克思恩格斯全集》第 1 卷，人民出版社，1995，第 12 页。
② 《马克思恩格斯选集》第 2 卷，人民出版社，1995，第 31 页。

于林木盗窃法的辩论》《摩塞尔记者的辩护》中马克思同情社会上被压迫的贫苦的农民和工人，站在广大贫苦农民的立场上，维护劳苦大众的利益，号召贫困大众追求自己的政治权利。马克思认为人的本性是普遍自由，言论自由和出版自由是自由的重要方面。在《关于出版自由和公布等级会议记录的辩论》中马克思强调"自由的出版物是人民精神的慧眼，是人民自我信任的体现，是把个人同国家和整个世界联系起来的有声的纽带；自由的出版物是变物质斗争为精神斗争，而且是把斗争的粗糙物质形式理想化的获得体现的文化"①。

在这里人民概念已经有了与专制统治者对立的趋势，使人民群众的概念进一步具化。马克思通过对现实的接触和对社会背后的经济、物质利益的初次接触，发现了人们不同的等级地位决定了他们对待出版自由的不同态度和行为。这为马克思发现人民群众的阶级性打下了基础。总之，在马克思对现实社会生活不断深入的观照中，实现了其思想的根本性转变。

二 马克思人民群众观的初步形成

马克思的人民主体思想初步形成于德法年鉴时期。这一阶段，马克思以一种批判精神划破德国古典哲学传统的藩篱，走出了青年黑格尔派自我意识的哲学迷宫，以重新确立市民社会与国家关系为基础，把人类的解放诉诸无产阶级的革命，使之成为共产主义的物质力量。马克思确定了人民群众的历史地位，提出人民群众是历史创造者的定论。此时的马克思的思想还未能走出"异化思想"的迷雾，但是在其阐释无产阶级的历史使命中展现出人民主体性的思想光芒。

（一）《黑格尔法哲学批判》：市民社会是政治国家的基础

讨论《黑格尔法哲学批判》就不得不重视对《克罗茨纳赫笔记》的

---

① 《马克思恩格斯全集》第1卷，人民出版社，1956，第74页。

研究。《克罗茨纳赫笔记》是马克思完成世界观转变的直接理论准备，是《黑格尔法哲学批判》的思想源泉。《笔记》中马克思关于国家与市民社会的关系的研究，使得马克思人民群众观进一步科学化，为后期人民主体思想打下了坚实的基础。马克思对黑格尔关于市民社会与国家之间的关系进行了批判，认为"家庭和市民仿佛是黑暗的自然基础，从这一基础上燃起国家之光。国家材料应理解为国家的事物，理解为家庭和市民社会，因为它们是国家的构成部分，它们参与国家本身"①。在此基础上，马克思提出了人民主权的观点。批判了黑格尔提出的人民要依附君主的论断。他坚持人民主权的立场，指出"人民主权不是凭借君王产生的，君王倒是凭借人民主权产生的"②。马克思通过对黑格尔的批判，对人民群众的概念进一步升华，即人民群众是国家的大多数。人民才真正构成现实的国家制度，国家的形式也依赖于人民即市民社会的组织形式。

（二）《德法年鉴》：具体的人与解放的可能

马克思在《德法年鉴》上发表的两篇文章《论犹太人问题》和《〈黑格尔法哲学批判〉导言》是其实现从唯心主义向唯物主义、从革命民主主义向共产主义转变的标志。首先，在《黑格尔法哲学批判导言》中再次强调了人与国家和社会的关系。"但是，人不是抽象的蛰居于世界之外的存在物。人就是人的世界，就是国家，社会。"③在这里，马克思进一步具体人的概念，即人不是抽象的蛰居于世界之外的存在物，把人与国家和社会联系起来，站在具体的维度考量人的存在。从而构建了人民群众与国家之间的关系。

其次，马克思提出了理论与人民群众的关系。"批判的武器当然不能代替武器的批判，物质力量只能用物质力量来摧毁；但是理论一经掌握群众，也会变成物质力量。理论只要说服人［AD HOMINEM］，就能

---

① 《马克思恩格斯全集》第 3 卷，人民出版社，2002，第 9~10 页。
② 《马克思恩格斯全集》第 3 卷，人民出版社，2002，第 37 页。
③ 《马克思恩格斯选集》第 1 卷，人民出版社，1995，第 1 页。

掌握群众；而理论只要彻底，就能说服人 ［ADHOMINEM］。所谓彻底，就是抓住事物的根本。而人的根本就是人本身。"① 然后，马克思提出人民群众自我解放的可能。"哲学把无产阶级当做自己的物质武器，同样，无产阶级也把哲学当做自己的精神武器；思想的闪电一旦彻底击中这块素朴的人民园地，德国人就会解放成为人。"② "德国人的解放就是人的解放。这个解放的头脑是哲学，它的心脏是无产阶级。哲学不消灭无产阶级，就不能成为现实，无产阶级不把哲学变成现实，就不可能消灭自身。"③ 在这里马克思把人民群众与国家产生联系，从而发现人民群众的不自由，提出了无产阶级是解放人的可能。但是，此时马克思对无产阶级和人的概念还建立在费尔巴哈人道主义的哲学思辨上，还没有完成历史唯物主义的转变。

（三）《1844 年经济学哲学手稿》：初步认识劳动产生世界历史

马克思在《1844 年经济学哲学手稿》中开始形成关于人的本质理论。此时马克思对于人本质的理解未能摆脱人道主义的车轨。但是，马克思不同于费尔巴哈在于已经开始以社会性和能动性理解人的本质，为人民群众观的形成奠定了基础。

在手稿中马克思认为"整个所谓世界历史不外是人通过人的劳动而诞生的过程，是自然界对人来说的生成过程"，④ 这里已经蕴含人民群众是历史创造者的思想。马克思此时把人的本质看作"人自由自觉的活动"，而在现实中表现为"异化劳动"。"异化劳动把自主活动、自由活动贬低为手段，也就把人的类生活变成维持人的肉体生存的手段。因此，人具有的关于自己的类的意识，由于异化而改变，以致类生活对他来说竟成了手段。"⑤ 从而变为劳动者与劳动产品相异化；劳动者与劳动过程

---

① 《马克思恩格斯文集》第 1 卷，人民出版社，2009，第 11 页。
② 《马克思恩格斯文集》第 1 卷，人民出版社，2009，第 17~18 页。
③ 《马克思恩格斯文集》第 1 卷，人民出版社，2009，第 18 页。
④ 《马克思恩格斯文集》第 1 卷，人民出版社，2009，第 196 页。
⑤ 《马克思恩格斯文集》第 1 卷，人民出版社，2009，第 163 页。

相异化；劳动者与劳动者的类本质相异化；以及人与人的相异化。人的异化状态是人类发展到一定历史时期的现象，而共产主义的任务就是人类本质的恢复。虽然在此马克思对共产主义的目标建立在费尔巴哈人道主义哲学思维的影响下，但是从这里可以看出人民群众最终走向自由解放的历史指向。

（四）《神圣家族》：集中阐发人民群众观的经典之作

《神圣家族》是马克思最早集中阐发人民群众观的经典著作。首先，马克思首次提出了人民群众在历史发展中的作用。"历史什么事情也没有做，它'不拥有任何惊人的丰富性'，它'没有进行任何战斗'！其实，正是人，现实的、活生生的人在创造这一切，拥有这一切并且进行战斗。"① 在这里马克思把"现实的人"即人民群众作为历史活动的主体，提出人的目的和活动形成历史发展轨迹，因此也成为历史发展的主体和创造者。历史不过是追求着自己目的的人的活动而已。

马克思强调："批判的批判什么都没有创造，工人才创造一切，甚至就以他们的精神创造来说，也会使得整个批判感到羞愧。"② 所以说，人民群众不仅是物质生产的主体，也是精神的创造者。总之，"历史活动是群众的活动，随着历史活动的深入，必将是群众队伍的扩大"。③

其次，论述人民群众创造历史的作用时，特别注重强调无产阶级创造历史的革命作用。马克思在《神圣家族》中以政治经济学批判的视角，进一步分析无产阶级的解放和人民群众的解放。马克思认为私有财产制度在资本主义社会的运行中不断凸显矛盾，最终会走向瓦解的结局。这种私有财产的瓦解具有自己特殊的途径，即无产阶级由于私有财产造成的肉体和精神上的双重贫困，进而形成一种社会存在的非人格化窘态。这就使得无产阶级作为雇佣劳动的主体重复着为资本生产财富，为自己

---

① 《马克思恩格斯文集》第 1 卷，人民出版社，2009，第 295 页。
② 《马克思恩格斯全集》第 2 卷，人民出版社，1957，第 22 页。
③ 《马克思恩格斯文集》第 1 卷，人民出版社，2009，第 287 页。

创造贫穷的矛盾存在。无产阶级面对这种窘态和矛盾必然奋力反抗。但是，这种反抗必不会把自己设定为人民群众的对立面，而是以消灭自己本身和对立面作为胜利的结果。就是说消灭了私有财产造成的贫困和自身的贫困，进而以消灭剥削和阶级，达到人民群众的解放①。从历史唯物主义的视角看，私有制灭亡的客观必然必须通过无产阶级能动活动才能实现，从而担负起消灭资本主义的历史任务。在这场伟大的社会革命中，只有依托人民群众的理论，代表人民群众的利益，听取人民群众的呼声，总结人民群众实践经验才能获得成功。

三　马克思人民群众观走向成熟

马克思在 1845 年春天与费尔巴哈人本主义的彻底交割标志着马克思思想发生了根本性转折。此时，马克思以实践的理论范式形成关于人本质的科学认识。从《关于费尔巴的提纲》的完成到《共产党宣言》的诞生，马克思的人民群众观不断走向成熟，确立了人民群众作为历史主体的历史唯物主义思想，进而明确了实现人民群众解放的途径是无产阶级社会革命。

（一）《费尔巴哈提纲》：认识人民群众的理论基础

"以往的理论从来忽视居民群众的活动，只有历史唯物主义才第一次使我们能以自然科学的精确性去研究群众生活的社会条件以及这些条件的变更。"②《关于费尔巴哈的提纲》代表着马克思从思想上和理论上彻底同费尔巴哈的决裂，与费尔巴哈的人本主义彻底划清了界限。马克思批判了费尔巴哈关于人的本质是"单个人所固有的抽象物"的观点，也进一步否定了在《1844 年经济学哲学手稿》中提出的人的本质是"自由自觉的活动"。马克思认为："人的本质不是单个人所固有的抽象物，

---

① 参见《马克思恩格斯文集》第 1 卷，人民出版社，2009，第 261 页。
② 《列宁选集》第 2 卷，人民出版社，2012，第 425 页。

在其现实性上，它是一切社会关系的总和。"① 从此，马克思站在了历史唯物主义的角度上考量人的本质，从而进一步深化了人民群众的认识，即必须站在社会关系的角度来考察人民群众的具体内涵。然而，"全部社会生活在本质上是实践的"。这表明理解社会的本质必须站在实践的角度，而实践的主体是人民群众，实践的过程就是人民群众的历史活动。从实际出发才能理解由实践产生的社会关系和社会生活，从而理解整个历史。这一观点在其《德意志意识形态》中进一步展开论述。

（二）《德意志意识形态》：明确人民群众是历史的创造者

马克思在《德意志意识形态》中从逻辑上论证人民群众是历史的创造者这一人民群众观的重要命题。首先，马克思提出"全部人类历史的第一个前提无疑是有生命的个人的存在"②。"它的前提是人，但不是处在某种虚幻的离群索居和固定不变状态中的人，而是处在现实的、可以通过经验观察到的、在一定条件下进行的发展过程中的人。"③ 马克思认为历史存在的第一个前提就是有生命的个人的存在，这个人不单指某一个人，而且暗含"集体"的意蕴，这个"集体"的存在是全部人类历史的前提。其次，人民群众即物质生产资料的创造者，也是社会关系形成的逻辑起点。人的第一个历史活动就是生产满足生存需要的资料，即生产物质生活本身，这是一切历史的基本条件。人民群众在物质生产的过程中又形成了社会关系。这样，生命的生产，无论是通过劳动而生产自己的生命，还是通过生育而生产他人的生命，就立即表现为双重关系：一方面是自然关系，另一方面是社会关系。

（三）《共产党宣言》：在阶级中认识人民群众

《共产党宣言》标志着马克思主义的公开问世，表明了马克思的人

---

① 《马克思恩格斯文集》第 1 卷，人民出版社，2009，第 505 页。
② 《马克思恩格斯文集》第 1 卷，人民出版社，2009，第 519 页。
③ 《马克思恩格斯文集》第 1 卷，人民出版社，2009，第 525 页。

民群众观的进一步成熟。首先,《共产党宣言》进一步论述了人民群众也是具有阶级属性的。"全部历史都是阶级斗争的历史。"① 而无产阶级和资产阶级的斗争只是整个阶级斗争历史的一部分。在资产阶级成为统治阶级前,人民群众是农民、城关市民等推动历史发展的物质和非物质生产者。在资产阶级取得统治地位后,人民群众是无产者而且还有工业家、小商人、手工业者、农民等。

其次,无产阶级是人民群众中先进的阶级。无产阶级是资本主义社会矛盾发展的产物,代表了先进的生产力和生产关系,具有严密的纪律性,表现着新时代的希望。马克思认为"在当前同资产阶级对立的一切阶级中,只有无产阶级是真正革命的阶级。其余的阶级都随着大工业的发展而日趋没落和灭亡,无产阶级却是大工业本身的产物"②。总之,"无产阶级的运动是绝大多数人的,为绝大多数人谋利益的独立的运动。无产阶级,现今社会的最下层,如果不炸毁构成官方社会的整个上层,就不能抬起头来,挺起胸来"③。历史的命运归根结底是由人民决定的,但是,对人民群众的历史主体作用又不能离开领导他们的阶级来抽象加以考察。在特定的历史条件下,群众的历史创造作用一般取决于在这个时期中是由哪个阶级来充当革命的领导者。只有先进的阶级领导人民群众才能发挥人民群众的作用,推动历史的发展。否则会产生历史的倒退。

最后,《共产党宣言》通过论述无产阶级和共产党的关系,表现出了在资本主义时代,共产党是带领人民群众完成自身解放的唯一可能。无产阶级的发展必然形成政党,而只有共产党才能带领无产阶级完成一系列的社会革命运动。其最终目的是使整个社会变成"代替那存在着阶级和阶级对立的资产阶级旧社会的,将是这样一个联合体,在那里,每

---

① 《马克思恩格斯全集》第 25 卷,人民出版社,2001,第 135 页。
② 《马克思恩格斯文集》第 2 卷,人民出版社,2009,第 41 页。
③ 《马克思恩格斯文集》第 2 卷,人民出版社,2009,第 42 页。

个人的自由发展是一切人的自由发展的条件"①。在此也表明了人民群众在共产主义社会中是以"自由共同体"的形式出现在未来社会当中。

四　马克思人民群众观的丰富和发展

1848 年欧洲革命的爆发，使马克思有机会参与无产阶级社会革命实践。在这场革命失败后，在全面系统地总结革命经验的基础上，马克思进一步发展了其历史唯物主义的思想，丰富了人民群众观的理论展开，提出了人民民主的政治诉求。这一诉求的进一步发展直到 1871 年巴黎公社运动中得以实现。马克思在对巴黎公社运动的分析肯定了人民群众在社会革命中的作用。在《哥达纲领批判》中，重申了人民主体的立场，丰富和发展了人民群众观。

（一）1848 年欧洲革命时期：建立无产阶级与人民群众的联盟

1848 年革命中，虽然资产阶级领导革命，但是广大人民群众，特别是无产阶级和农民构成了革命的主要动力。各个不同的阶级、阶层或党派在革命中所起的历史主体作用，在不同程度上利用了群众的力量。马克思在《1848 年至 1850 年的法兰西阶级斗争》《路易波拿巴的雾月十八》《法兰西阶级斗争》中主要表达了人民群众在社会革命中的历史作用。

首先，马克思表明人民群众是社会革命的主要力量。人民群众在社会革命中发挥着重要作用。尤其在无产阶级社会革命中引发广泛自觉的人民群众运动，使得社会整体性变革更加彻底和深刻。凡是不能引起人民群众参与的革命运动，都无法达到解放革命阶级和历史本身的结果。例如，1848 年欧洲资产阶级民主革命从资产阶级背叛人民群众开始就预兆着其失败的结果。

---

① 《马克思恩格斯文集》第 2 卷，人民出版社，2009，第 53 页。

其次，马克思提出工农联盟的思想。马克思始终警惕资产阶级愚弄和利用农民阶级、无产阶级的把戏，竭力唤起农民阶级的群体意识，以及探寻与无产阶级联合的可能。"只有反资本主义的无产阶级的政府，才能结束农民经济上的贫困和社会地位的低落。"① 因此，在无产阶级革命中，"农民就把负有推翻资产阶级制度使命的城市无产阶级看做自己的天然同盟者和领导者"②。

最后，马克思表达了依靠人民群众实现和巩固无产阶级专政的思想。"在无产阶级暂时被挤出舞台而资产阶级专政已被正式承认之后，资产阶级社会的中间阶层，即小资产阶级和农民阶级，就必定要随着他们境况的恶化以及他们与资产阶级对抗的尖锐化而越来越紧密地靠拢无产阶级。"③ 因此，资本主义社会把人民群众聚集在工人阶级周围，工人阶级就要与劳动农民和其他非无产阶级群众联盟，这是无产阶级取得胜利和建设新社会制度的重要条件。而无产阶级要团结人民群众就必须建立真正的民主政权，即政权始终代表工人阶级和劳动群众的根本利益，从而保证权力始终掌握在人民手中。

（二）《哥达纲领批判》：通过无产阶级专政实现人民群众的解放

马克思对于拉萨尔主义的清算是其进一步理解了人民主体性思想。在《哥达纲领批判》中马克思提出了人民主体的实现是一个阶段性的过程。马克思明确指出："在资本主义社会和共产主义社会之间，有一个从前者变为后者的革命转变时期。同这个时期相适应的也有一个政治上的过渡时期，这个时期的国家只能是无产阶级的革命专政。"④ 这一时期的马克思已经理解了新旧社会形态直接的联系，认为在社会形态变革中资本主义旧的形态不可避免地渗入发展的新社会形态。在这一社会形态

---

① 《马克思恩格斯文集》第 2 卷，人民出版社，2009，第 160~161 页。
② 《马克思恩格斯文集》第 2 卷，人民出版社，2009，第 570 页。
③ 《马克思恩格斯文集》第 2 卷，人民出版社，2009，第 104 页。
④ 《马克思恩格斯文集》第 3 卷，人民出版社，2009，第 445 页。

的过渡时期必须坚持无产阶级专政，其目的就是在克服旧形态的过程中实现人民的主体地位。在社会形态的转变中，人民群众不断克服资本逻辑对主体性的侵蚀，通过把社会各要素掌握在自己手中，以破除经济层面的资本控制，从而成为社会主体，具体表现为成为国家真正的主人。

马克思对人民群众的理解是随着历史唯物主义的发现而不断成熟的。马克思对"人民群众"的理解经从抽象到具体的过程，即从人的"类"存在的角度理解的人民群众到把人民群众理解为个体的抽象。随着马克思发现历史唯物主义，马克思把人民群众理解为占人口最大多数的，处于社会底层的，以工人阶级为核心的生产者的集合体。马克思认为人民群众概念不是永远存在，随着自由人联合体的建立，人民群众随阶级的消失而消失。

从马克思主义人民群众观的发展历程来看，马克思从多个层面理解人民群众内涵。从性质上看，人民群众是历史的创造者，是人类社会发展的主体。从量上看，人民群众是社会成员中的大多数。从发展趋向上看，人民群众必将通过无产阶级完成自身的解放任务，实现人的全面自由的发展，从而是作为阶级性质的人民群众退出历史舞台。在这一概念范畴下形成了人民群众是创造社会历史的主体；人民群众划分为阶级阶层；人民权力由人民掌握；无产阶级运动是为绝大多数人谋利益的运动；历史人物与人民群众的关系；理论掌握人民群众和人民群众教育这六条马克思人民群众观的核心思想。

On the Formation of Marx's Conception of the People

Fan Ting

Abstract：The Marx's conception of the People is an important part of historical materialism, which occupies an important theoretical position in the history of the development of Marxism. The development of Marx's conception of the People has gone through four stages：germination, formation, establishment and further development. His understanding of the People went from an abstract understanding under "humanism" to a concrete grasp under historical materialism. It in turns gives rise to a correct understanding of the historical origin, historical role and development trajectory of the People.

Keywords: Marx; Conception of the People; Historical Development

一位平等主义者眼中的"马克思"

——评乔纳森·沃尔夫的《当今为什么还要研读马克思》[*]

隋洪波^{**}

摘　要：乔纳森·沃尔夫基于多元的平等主义立场，讲述了一个伟大的人本主义哲学家马克思的"故事"。作者囿于英美分析马克思主义传统，以青年马克思的立场重构了整个马克思的思想图谱，刻意区分马克思与马克思主义，也就难以对"当今为什么还要研读马克思"这一重要议题作出真正令人信服的回答。但鉴于作者精致的政治哲学论证技巧，仍有必要随其思路回顾"马克思"何以深具魅力，并且对其批评性的评价作出相应讨论，以此阐明本书的思想贡献与理论限度。

关键词：平等主义；资本主义；马克思

在 21 世纪的今天，你认为研读马克思是一件迫切、重要和有趣的事情吗？在英国哲学家和马克思主义领域的顶尖专家乔纳森·沃尔夫的《当今为什么还要研读马克思》（段忠桥译：广西师范大学出版社，2021 年版）一书看来，作为哲学家和科学家的马克思，为我们理解 20 世纪的历史、批判当今资本主义社会弊病提供了最锐利的武器；马克思不仅探讨了令人兴奋的主题，而且说出了很多真实和鼓舞人心的东西，其作品

---

* 本文为吉林省教育厅"十三五"社会科学研究项目"中华优秀传统文化融入大学生日常思想政治教育研究"的阶段性成果（JJKH20180974SZ）。

** 隋洪波，长春大学马克思主义学院，讲师，主要研究方向为马克思主义基本原理。

富有其他思想家难以超越的独创性、洞察力和系统的眼光。

但令笔者感到疑惑的是：乔纳夫·沃尔夫一方面赞同马克思对资本主义疯狂的市场渗透展开批判的观点，另一方面又质疑马克思核心理论的有效性。在他看来，马克思的历史理论、经济学分析和共产主义理论规划不仅在经验层面尚待检验，且在理论细节上也存在不少困难或矛盾。这本被译为多国语言的马克思思想"入门书"最后结论竟然是：马克思指出了问题，但我们对他的解决方法信心不足。在乔纳森·沃尔夫眼中，虽然马克思堪称现代社会最卓越的资本主义批评家，但并未对未来社会的建构作出多少富有启示性的理论开拓。这一"马克思主义之后的马克思"的立场判断笔者难以苟同。

笔者认为，乔纳森·沃尔夫基于多元的平等主义立场，以政治哲学的论证方式，讲述了一个伟大的人本主义哲学家马克思的"故事"；但作者囿于英美分析马克思主义传统，刻意区分马克思与马克思主义，以特定逻辑架构与主观立场重构马克思的原著与思想，难免给予不甚客观的"批评之见"，以至于未能对"当今为什么还要研读马克思"作出令人满意的回答。鉴于《当今为什么还要研读马克思》中关于马克思思想阐释的哲学深度及政治哲学论证的精巧程度，笔者将首先跟随乔纳森·沃尔夫的思路探寻他眼中的"马克思"何以深具理论魅力，其后对其批评性"评价"作出相应讨论，最后将探究本书的理论贡献及其存在的限度。

一 平易近人的马克思肖像

在东欧剧变和苏联解体、"柏林墙"倒塌的象征意义带来巨大冲击波的背景下，作为西方主流哲学家的乔纳森·沃尔夫表现出浓厚的研读马克思的兴趣。他对马克思的推崇之情，以严密、清晰的逻辑分析方式轻盈流动地诉诸笔端，将一个与当代世界不同领域及反资本主义运动紧密相连的哲学家马克思"跃然纸上"。在这个意义上，众多国外评论家和一些国内读者对其倍加推崇不无道理，称其让公众和知识界对马克思哲学的观感发生了转变。该书的总体结构框架简洁而清晰，包括对马克思的生平、著述及理解框架的说明、早期著作解读、成熟期理论体系的阐释，以及批评性"评价"四个部分。研读作者的论证与阐述，能够从一定程度上帮助我们从马克思思想的独创性、洞察力和系统性着眼理解马克思，进一步把握马克思思想与当今世界现实问题的内在关联。

作为一部打算给人们提供一扇打开马克思著作的大门，或者一个介绍他作品的概览的普及性学术著作，乔纳森·沃尔夫对马克思生平和著作的描述显得平易近人，以寥寥几个"特写"镜头勾勒了马克思令人难忘的一生。镜头一：特城尔城的宗教氛围和理性启蒙精神化成了马克思最初的信念，十七岁在中学毕业作文《青年在选择职业时的考虑》一文中写道："幸福"在于"为人类福利而劳动"，以此作为人生信条与行动指南；十九岁在柏林大学，自此习惯于异化艰苦与繁重的学术研究工作方式，二十三岁获得哲学博士头衔。镜头二：马克思在普鲁士短暂的新闻工作结束后，来到巴黎和布鲁塞尔，一边从事革命活动，一边孜孜不倦地撰写学术著作，开始埋首于漫长而艰辛的历史理论、经济学钻研，于 1848 年革命前夕出版《共产党宣言》。镜头三：革命后居住在伦敦的马克思，主要从事《资本论》及其手稿的创作，但必须分出精力从事政治鼓动和为了谋生而操劳，最后在健康恶化的情况下溘然长逝。

对于马克思的作品，乔纳森·沃尔夫总体上认为今天的读者阅读起来并不容易。原因在于《资本论》令人望而生畏的篇幅和晦涩的语言、《论犹太人问题》的哲学和政治学背景、《共产党宣言》的论战风格等等。但是对于读者而言，最为可靠的理解马克思的方式依然是自己去研读其重要著作，如早期的《1844 年经济学哲学手稿》《关于费尔巴哈的提纲》《德意志意识形态》，成熟时期的《共产党宣言》和《资本论》等。而本书作者的任务是穿越马克思的理论密林，描绘一幅简明扼要的思想地图，以呈现马克思思想的大致面貌。至于马克思著作在后世的出版与传播，乔纳森·沃尔夫梳理了西方世界在 21 世纪前的基本情形。这是一份既简洁又生动的"生平与著作"图谱，有心的读者的确可以按图索骥进行扩展性阅读与思考。

接下来，作者又叙述了自己理解与阐释马克思的"方法论"——"恩格斯化"的马克思。他依据恩格斯《在马克思墓前的讲话》一文中著名的"两大发现"观点，将唯物史观与剩余价值学说作为核心理论，结合恩格斯的《社会主义从空想到科学的发展》，展开对成熟时期马克思思想体系的阐释。以此，该书划分为三章：第一章描述青年马克思的资本主义异化世界批判；第二章阐述马克思成熟的理论体系：历史理论、经济学分析和资本主义必然灭亡的预言；第三章进行总结，回答当今为什么还要研读马克思这个主要问题，表明马克思宏大的历史理论可能并不可信，但要学习的东西仍然很多这一作者的基本立场。

二　系统的眼光

为了在早期著作中勾画出马克思思想的轮廓，乔纳森·沃尔夫提出三个亟须解决的问题：一是如何诊断当时资本主义的病症；二是如何发现前辈们理论批判状态的不足；三是说明马克思本人提出了怎样的解决方案。其实，对马克思早期著作的"发现"与再阐释一直是西方马克思主义和"马克思学"关注的重点。作为广义分析马克思主义传统中的乔纳森·沃尔夫借鉴"西马"诸家的论述，从马克思早期著作的文本出发，以"社会批判"为视角，为我们构建了一个犀利地反资本主义的哲学家——青年马克思形象。

第一章的论述充分体现了分析马克思主义强调的明晰性阐释和严密性论证的特征。乔纳森·沃尔夫对宗教、历史唯物主义哲学、劳动和异化、货币与信贷、自由主义和解放等每一论题的展开都注意理性思考的细节。例如：乔纳森·沃尔夫在分析马克思的宗教和哲学议题时，细致地展现了"青年黑格尔派"在当时"神学论争"中的主要观点，论述了旧唯物主义哲学和唯心主义哲学对"人与世界"关系问题的思考模式及其局限，还特别提及罗伯特·欧文"环境决定论"思想的贫乏之处，再以睿智的眼光阐明马克思思想所独具的洞察力及其当代意义，指出"宗教是人民的鸦片"和"哲学家们只是用不同的方式解释世界，问题在于改变世界"两个命题在今天仍然值得继续思考的现实性。

此外，作者又展现了一种整体性的思考与系统的眼光。通过"资本主义异化社会批判"这一主题将所有论题圆融自洽地关联起来，阐明了马克思早期著作那些令人兴奋的主题与观点，以及它们与当代世界每个人生存境遇之间的紧密关联。首先，乔纳森·沃尔夫精练出青年马克思对资本主义全面异化的描述这个总问题。资本主义的弊病是压制人的精神，剥夺广大人民任何发展真实潜能的机会，它是一个彻底异化的社会制度，从宗教到国家、劳动、货币、人的关系，甚至语言，异化无处不在。其次，乔纳森·沃尔夫通过"重构"马克思之前的理论场域，在理论逻辑上还原马克思理论批判的真实意旨与理论创见，特别是拣选早期作品中的一些重点"段落"阐明马克思的独创性和洞察力。最后，乔纳森·沃尔夫还认为马克思指出了克服资本主义总体异化的解决方案：以工人解放为主旨的共产主义革命。以上相互联系的三个面向共同构成了乔纳森·沃尔夫眼睛里马克思早期著作的"核心要义"。

乔纳森·沃尔夫认为，"恩格斯化"的马克思思想核心论域包括历史理论、经济学分析和共产主义预言三个有机组成部分。在第二章中他从阶级的含义、产生与作用三个角度论述马克思的阶级理论，将历史理论简化为一个"发展命题"和两个"首要命题"，即历史唯物主义是探索人类社会发展本质与规律的理论，生产力决定经济结构，以及经济结构决定政治上层建筑和意识形态是其理论支撑；资本主义代替封建主义经济结构这一历史过程，可视为理论明证性的具体案例。在经济学分析部分，作者以自己的逻辑和语言重述了劳动价值论、剩余价值论的基本思想，指出马克思坚信资本主义必然灭亡，不仅源于生产关系终将束缚生产力这一历史理论，而且因为利润率下降和经济危机日益增加的危害。

在谈论如何向共产主义过渡问题时，乔纳森·沃尔夫认为有必要先处理共产主义实现之前达到"丰富"的可能性，他承认由资本主义演化所孕育出来的"亲"共产主义经济结构，如股份公司、公共事业公司和国有企业等的正面价值，但同时又指认马克思意义上的经济和政治革命在经验世界中尚未发生。作者对共产主义的本质也提出了一种偏颇认知，他认为关于共产主义的三个最基本假设：非异化劳动创造的高度发达生产力、有计划地组织和"各尽所能，按需分配"，都与其应有的本质内涵发生抵牾。

值得一提的是，乔纳森·沃尔夫虽然强调马克思成熟理论的核心是创立了历史唯物主义和发现了"剩余价值"学说，但强调其并没有背离早期思想，而是使早期的观点在后面得到了精练与发展，这使本书前面的论述形成一个有逻辑关联的整体。

三　批评的误区

乔纳森·沃尔夫以自己的理解重构了马克思的早期著作与核心理论，在早期著作、历史理论、经济学、共产主义和人性五个领域提炼出多个主要命题给予"评价"。"评价"的基调基于他所谓"追求真理"与"真理本身"的区分：他认为，伟大哲学家的作品只有在其作者坚信他刚刚或即将发现真理的情况下才能被创作出来。但是，作为把自己当作科学家的马克思，可能会让思想史学家很感兴趣，但对科学家来说却没有多大用处。由此可见，作者大体上接受一个"哲学家"的马克思，但总体上拒斥作为"科学家"的马克思。

第一，乔纳森·沃尔夫明确指出马克思早期著作中的宗教批判、异化劳动批判都不够完善或有待修补，但他也"大度"地赞扬了马克思早期著作在资本主义批判主题下的思想启示，也就是在对商品化的批判、对大金融公司权力的警惕、对自由主义人权理念的超越，以及对包括工作场所和家庭生活在内全面平等的强调等内容。

第二，乔纳森·沃尔夫针对马克思的历史理论进行质疑，这个理论真的能支撑资本主义必然走向灭亡的预言吗？作者的回答是犹疑的，但他同意历史是人类生产力发展的历程，社会形态的兴衰取决于其促进或阻碍这一发展；但他又怀疑历史唯物主义能够为共产主义预言提供足够的理论支撑。

第三，乔纳森·沃尔夫对马克思的经济学分析颇有微词，他归纳了劳动价值论可能遇到的棘手问题，怀疑劳动是一切价值和利润的来源的论断，也质疑在资本主义下当今西方国家工人被剥削的现实。但又承认马克思经济学的两项"长处"：一是坚定地设想了一个没有"资本家"的资本生产方式；二是产业后备军的思想。

第四，乔纳森·沃尔夫指出马克思的共产主义构想面临四个方面的挑战：一是所谓人性自私的挑战；二是计划经济全面协作的可能性挑战；三是资源有限性的挑战；四是以弥合阶级分裂作为终极目标的欠完善性。

第五，乔纳森·沃尔夫追溯了上述"挑战"或"不足"的深层原因，将马克思对人性的过高估计作为结论。他指出马克思核心理论的瑕疵，以及共产主义社会之所以难以实现，根本原因在于对人性不切实际的乐观预计。例如，希望所有人打破阶级、种族、宗教和语言的隔膜"团结"在一起，以及认为人的本质仅在于生产劳动。在他看来，这种看法要么是不切实际的乐观想象，要么是对人的本质简单化理解。

综上所述，乔纳森·沃尔夫以重构-批评的解读框架讲述了他眼中的马克思，给出了"当今为什么还要研读马克思"的个人理由。他认为，马克思理论能有如此力量，正是因为他质疑一切，追求洞察力和独创性，从不容忍对问题给出快速和肤浅的答案。这种对马克思思想的"质疑式阅读"体现了作者独立思考的精神，但他基于人的本质是生产劳动，人类共同体的创造能力被资本主义体制所压抑，人在工作中没有得到满足，资本主义将人类之间的关系视为竞争对手而非合作者等观念，以"多元平等主义"的特定立场在"哲学家"马克思与"科学家"马克思之间人为地制造了一个裂痕，从而未能对马克思主义的精髓给予全面客观的评价。在这个意义上讲，沃尔夫是一位同情和热爱马克思主义的研究者，但他不是马克思主义者；作为一位多元平等主义者，承认马克思的核心理论终归要表现出游移不定的态度。

不管怎样，乔纳森·沃尔夫眼中的"马克思"还是给我们留下了深刻的印象。鉴于马克思思想本身的复杂性与深刻性，重构"马克思"难免带有"个性化"的印记。乔纳森·沃尔夫的《当今为什么还要研读马克思》当然概莫能外。

"Marx" in the Eyes of an Egalitarian

——Reading Jonathan Wolff's "Why Read Marx Today"

Sui Hongbo

Abstract：Based on the pluralistic egalitarian standpoint, Jonathan wolf tells the "story" of Marx, a great humanistic philosopher. Because the author is confined to the tradition of analyzing Marxism in Britain and America, reconstructs the entire ideological map of Marx from the standpoint of young Marx, and deliberately distinguishes Marx and Marxism, it is difficult to make a truly convincing answer to the important issue of "why read Marx today". However, in view of the author's exquisite demonstration skills of political philosophy, it is still necessary to review why "Marx" is so charming along with his ideas, and discuss his critical evaluation accordingly, so as to clarify the ideological contribution and theoretical limit of this book.

Keywords：Egalitarianism；Capitalism；Marx

精神文明现代化的构建是一个长期过程

——评《信仰与革命：对 19 世纪上半叶德意志精神世俗化历史的理论考察》

王 季[*]

摘 要：《信仰与革命——对 19 世纪上半叶德意志精神世俗化历史的理论考察》是学者李鹏程于 20 世纪 90 年代由人民出版社出版的学术专著。该书以宗教观的思想演进为观察视角，系统阐明了从黑格尔到马克思之间德国宗教哲学思想发展的过程，详细考察了黑格尔宗教观的全部历史、老年黑格尔派宗教观的全部历史、青年黑格尔派宗教批判的全部历史以及马克思对黑格尔及青年黑格尔派的批判历史。该书的文献资料极为翔实、观点鲜明清晰，具有深邃厚重的历史感，是一部研究 19 世纪上半叶德国思想史、研究青年黑格尔派、研究马克思哲学思想不可多得的好书。该书对 19 世纪上半叶德意志精神世俗化的考察，对我们现今社会主义精神文明现代化的构建极具借鉴和启示意义。

关键词：黑格尔学派；青年黑格尔派；宗教批判；精神文明

追溯德国古典哲学和青年黑格尔派，是研究马克思哲学思想的必经途径。我们知道，马克思从柏林大学时期到《莱茵报》时期，从克罗茨

---

* 王季，中国社会科学院大学马克思主义学院博士研究生，主要研究方向为马克思主义哲学。

纳赫时期到《德法年鉴》时期，再到对青年黑格尔派成员哲学观点的全面批判的布鲁塞尔时期，可以说在 1837~1845 年这极为重要的 8 年期间，马克思哲学思想的每一重要进展都是对青年黑格尔派成员宗教哲学观点的借鉴和扬弃。当然，马克思的思想不仅源于对青年黑格尔派宗教哲学观的扬弃，而且也依赖于他对政治经济学和社会主义理论的研究。但后者的底蕴隐含于前者之中，离开马克思与青年黑格尔派的思想关联，离开德国古典哲学的文化背景，显然无法真正领会马克思哲学的革命性意义。可以说，青年黑格尔派是联结德国古典哲学和马克思哲学不可逾越的中介环节。

长期以来，我国学术界对青年黑格尔派的研究是相对滞后的。这固有历史方面的原因，我国早期的马克思主义知识和理论体系主要学习和借鉴的是苏联学界的相关理论成果。在 20 世纪 60 年代，苏联学者对这个流派的意义的评价认识是不足的。此外，也和现今科研人员的研究兴趣和研究素养有关。青年黑格尔派成员的著作大多是德文论述，目前我国只有少之又少、极为零散的且以介绍费尔巴哈的论著为主的中译本。像对青年黑格尔派的领军人物布鲁诺·鲍威尔，如果不懂德语，我们根本无法搜集和掌握相关的一手文献资料。即便退而求其次，研究布鲁诺·鲍威尔的二手资料，无论是中文材料还是英文材料，也都微乎其微。

一 丰富的一手资料

在文献资料如此匮乏的情况下，我们很惊喜地看到学者李鹏程于 1993 年出版的这部极具厚重分量的大书。该书是国内第一本研究青年黑格尔派到马克思这段思想史的论著。作者直接引用了 170 多本德文文献，掌握了大卫·施特劳斯（D. F. Strauss）、布鲁诺·鲍威尔（Bruno Bauer）、阿尔诺德·卢格（Arnold Ruge）等青年黑格尔派成员们一手的文献资料。不仅如此，作为横向的对比，作者还具体详尽地介绍了老年黑格尔派成员诸如道勃（Daub）、罗森克兰茨（Rosenkranz）、里希特尔

（F. Richter）等的相关论著和哲学观点。在目前所有国内外的研究青年黑格尔派的论著中，只有苏联著名学者 В. А. 马利宁和 В. И. 申卡鲁克的论著《黑格尔左派批判分析》① 和德国著名哲学家洛维特著述的《从黑格尔到尼采》中涉及对老年黑格尔派成员简明扼要的概括性介绍②。可以说，该书对老年黑格尔派成员哲学思想分门别类地系统介绍，这在国内外的学术界都是罕见的甚至说绝无仅有的。这为我们深入研究老年黑格尔派和青年黑格尔派，提供了许多珍贵的第一手文献资料。或许是《信仰与革命》这个正标题对研究主题的揭示较为模糊，很遗憾的是此书的出版并未引起学界的足够重视。我们很难在各大网站或图书馆找到该书，国内目前所有关于青年黑格尔派的研究专著均未把该书列为参考文献。但我们相信，该书的学术价值经过岁月时间的检验会越发深沉厚重。

二 广阔的历史维度

使用大量的第一手文献材料是该书具有厚重感和历史感的基础。该书创造性地以宗教观的思想演进为切入视角，厘清了德意志民族从宗教形态向世俗理论形态的转变过程。我们知道任何思想的发展都不是凭空产生的，都有一定的思想历史前提。真正要厘清黑格尔的宗教观到马克思的哲学观之间的思想发展，必须探寻德意志民族精神世俗化的起源。李鹏程认为，马丁·路德的宗教改革是德意志民族精神近代化运动的先导，从而厘清了从宗教改革到启蒙运动再到德国古典哲学和马克思主义的思想演变过程。在研究青年黑格尔派的专著中，多数学者的思想溯源止步于康德的古典哲学。作者以宗教改革为德意志民族精神世俗化的思

---

① 〔苏〕В. А. 马利宁、В. И. 申卡鲁克：《黑格尔左派批判分析》，曾盛林译，社会科学文献出版社，1987，第 5~10 页。

② 〔德〕卡尔·洛维特：《从黑格尔到尼采》，李秋零译，生活·读书·新知三联书店，2006，第 67~84 页。

想源点，拓宽了思想发生的历史视域，使这本书极具时代层面的历史感和厚重感。此外，在对德意志民族个别哲学家的思想研究中，作者也是采用动态的考察视角，而非整体性的泛泛而论。譬如在对黑格尔的宗教观考察中，该书分三个阶段，分别细致地考察了黑格尔的青年时期、成熟时期和晚年时期的宗教观。单就黑格尔青年时期的宗教观而言，作者又以法兰克福时期为分界线指出，在 18 世纪 90 年代前期，黑格尔还是资产阶级理性主义者和人道主义者，他的社会理想是古典共和主义，他用道德和理性批判封建教会对人的强制和压迫。而到法兰克福时期（1798~1799 年），黑格尔的宗教观就发生了显著的变化，开始为基督教的合理性进行辩护。可以说，该书对每个哲学家思想的考察和论述都是立体的、历史的、动态的。

三　清晰的思想轨迹

学者李鹏程详细考察了 19 世纪上半叶德意志民族从宗教形态向世俗理论形态转变的历史过程，准确地说，该书是一本研究 19 世纪上半叶德意志民族思想史的专著。作者尤为注重探究各种思潮、各种思想派别的来源、承继性和发展过程。在以人物为专题的各章中，作者不仅厘清了每位思想家的观点来源，还会阐述其与反对派之间的关系。譬如，就黑格尔的宗教观而言，作者指出莱辛和康德直接影响了黑格尔的宗教观，康德的影响尤甚。黑格尔早期宗教观中的积极的、有意义的内容，直接源于康德宗教道德理性化的思想。作为黑格尔思辨理性观点的对立面，作者还补充了雅可比、谢林、施莱尔马赫尔相关论著与思想。再如，梳理青年黑格尔派成员的观点时，作者指出并不是所有成员的宗教观都是受黑格尔的宗教观的影响。费尔巴哈的自然主义、感觉主义和人本主义就源于培根以来的自然主义科学观点和斯宾诺莎的实体学说、泛神论，以及波墨神秘主义中的人本学说和培尔的无神论，因此费尔巴哈开创了与施特劳斯、鲍威尔、施蒂纳等人不同的唯物主义的宗教批判路线。施特劳斯、鲍威尔、施蒂纳虽同为唯心主义的宗教批判阵营，但他们的观点一个比一个激进，他们的宗教批判立场一个比一个彻底，在施蒂纳那里发展成为绝对利己主义的思想。

作为国内第一本研究黑格尔学派与马克思思想相关联的书，该书以宗教观的演进为突破口，细致地厘清了青年黑格尔派开展的宗教批判的过程。宗教批判的头号人物施特劳斯，把福音书的起源归于早期基督教社团成员集体无意识的创作，从而使基督教神学变成了可供深入自由批判和讨论的对象。身为青年黑格尔派的领袖人物鲍威尔站在比施特劳斯更为激进的立场上，认为福音书的基本思想既不是传统神学所说的上帝的启示，也不是施特劳斯认为的早期基督教社团集体无意识的神话创作，而是创作者本人如马可等人的自我意识。施特劳斯、鲍威尔都是站在唯心主义的视角进行宗教批判，与之不同的是费尔巴哈从自然、感性出发，开创了唯物主义的宗教批判路线。费尔巴哈直接指出了"上帝的本质的秘密就是人的本质"并公开宣称基督教对人类产生了根本性的败坏作用。李鹏程高度肯定了费尔巴哈的学说价值，评价费尔巴哈是青年黑格尔派中最勇敢的宗教批判者，对德意志精神世俗化作出了最卓越的贡献。施特劳斯、鲍威尔、费尔巴哈三人都在宗教批判上作出了积极的贡献，卢格则站在激进主义的政治立场，高举自由主义和人道主义的旗帜，把青年黑格尔派运动从单纯的宗教批判引导到政治批判，为马克思开创了全面研究国家和社会结构的现实主义道路。作为无政府主义的先知，施蒂纳用他的唯一者和利己主义批判了费尔巴哈空洞的爱的原则，在一定程度上消除了青年黑格尔成员们当时对费尔巴哈的迷恋和崇拜。在探究青年黑格尔派和马克思的思想渊源时，作者指出：黑格尔、鲍威尔和施蒂纳的唯心主义关于人的能动性学说，费尔巴哈的自然主义的客观世界论以及黑格尔关于劳动对象化所隐含的人与自然关系的学说构成了马克思新世界观的理论来源[①]。马克思在《德意志意识形态》中以现实的个

---

① 李鹏程：《信仰与革命：对 19 世纪上半叶德意志精神世俗化历史的理论考察》，人民出版社，1993，第 330 页。

人为出发点，论述了生产力、生产关系（交往形式）、社会意识等基本范畴，运用生产力和生产关系相互作用的基本原理分析了资本主义社会的历史运动、内在矛盾和发展前途，还阐明了阶级、国家的起源及实质。作者认为，马克思的新世界观是对青年黑格尔派宗教批判的艰苦历程的借鉴和扬弃，宣告了黑格尔及其学派的理论体系的历史终结，是德意志精神世俗化的最高成就①。该书作为国内第一本研究青年黑格尔派与马克思思想渊源的书，从思想史的角度细致厘清了青年黑格尔派思想的发展与马克思的思想关联。

四　问题与不足

综上所述，该书丰富的一手材料、广阔的历史维度、独到的思想观点让我们叹为观止。如果一定要指明该书的不足之处，我们认为：该书中老年黑格尔派同一派别成员之间观点的辨析较少，如严守黑格尔体系的道勃、马海奈克、鲍尔等，他们之间的宗教哲学观可进一步比较区分；青年黑格尔派主要成员的核心观点的阐述较少，如施特劳斯的"实体"，鲍威尔的"自我意识"，费尔巴哈的"类"学说其本质内涵可以进一步展开；作者侧重于阐述马克思对青年黑格尔派的批判过程，可以适当补充马克思对青年黑格尔派成员观点的吸收与借鉴。当然，这不免吹毛求疵了。且不说作者的观点与论证，单就作者在 20 世纪 90 年代搜集的一手材料之丰富，就足以让我们这些青年人震撼和敬佩。作者在后记中的肺腑之言"我相信种豆得豆，种瓜得瓜的真理，所以，在关于本书论题的读书、思考和写作中都不敢懈怠玩忽，相信自己的真诚和辛劳可能会换得一个稍有价值的研究成果"② 尤为让我们感动。诚如中国社会科学

---

① 李鹏程：《信仰与革命：对 19 世纪上半叶德意志精神世俗化历史的理论考察》，人民出版社，1993，第 318 页。
② 李鹏程：《信仰与革命：对 19 世纪上半叶德意志精神世俗化历史的理论考察》，人民出版社，1993，第 352 页。

院学部委员汝信在该书的序言中评价："这样一部不是哗众取宠赶浪潮、而是扎扎实实做学问的专著，自有其内在的持久的学术价值。这种基础理论研究确实产生不了多少经济效益，可是也不像那些追逐一时轰动效应的作品那样经不起时间的磨损。"①

五 总结与启示

李鹏程教授对 19 世纪上半叶德意志民族精神世俗化的探讨给了我们深远的启迪。对经济上落后、封建主义浓厚的德意志民族来说，思想的转变过程是极为漫长和痛苦的。从宗教改革、启蒙运动到德国古典哲学的终结，再到马克思主义的诞生，观念上的一步步转变历经三百余年。马克思告诉我们，工业较发达的国家向工业较不发达的国家所显示的，只是后者未来的景象②。总的来说，理论的发展归根结底是由社会历史条件、社会实践发展的需要决定的。思想进步是一个客观历史进程，从不以人的意志为转移。一个民族精神的现代化建设是极为复杂和曲折的，它绝不是一蹴而就的事，需要几代人甚至十几代人的久久为功的持续努力。

党的二十大报告指出："中国式现代化是物质文明和精神文明相协调的现代化。"③ 改革开放以来，我国经济的快速发展和社会的长期稳定以不容置辩的事实证明，我党领导人民在社会主义现代化的建设上取得了举世瞩目的成就。但我国的文化在国际上的传播力、创造力、影响力等方面还明显存在不足，在构建话语体系、提升文化软实力等方面还亟待加强。德意志民族文化思想的近代化是在反宗教反神学的背景下逐步开展的，而近代中国的文化在半殖民地半封建的特殊背景中，在争取民

---

① 李鹏程：《信仰与革命：对 19 世纪上半叶德意志精神世俗化历史的理论考察》，人民出版社，1993，序言第 1 页。
② 《马克思恩格斯选集》第 2 卷，人民出版社，2012，第 82 页。
③ 习近平：《高举中国特色社会主义伟大旗帜 为全面建设社会主义现代化国家而团结奋斗——在中国共产党第二十次全国代表大会上的报告》，人民出版社，2022，第 22 页。

族的独立与解放中，伴随着救亡图存的政治使命而发展起来的。从林则徐、魏源提出的"师夷长技以制夷"，到洋务运动的"中学为体，西学为用"，到甲午战争后，进化论思想盛行，民权和平等的观念逐步为人们接受，再到五四运动时期宣传的"科学与民主"，近代中国的文化也在逐步冲破传统封建伦理思想的束缚。综观 1840~1919 年近代中国文化发展的历程，以民权、自由、平等为核心的资产阶级新文化打破了以纲常名教为核心的讲求秩序等级的儒家文化的正统地位，文化结构发生显著变化①。五四运动以来，尤其是 1921 年共产党成立以后，马克思列宁主义与中国革命的具体实践相结合，形成了民族的、科学的、大众的新民主主义文化。如果以 1919 年为分界线，1840~1919 年，我们面对的是我国传统的农耕文化和西方近代工业文明的文化之争；1919 年以后，我们面对的是怎样理解、坚持并发展马克思主义，是马克思主义和非马克思主义的思想文化之争。改革开放以后，伴随着原先的计划经济体制向社会主义市场经济体制的转变，政治、文化、道德、法律等意识形态领域的重大变革必然也会相继发生。在新旧经济体制变换的社会转型期间，人们的思想观念、思维方式、行为方式也必然会发生相应的变化。作为与社会主义市场经济体制相适应的法律、政策、管理等方面的建设，也有一个逐步建立和完善的过程，尤其是人们思想道德水平的提高，更不是一朝一夕的事，需要长期不懈的努力。此外，我国沿海城市和内陆城市的不平衡发展，也决定了我国社会主义精神文明现代化的建设不是一蹴而就的，而是一个复杂的、艰巨的长期过程。

理论是灰色的，生命之树常青。该书中老年黑格尔派学说体系的没落启示我们不能故步自封地严守传统文化体系，否则只会被历史无情地淹没。要敢于直面社会政治的旧体系和与新时代的矛盾，不断更新和发展旧有的文化使之适应现实生活，为现实社会的进步发挥作用。我们的马克思主义理论要在中国这片大地上，结合新的时代方位与社会条件，

① 龚书铎：《社会变革与文化趋向》，北京师范大学出版社，2005，第3页。

在与中国优秀的传统文化的碰撞中不断发展与创新。理论创新首先需要的是勇气，是推动思想进步的献身精神。思想进步总是与进步思想家在他进行理论创新的那个时代可能受到遭受的不公正的评价和惩罚性待遇联系在一起的。我们知道青年黑格尔派在 19 世纪 30 年代主要是对宗教领域展开批判，宗教领域虽不似政治领域那样荆棘丛生，但这份间接的政治批判在封建专制主义极为浓厚的德国也绝非易事。施特劳斯、布鲁诺·鲍威尔、费尔巴哈，他们都因对宗教的批判失去了较为可贵的大学教员的职位。进行宗教批判的个人命运尚且如此，对把斗争矛头直指封建制度的马克思来说，屡遭各国驱逐，一生颠沛流离。青年黑格尔派成员们的个人际遇与故步自封、严守黑格尔体系的老年黑格尔派相比，无疑是悲惨的，但正是这些不顾个人安危、敢于挑战旧有体系思想上的勇士促进了德意志民族甚至整个欧洲的精神现代化，从而使德国迈入世界先进国家之林。在精神文明现代化构建的长期过程中，无论是过去、现在还是未来，我们都需要这些追求真理、敢于批判、不计个人利益得失的思想勇士。在历史发展的长河中，思想上的真理之光，将照亮并引领未来。

The Construction of Spiritual Civilization Modernization is a Long-term Process
——The Book Review of "Faith and Revolution: A Theoretical Investigation into the History of Spiritual Secularization in Germany in the First Half of the 19th Century"

Wang Ji

Abstract: "Faith and Revolution: A Theoretical Investigation into the history of German Spiritual Secularization in the first half of the 19th Century" is an academic monograph published by Li Pengcheng in the 1990s by People's

Publishing House. From the perspective of the ideological evolution of religious views, the book systematically expounds the development process of German religious philosophy from Hegel to Marx and examines the entire history of Hegel's religious views, the entire history of the old Hegelian religious views, the entire history of the young Hegelian religious criticism and Marx's critical history of Hegel and young Hegelian religious views in detail. This monograph has a rich primary literature, a clear point of view and a deep and profound sense of history. This is an extremely treasure of studying the first half of the 19th century German ideological history, the young Hegelians and Marx's philosophical thought. The book's investigation on the secularization of German spirit in the first half of the 19th century is of great reference and enlightenment significance to the construction of socialist spiritual civilization modernization.

Keywords: Hegelian School; The Young Hegelians; Criticism of Religion; Spiritual Civilization

思想圆桌

编者按： 本栏目所汇集的是"中国式现代化与马克思主义政治哲学"学术研讨会暨首届马克思主义政治哲学30人论坛中主论坛20余位学者的精彩发言内容。主题主要涉及政治与哲学的关系、马克思主义政治哲学、中国式现代化与中国马克思主义政治哲学等重要论题。这些发言虽然简短，但都凝括了各位学者的研究心得和主要观点，对于进一步理解中国式现代化与马克思主义哲学具有重要意义。

一

权利问题

程广云[*]

　　成立马克思主义政治哲学研究会，对于我们进一步推动马克思主义政治哲学研究，是一个里程碑式的事件。我一直把人大政治哲学研究视为旗帜，在我讲授"马克思主义哲学专题研究"课程里，张文喜和臧峰宇撰写的《马克思主义政治哲学史》，作为学生的必读书，已经有五年了。

　　我今天讲一下权利问题。首先讲一下自己对马克思主义政治哲学的理解方式。一开始转向这一研究领域的时候，我就觉得不应该把马克思主义政治哲学理解为一门分支学科，而应该理解为一个面向，就是对全部马克思主义（还不限于马克思主义哲学）这一领域的一种新的阐释方式，或者一种新的研究视域。

　　当前马克思主义政治哲学研究面临两个基本问题：一是马克思主义是否存在政治哲学这一研究领域？有人认为，只有马克思主义法哲学，没有马克思主义政治哲学。我认为恰好相反，不能认为马克思有一部《黑格尔法哲学批判》就有法哲学，法哲学批判在某个意义上就是超越法哲学视野，这就是政治经济学。政治经济学视野主要不在经济学（增进国民财富），而在政治学（揭露资产阶级剥削无产阶级的秘密从而探寻无产阶级解放的条件），这就是马克思主义政治哲学。我把它定义为

　　*　程广云，首都师范大学哲学系教授，主要研究方向为文化哲学、政治哲学等。

"无产阶级政治实践的理论论证和辩护"。二是马克思主义政治哲学是否一定属于规范理论？分析的马克思主义就是试图用规范政治理论去取代"科学的"历史必然性理论。我们虽然不能沿袭所谓"科学的"历史必然性理论，但也不必在规范理论和政治哲学之间画等号。其实第二个问题和第一个问题是相通的。以法哲学来限制马克思主义，就是固守规范理论，而马克思主义政治哲学则突破了规范理论的局限。我认为，马克思主义政治哲学最典型的特征，它的研究范式应该确切地概括为境况理论，它表现为一种特有的逻辑。

这种逻辑我们可以叫作"行为逻辑"或者"境况逻辑"。许多问题不要局限在两方面，比如价值性、应然性、规范性或者事实性、必然性和规律性，或此或彼，非此即彼。不能这样。这要综合把握。我们通常所谓的实践哲学方法论究竟是什么意思呢？我认为应该把它作为一种特有的逻辑理解，这种特有的逻辑就是境况逻辑。我们中文里面有一个概念很重要——"势"，就是通常所谓"形势"。我想用这个概念来稍微分析一下。许多问题并不是从一些普遍规范中能够阐明的，我们一旦进入某些特殊境况，比如革命或者战争，这种实践活动立刻就会造成一种新的形势，这种新的形势好像漩涡一样，所有水滴或迟或早都会卷入这一漩涡，不得不沿着这一漩涡往下旋转，不得不旋转到底，这就是势，也就是一种特有的境况。比如革命境况。革命境况一旦形成就会制造一种新的人格。我们如果不进入这种境况的话，就没有敌人这种人格，进入了这种境况，像敌人、叛徒、内奸之类人格就会出现。这种特有的境况就会产生被我们后来解读为一种必然性、规律性的东西。

所有这些都不是先验的东西，都只是经验的东西。我们通常所谓"马克思主义的活的灵魂"——"对具体情况作具体分析"。我觉得这里面指的就是一种境况逻辑。这种境况是不能够通过原有的宏大的历史解释来说明的，比如存在一种历史规律，符合历史规律如何，违背历史规律如何，是一种线性的解释方式，没有真正地把握住马克思主义哲学的精髓。事实上，历史就是由于这一切，由不断变动的境况所构成的，这就是我对马克思主义政治哲学方法论的基本理解。

回到我的题目上来，权利问题是政治哲学的一个基本问题。关于权利问题这里面有许多敏感点，有许多争论点，我就不一一说了。比如关于人权和主权的争论，诸如此类。我组合的这些权利单独地说都是一些大家争议过的话题，我用了一个数学概念"连续统"，但不是从数学角度说的，我想做的工作就是把所有的权利组合为一个集合。意思就是，权利不能单独地看，而要综合地看。

这里面要区分"权力"和"权利"两个词，这两个词显然是不同的。权力里面可能出现离散现象，比如空集或者交集。但是，当我们在阐释一种合法性和正当性权利的时候，我觉得运用"连续统"概念可以帮助我们阐明一些问题。所有权利形成一个系统或者集合，这个系统或者集合是怎么构架出来的？我初步设想是这样构架出来的，有四个维度：第一个是时间维度或者历史维度，有一种先后传承的关系；第二个是空间维度或者地理维度，是一种纵横衔接的关系，比如经纬；第三个是逻辑上的区分——因果关联，所有权利之间存在因果关联；第四个最重要的是合法性和正当性的连续证成的系统和集合，这就是权利的四个维度。

当然有很多种权利，我们选择了比较重要或者比较关键的：一阶初始权利是人权和公民权，二阶派生权利是主权和所有权，三阶派生权利是治权和领导权。我从这个角度来说明问题。

第一个层面是人权和公民权。我简单说明一下，这里要区分：人权是普遍性的权利，但在历史上是在后的；公民权是特殊性的权利，但在历史上是在先的。从逻辑上讲，这一历史的先后关系应该颠倒。人权和公民权具体内容就不说了。我想说明的一个问题是，它们对于后面这些派生权利来说起着不同作用：人权起着制约性的作用，所有权利都不能够否定人权，公民权起着建构性或生成性的作用，所有权利是由公民权建构或者从公民权生成的，两者之间各自起着不同的作用。

第二个层面是主权和所有权。虽然它们是属于两种不同性质的权利，但也可以放在同一层面上讲。这里面比较重要的就是主权和所有权有不同的衔接方式，比如通过世袭的方式还是继承的方式。中国古代是按照姓氏划分王朝的，事实上有主权转化的法则——血统世袭和道统继承。血统世袭一般按照同一家同一姓这样一个程序传承下来。但是，在新的王朝取代旧的王朝的时候，无法用血统世袭来证明其合法性和正当性，就必须求助于道统继承。道统继承应该高于血统世袭，道统继承证成"原始取得"，血统世袭证成"继受取得"。不言而喻，我们现在主权转化的唯一法则是法统继承。

第三个层面是治权和领导权。治权我们将其定义为一种事权，是主要构建社会秩序的事权；领导权是一种影响力，是一个集团对另外一些集团的影响力。它们是两种不同的权利，有不同的形态。比如领导权问题应该如何正确理解？我们应该将领导权和治权、主权区分开来，不能混为一谈，既不能把领导权说成主权或治权，也不能把主权或治权说成领导权。

我想讲的就是这个意思：要把每一种权利都组合起来，每一种权利都依存于、相应于别的权利而言，任何一种权利单独分离出来就不叫作"权利"，无非一种赤裸裸的权力而已。

非政治的政治哲学

李义天[*]

从事政治哲学研究，是一项比较有挑战性的工作。对我自己来说，我的主要研究方向还是聚焦于伦理学。虽然伦理学和政治哲学的亲缘性很大，但是到深处就会发现两者的深刻差异性。比如，伦理学更多会讨论一些个人性的东西，或是设计一些基本的人格概念，但在政治哲学的讨论中，这些东西就可能不是必需的。

我在研究伦理学特别是马克思主义伦理学的过程中，或多或少地涉及马克思主义政治哲学的问题，尤其是一些思想史问题。上午段老师的主旨发言开了很好的头，不过，他的 PPT 第一页就有一个错误。他说，在 1971 年，时任斯坦福大学教授的艾伦·伍德写了一篇题为《马克思对正义的批判》的文章。是的，这篇文章大致是 1971 年写的，然后在 1972 年发表，但是，那个时候的伍德还不是斯坦福大学的教授，而是刚刚毕业的一名康奈尔大学的"青椒"，是一名助理教授。他写这篇文章，是为了评议和反驳罗杰·汉考克提交给美国哲学年会的另一篇文章。

伍德的文章发表在《哲学与公共事务》这份刊物的创刊号上。而创办这份刊物的三个人，托马斯·斯坎伦、托马斯·内格尔、约瑟夫·科恩，都是罗尔斯的弟子。我在哈佛大学访学期间问过斯坎伦。我说，你们是罗尔斯的弟子，为什么编辑的刊物上一开始发表这么多关于马克思的文章？他说，罗尔斯已经是自由主义阵营中偏左翼的人物，而他们在

＊ 李义天，清华大学马克思主义学院教授，主要研究方向为马克思主义伦理学、美德伦理学、政治哲学。

那个时候作为年轻人，觉得应该更激进一点。所以，他们编这个刊物就要从更广泛的左翼出发，包括马克思主义，做一些讨论和研究。所以大家看到，在那个时候，好几篇关于马克思主义正义理论的重要文章都发表在这份刊物上。可以说，在 20 世纪 70 年代的英美学界，这份刊物基本上是个另类。不过，它现在渐渐"主流化"了，某种意义上也进入自由主义的漩涡之中。

对中国学人来说，今天从事马克思主义政治哲学研究基本上有两条进路。一条进路是，搞清楚马克思主义经典作家和重要作者在概念上或理论上提出了一些什么具体知识，他们究竟有什么观点和命题，而我们又要怎样去准确地理解他们。由此，我们会得到一些像"马克思恩格斯论政治哲学"这样的研究成果。另一条进路则是，我们要从马克思和恩格斯那里学习、总结和借鉴他们的方法，并运用这些方法来直接地刻画政治现象。这个时候，我们不是要处理马克思主义经典作家或重要作者曾经有关政治问题的论述，而是遵循他们的基本思路去直接处理政治生活的问题。

今天我提交的这篇文章《非政治的政治哲学》大概侧重的就是第二条进路。也就是说，我不是把马克思主义当作政治哲学研究的一个对象来讨论，而是当作一种方法来使用。我力求从历史唯物主义的基本原理出发，考察什么是政治活动，什么是非政治活动，以及如果需要坚持表述一种马克思主义的政治哲学，那么，我们应该如何理解两者的关系。

历史唯物主义既是一种针对社会历史规律的理解，也是一种分析社会历史结构的视角。这种视角最鲜明的特色在于，它不是从观念出发，而是从实践出发，尤其是从经济基础出发，从人们物质性的经济活动出发。我们既然要从事马克思主义政治哲学研究，那么，这理应是第一条方法论原则。

而第二条方法论原则是，做马克思主义政治哲学研究，必须注重"人民性"或"人民立场"。我们研究出来的那些政治哲学观念、原则，以及我们在理论上设计或建构的那种社会政治基本结构，到底是为谁服务？马克思主义者会问这个问题。而我们回答必定是"为人民服务"。

必须从经济活动出发，必须以人民为旨归，这是马克思主义政治哲学研究的两条最基本的方法论原则。但它们还只是形式性的原则；我们从中还不是很清楚，马克思主义政治哲学究竟可以剖析哪些具体的问题。因此，我们就要进一步问，带着这样的方法论原则，我们要做什么？我们要做的是，回答政治哲学的基础问题。尽管这些问题从别的方法论原则出发，从别的立场观点出发也能做出回答，但是，马克思主义政治哲学的研究者不仅同样必须作答，而且需要告诉人们，为什么从这种方法论原则、从这种立场出发的回答是更好的。

我想，马克思主义的回答之所以可能更好，一个关键的原因就在于，当我们从上述方法论原则出发的时候，我们会以一种更加真实、具体甚至直白的方式来理解"什么是政治哲学"。对于这个基础问题，施特劳斯、罗尔斯、米勒、金里卡等西方思想家都有所回答。他们在回答的时候，主要是通过区别政治科学、政治理论来定义什么是政治哲学。所以，他们会说，政治哲学是关于政治理念或原则的规范研究。

可是，这样的回答只是告诉我们，当我们以哲学的方式进入政治领域时将会有怎样的研究形态，但并没有告诉我们，政治本身是什么。因此，这还算不上是对政治哲学的全面回答。若要弥补全面性，就必须直面什么是政治。这看起来是个简单的问题，但要想把它真实、完整地揭示出来却不那么容易。从历史和现实的视角出发，政治活动有几种类型。我大致概括为如下方面。

第一个方面是"谋位"。它是指围绕最高统治权力的获得（争夺、继承）、维系（巩固、延续）和操作（筹划、算计）而进行的人类活动。这听起来很赤裸，但它很现实，也很真实，某种条件下还会很残忍、很黑暗。但没有办法，这是政治的一个基本真相，我们不得不直面它。

第二个方面是"建制"。它是指围绕最主要的统治或治理制度，比如，最主要的选举或选拔制度、立法制度、行政制度、司法制度的设计、建构和运行而进行的人类活动。如果我们的政治哲学是研究这些问题，那么，它将是对制度的设计者、建构者和执行者提出相关的指引、要求和规范。

第三个方面是"立国"。它是指围绕最基本的权力关系和格局在整个社会层面的界定、分布和置换而进行的人类活动。它涉及的是政治权力的总体划分，讨论的是统治者与被统治者之间、精英与大众之间的权力关系及其界定。在这个方面，我们会讨论究竟是君为本，还是民为本，究竟是民选君，还是君驭民。

这些议题意味着，政治活动的根本逻辑和最终真相就是权力。而要理解并约束权力，就必须把政治摆在更大的框架中，使之不成为人类生活的核心部分或者出发点。恰好，在马克思那里，我们可以找到很好的方法来提供一种方案。因为，他所提出的历史唯物主义帮助我们在"政治"之外，还划分出一个更广阔的"非政治"领域，亦即"家庭-社会"的活动。这不是围绕公共权力而展开的政治活动，而是围绕人口与物质利益的生产交换而展开非政治活动。并且，通过运用历史唯物主义的方法，我们还可以说，非政治的活动是人类生活的首要阶段和主要部分；它对政治活动的存在形态和评价更替能够产生根本的决定作用。概言之，非政治活动构成了政治活动的基础，为后者提供动力，与后者之间形成矛盾关系；非政治活动既是政治活动的根本产生基础，也是政治活动的根本衡量尺度。因此，当我们在理解政治、设计政治理念或原则时，当我们关注和研究政治哲学时，更为重要的是理解和关注人类生活的非政治的一面。当然，也正是在这个意义上，我们才可以说，政治哲学是关注人民的、关注普通百姓的。这是我们得以回归以人民为中心基本取向的学理资源。

哲学的政治

袁祖社[*]

哲学的政治，抑或政治是哲学一种规范理性的否思与辩证，我的主旨基于有关政治哲学的范式、边界与现实的考量，最后落脚到对政治哲学当代主题以及马克思在这个问题上的一些理论洞见。论文共有三个部分，我集中谈其中的第一个方面的内容——"政治哲学之体系逻辑与明证性理据：自我确立和辩护的几种典型方式"。另外两方面内容分别是"为什么是马克思政治哲学——生存合理性逻辑与美好生活的政治性关切"，"'元观念'、'元政治'与'元哲学'的观念与视野的运用与介入"。

听前面各位专家的发言，我越听越困惑，而不是越来越明白。当然这也正常，从一般意义上讲，我们这些搞哲学的人面对"什么是政治哲学"这个话题，达成共识是很难的。清华大学万俊人教授在《中国社会科学》发表过一篇题为"政治如何进入哲学"的论文，对我启发很大。对政治现象进行哲学反思、批判与建构，思考哲学与政治的合理性关系，贡献中国学者在这个方面的独特主张和识见，是变化着的、变化了的时代赋予思想的使命。

提出关于政治哲学的当代中国论题，无非是出于以下几个方面的情形：一是因为人类哲学史和政治生活实践中一直存在一些至今尚未得到解决的公共性难题和困惑，需要一种有关政治哲学的理论智慧；二是相

---

[*] 袁祖社，陕西师范大学哲学学院教授，主要研究方向为马克思主义价值哲学。

较于哲学的其他门类，政治哲学的思考范式具有某种程度的独特性和优越性。现在看来，现实和真实并非如此。为某种政治哲学试图专门性言说的专门性话题，其实一直没有真正进入某种政治哲学内部，其现实的情境是：要么依然是哲学的，要么仍然是政治学的；三是当代中国政治哲学的最重要的理论建树和独创性的研究成果是什么？这些成果在哪些方面，什么意义上丰富深化着当代哲学的主题？抑或仅仅是以重复性的方式，换了一种方式，依然在陈述某一个旧的话题？如此一来，就人文与哲学社会科学知识增量累进意义而言，这种研究的必要性就非常值得怀疑了。理由在于，现代政治哲学在一些涉及这一论题的一些前提性问题上，在政治哲学何以可能的合法性理据等方面，尚没有达成作为学术共同体所应有的自觉。

对于中国政治哲学学科而言，我们现在还是刚刚起步。这些年中国确实出了不少有关政治哲学的论著，马哲的很多同行基本上都进入了这场讨论。但是目前就国内的政治哲学的研究现状来看，最大的问题在于，从形式上看，似乎是基于某一确定视角的"主题性论述"，但就内容呈现、研究逻辑以及话语表达等而言，实际上却是多元的、模糊的、暗昧的。当下以及今后一个相当长的时期内，关于政治哲学，我们要追问的是：中国学者、中国知识界基于中国社会的变革现实，在基于历史与传统之制度性、文化性视角比较与观照意义上的自主性的知识论逻辑究竟是什么，在这个关键、核心论题上，迄今为止没有发现多少实质性意义上能够推进中国政治哲学之独特性创见和新见。

中国的政治哲学研究不太关注政治学、国际政治、政治社会学等相关领域的学术传统和丰富的思想理论成果。实际上，着眼思想史、观念史的理论视野，至少从近代以来，尤其是当代世界的政治思想、国际关系、国际政治领域，甚至包括西方马克思主义学派、后现代主义理论等，它们所提出的一些前沿性的政治理论，非常深刻、非常具有针对性和启发性。相比较而言，我们政治哲学思考，本质上并未深入其所以可能的背景深处，长期徘徊在某种并不具有共识性的政治思想史、观念史或者哲学理论的双重边缘，为什么会这样？

西方政治思想和哲学反思批判、西方政治文化尤其基于特殊历史传统和思想文化追求的优长，但也有无法忽视的诸多深刻困境，中国的政治哲学植根于中国特色社会主义国家道路、理论、制度、文化环境之中，这是我们的优势。中国的政治研究如果提不出一些体系化意义上具有理论高度、原则性高度的真知灼见，而仅仅依托立中国政治和哲学的优势，对西方政治哲学观念做一些一厢情愿式的道义的批判，这个批判必然是非真实、有效对话意义上的缺席批判。针对某种明显是畸形化的扭曲劳动社会政治现实，以比较性观照为依据的慎思明辨是思想理论学术的本分。否则，有关政治哲学的思考只能永远停留于某种经验性描述，而永远无法抵达政治哲学的真理。

规范意义上的政治哲学研究，在于唤醒学者的良知。依照马克思主义经典作家的识见，正确的知识或者实践的宗旨，在于改变我们认为不合理的现实。后全球化时代、后西方政治时代，关起门来谈政治哲学，无法形成一种思想的交融自我修正。

建构中国特色的政治哲学学科体系、理论体系和话语体系，我们确实有得天独厚的思想理论优势、优秀的传统文化优势、优良的制度优势和政治优势，以及道义优势，有一种政治哲学的先在性前提。我认为我们要确立政治哲学目标，要从现实出发，指向一种以制度求公益为信念的普遍正义的美好社会，这应该是我们思考政治学的主旨和时代性主张，这是当代中国政治哲学应该表达的东西，实质就是立足全人类共同价值，要有胸怀天下，为人民谋幸福，为民族谋复兴为世界谋大同，促成政治哲学意义上的现代公共性文明的形成与确立。

在归根结底的意义上，政治哲学的实质，是良善生活和秩序逻辑意义上，有关人类生存、制度以及文化的公共性理据的求证问题。深度全球化时代，要实质性地突破政治哲学问题上西方思想观念的"偏见"与"丛林"和困境，形成一种具有前瞻性的新的立场，就必须实质性地超越狭隘的民族国家本位的地方性政治文化和价值实践，直面国际社会日益激烈的全球公共领域、私人领域之间不断加剧的博弈、冲突，让强调人类整体性福祉和公共利益为本位的"生存共同体"、"发展共同体"以及"命运共同体"集体性认知顺利出场并实质在场，研究政治哲学不关心公共利益最大化，必然抽象和苍白。

有关政治的哲学思考，必须回归长时段意义上人类真实的历史逻辑、实践主体性逻辑。对于当代中国的政治哲学之思而言，最为直接、最为紧迫的课题，当是"中国式现代化与人类文明新形态创造实践"背景下，现代化理论和实践难题的中国式政治哲学主张。

这些难题和困惑确实需要持续的观照，政治哲学被正式确立为中国大的哲学门类中的一个相对独立的二级学科门类，表明这个问题的极端重要性，作为关注者，我们理应自豪。但接下来的问题是，在理念上、范式上、逻辑上以及话语表达和时代性呈现等问题上，我们究竟有多少独特性？理论发展史上，一般政治学理论、政治思想史和国际政治、国际关系的思考以及相应的成果，都是政治哲学必须关注的领域。国内目前的所谓政治哲学思考，大多数其实没有进入规范理性意义上的政治哲学内里，要么是哲学的，要么是政治学的。如果是政治哲学，一定是学术共同体的信念、立场、一致性逻辑，得有约定性的范式，对此如果缺少必要的自觉，就只能是自说自话。

另外还有政治哲学体系逻辑、自我辩护的典型方式，以及社会、政治、国家何以可能的正当性理据，政治学和政治科学的规范理性关切。20 世纪 80 年代西方政治哲学复兴，英美的观念史分析范式具有典范性。以施特劳斯为例，他分析了欧美政治哲学现状，以英美学者思想复兴政治哲学的动机为切入点，指出，迄今为止所有研究政治理论的人对政治学究竟是什么样的问题，依然是众说纷纭。和社会科学其他学科相比，总的来说政治学不能算一门纯理性的学科，有人认为传统的规范化政治已经呈衰落趋势了，这无疑是由哲学革命引起的。动机很清楚，我们也是在回应这个东西。

政治哲学视域中的现代阐释架构

罗 骞[*]

今天马克思主义政治哲学研究会成立，说起来也特别高兴，也颇多感慨！记得 2013 年，我和段忠桥老师等同人张罗了第一次政治哲学会议，会议的主题是"何为政治哲学"。以后几乎每年召开一次。中间中断了几年。似乎是眨眼之间，中国人民大学政治哲学学科的建立到 2023 年已经十年了。今天成立马克思主义政治哲学研究会，意味着中国人民大学政治哲学研究的新起点，也是国内政治哲学研究的新起点。所谓的新起点，意味着连续和断裂。既然谓之新起点，我感觉在本质上还是断裂。

政治哲学论坛 2013 年举办第一届，后来陆续召开了很多次。第一次政治哲学论坛的题目就是《何为政治哲学》，很多老师就这个问题发表了高见，记得姚大志老师还在《光明日报》发表了相关文章。我自己在会上也做了一个发言，阐释了我对政治哲学作为第一哲学的理解。会后，包括我、文喜和峰宇还发表了一组笔谈。我对政治的理解大体是在那次发言的基础上展开的。我认为政治概念有三个不同的维度：第一个是把政治看成构成社会历史的基本维度，它渗透到经济、文化等方面。第二个是把政治看成世界观，就是说我们从政治的视角去透视我们对社会历史、对人生、对文学艺术的理解，政治是构成世界观的方法论视角。第三个是狭义的，是我们在马克思主义理论领域当中经常讲的处在经济和

* 罗骞，中国人民大学哲学院教授，云南大学马克思主义学院特聘院长，主要研究方向为马克思主义哲学、国外马克思主义和政治哲学。

文化之间的一个构成领域，这是一个很狭义的概念。我试图在存在论与实践哲学、政治哲学之间建立内在的联系，所以提出政治哲学作为第一哲学的命题。后来我的思考也主要是从这样的方向去考虑。

在我的作为第一哲学的政治哲学概念框架中，包括刚才有老师提到的马克思主义是否有政治哲学等就不成为问题。但如果我们完全按照罗尔斯《正义论》之后对于政治哲学的规定来考虑，在马克思主义这里要谈政治哲学就比较困难，即使能谈，也会有些生硬和牵强。政治哲学不能以正义论来规定，至少正义论不能成为政治哲学的唯一或者根本性的主题，否则政治哲学的传统就会被遮蔽。这个看法不是我个人的看法，包括英美的学界都在批评。在一些学者视域中，离开了正义，好像就不能谈政治哲学。这样的话，法兰克福学派批判理论，施特劳斯、阿伦特等许多政治思想大师的政治思考就会被低估和排除。甚至马克思的《黑格尔的法哲学批判》都算不上政治哲学著作。

这算是对前面老师们谈论的一些相关问题的回应。一种理论是还是不是、有还是没有政治哲学，关键在于你怎么使用这个概念。如果这一点不澄清，我们今天会议中老师们谈到的许多内容都算不上是政治哲学的。甚至我们今天会议的主题《中国式现代化与马克思主义政治哲学》与政治哲学的相关性在一些人看来都不那么紧密。这是我在进入发言主题之前的一点回应和交代。在政治哲学的视域中讨论现代、中国式现代化等，将现代作为政治哲学的范畴进行阐释，在政治哲学视域中讨论现代化，都需要以对政治哲学的特定规定为基础。

围绕今天会议的主题，我想谈谈我在政治哲学视域中建构起来的现代阐释架构。我们今天提中国式现代化，那么现代是什么？现代化是什么？我们怎么来总体性地把握现代？如何构建起一个相对自洽的理论体系和理论框架来对现代进行阐释，这是我今天要汇报的核心思想和切入点。

第一，现代是主体性自由得以展开的时代。按照黑格尔的话说，主体自由的展开是现代区别于前现代中心点。人从传统的宗教、自然、制度、观念中解放出来成为主体，这是现代在价值理念方面的基本特征。这一价值理念在康德的"人是目的"这一命题中得到了哲学化的表达。在我的能在论哲学系统中，主体性的自由体现为人在现代解放中成为认知主体、权利主体和欲求主体。

第二，现代是公共权力诞生的时代。与个体主体性自由的确立相对应，为了保障个体权利，权力成为公共权力是现代社会的一个基本趋势。在这个意义上，现代是公共权力诞生的时代。在现代成为公共权力指的是权力基础的世俗化、权力来源的职务化、权力运行的民主化、权力保证的法制化、权力功能的服务化趋势。从政治制度规范的角度来看，权力的公共化过程就是现代政治国家的形成过程。

第三，现代是资本统治的时代。公共权力不介入私人的生活以保障个体的自由是现代的一个基本观念，这使得市民社会的物质生活成为私人的领域与政治国家相分离，自由市场成为调节物质经济生活的基本机制。传统社会中人格化的权力统治变成物化的商品资本统治。从社会存在基础的角度看，现代是以物的依赖为基础的时代，也就是商品资本关系作为社会历史存在物全面统治的时代。

第四，公共权力和商品资本是现代主体性得以展开的两翼。人在现代解放成为认识主体、权利主体和欲求主体，但权力和资本却作为相反而又互补的两翼规定了知识生产、权利保障和欲求满足。这是现代主体性展开的基本机制。人类主体性的自由既通过这一机制得到实现，同时也遭到根本限制。分析权力和资本在知识生产、权力保障和欲求满足中的作用及其相互关系，本质上就是对现代人类文明形态的社会历史存在论阐释。

第五，现代作为解放与异化辩证展开的历史过程。在公共权力和商品资本的双重规定中，现代就是自由解放与生存异化辩证展开的人类存在状态和存在过程。面对这种解放与异化的现代性状况，强调现代的解放维度从而肯定现代政治解放的人对现代取一种改良的实践立场，而强调现代的异化维度从而批判现代资本统治的人采取的一般是革命与反抗的实践立场。在这种革命立场与改良立场的纠缠中，也存在一些骑墙和过渡模糊话语。

以上面五个命题为基础建构来阐释现代理论框架。现代展开为以主体性为中心、资本和权力为两翼，知识、权利和欲求为支点构成的立体结构。通过对这一立体结构的分析，就能揭示现代解放与现代异化的辩证过程。我认为，以主体性的自由为核心概念，以权力和资本为主体自由实现的两翼，以人作为认识主体、权利主体和欲望主体的知识生产、权利保障和欲望满足为基本分析支点，揭示现代作为解放和异化的双重过程，我们可以构建起一个立体的把握和分析现代状况的体系和框架，这是我对于现代状况分析的概念体系的把握。

回到现实，我们讲中国式现代化，讲现代化的治理体系和治理能力等，我们需要有对现代的基本把握，有对西方现代化进程和架构的总体理解。这样，在谈我们自己现实状况的时候，才能在参照中理解我们自己的特殊性或创造性。

"面向政治事实本身"的政治哲学

孙　亮[*]

从思想史层面看，政治哲学研究有两个进路：一个进路是面对政治哲学本身，也就是把"政治哲学史"作为研究对象，进行富有成效的政治哲学史的核心概念、思想进路等方面的研究。这一类研究可以说就是做"古今中西"的"史"，穿梭于"思"之林。当然，包括我们对于马克思政治哲学的研究，实际上，有很大程度上的研究也是这种"政治哲学史"意义上的马克思政治哲学的研究。比如说，我们会讨论1843年，青年马克思政治学的思想进路问题，其中如与赫斯、斯宾诺莎、黑格尔等人政治哲学观念之间的关系，以及其呈现的复调性的政治元素。再如，对待《资本论》政治哲学，财产权的政治哲学批判史进路上去定位这样一部著作。凡此种种，皆为"史思融合"。当然，这一类型的政治哲学史层面的马克思政治哲学还有很多工作可以做，譬如目前主要是西方政治哲学带入的正义、道德、权力、权利、平等、公共理性等话题外，这些议题是西方政治哲学设定的。作为马克思政治哲学研究应该重设议题，这些议题应该是由马克思主义政治哲学发问，那就是财产权、国家、革命、无产阶级、剥削、市民社会等，并在这种研究中，凸显马克思政治哲学研究的高度，以及西方政治哲学的"边界"，也可以说，指认西方政治哲学所能够达到的极限是"资本主义制度"的先定性。

另一个进路则是针对政治问题本身进行的研究。它并非不需要借助

* 孙亮，华东师范大学哲学系教授，主要研究方向为马克思主义哲学、当代西方资本主义批判史和德国哲学。

政治哲学史思想资源，但目的不是去讨论柯亨，也不关心康德或者罗尔斯在其文本之内的某种"思想关联"。它首要的意图既不是成为柯亨专家，也不是成为什么康德政治哲学专家等。所以，这一进路在一定意义上，只是聚焦政治问题本身。这一点，我们从马克思的整个文本来看，可以看到，他从政治解放到人的解放，从市民社会中的抽象统治到资本批判，更多的是针对人的政治问题本身展开的。马克思很大程度上从政治的哲学史的方面，包括早年对政治哲学史的关注，他都是一种"经过"，因为，有一点可以肯定，马克思从未想过成为黑格尔、斯宾诺莎等人作为称号的专家。后来的马克思慢慢从政治哲学史的思路上已经走出来了，进入当代人政治问题本身来进行讨论，这个当代政治问题的本身，被马克思扭转了，就是政治之理只能在政治之外的，就政治谈论政治，那是西方政治哲学研究者自己给自己的一幅"单面镜"，只能看到现有政治制度之内的，而无法穿透看到政治制度之外的东西。这种政治哲学与历史终结论的思维其实没有什么两样。马克思将西方政治问题转换为政治经济学的问题，将政治范畴融入经济范畴，进而以批判经济范畴的方式达成对政治范畴的穿透，这是马克思最重要的政治哲学思维方式，所以，资本论已经完全进入作为人之存在特殊领域（经济领域）发生的大量问题的讨论上了。

我们今天面对马克思政治哲学讨论，第一条路径，虽然是非看起来"学术化"的路径，看起来概念之争、观念之争似乎多么深刻，但是，这条专家之路其实与马克思的运思方式还是存在巨大的隔阂。不消说，政治问题才是政治哲学永恒的对象。这是马克思政治哲学最重要的方向，我将之称为"面向政治事实本身"的政治哲学。

有了这个观念，我们需要注意两个问题，其一，"面向政治事实本身"的政治哲学不再从一个先定的规范下行给予马克思。正义等词的讨论，在马克思的文本中如何，与历史唯物主义如何等此类的讨论，倒不如做一个转换，去讨论马克思的非正义。这就好像一个人不知道什么是健康，因为身体无所知即是健康，但是，当一个人对身体感知明显的时候，可能他知道是非健康的。所以，千万不要以为有了正义，才能去谈论非正义。所以，对于马克思来讲，剥削、异化、统治等都是这一类的否定词。从否定词开始，而非肯定词开始，是研究政治事实本身的起点。以此方式，马克思政治哲学完全可以打开一个不同的理论空间。

其二，既然政治被马克思以政治经济学批判的方式展开，那么，资本主义本身的变化意味着政治的方式已经悄然改变，从有中心的政治到无中心的政治，从有政治对手的政治到政治对手弥散化的政治，从政治权力的集中到政治权力四海为家，这些转变在福柯、阿甘本到精神政治学等已经有了很好的揭示。究其根由，资本要不断地开疆扩土，从劳动者行为，到能够推动劳动者行为的心灵、情感、认知等，一步步深化。到了数字社会的时候，譬如，福柯所谈论的权力已经侵入我们每个人的毛细血管，当然还有斯蒂格勒、易洛茨等人认为个体的思维，认知被剥夺掉，情感被商品化。这样的深入意味着权力的结构变化了，抵抗权力的结构也变化了，寻求解放的政治的要求也变化了。当然，这时候西方左翼会说，没有希望了，资本主义已经在政治经济等各个方面与马克思时代完全不同了。这个看法应该说是把资本主义内在的主要矛盾与次要矛盾混淆了，我们的观点是，权力虽然已经发生了变化，但不是它的实质变化，而是形式让我们远远溢出了马克思与西方政治哲学史讨论政治问题。

所以，马克思要关注这种晚近资本主义的政治问题。要关注资本主义推进的过程所形成权力的激进化，以及各种出现的新的政治哲学。今天，我们谈论马克思主义政治哲学要积极回应这些新的微观层面的政治哲学，给予回应与批判。摆在马克思政治哲学研究者面前的两个任务，一个是回应马克思之前的西方传统政治哲学，这个方面，马克思有示范、有文本，是作为事实在那里的，这对于后来者是一个便利。但是，另一个是回应马克思之后，特别是当代晚期资本主义政治哲学，这需要激活政治经济学批判，在马克思的运思方法上捍卫马克思，这是一个基本的理论原则。

　　在这个原则上讨论的时候，又会进入多种多样的进路上，我再强调一点，关于马克思政治哲学的社会化路径的思维方式。

　　关于将政治哲学权力的建构给予社会化阐释的路径问题，比如说在一个讨论的过程中，我注意到西方资本主义的批判理论在自己的政治哲学发展中也是会产生分叉的，关于这个分叉的细节我从法兰克福学派批判的对话，即霍耐特在《权利的批判》中对阿多诺的批判中发现，《权利的批判》批判阿多诺没有关注社会本身，包括写启蒙辩证法的时候已经把社会丢掉了，认为这就是将一种统治自然的方式移植到社会之中，我们生产力发展推进资本主义社会的发展，资本主义社会同样会报复人类，这个支配自然的思维方式让霍耐特非常不满，他认为阿多诺还是没有看"社会本身"，只是服从其支配自然的思维公式。当然，在《启蒙辩证法》当中阿多诺用奥德修斯的故事确实体现了这一点。

　　阿多诺谈到人类在改造自然的时候里面有一个隐喻，改造自然不仅对外在自然，还有内在自然，必须逼迫自己本身，把内在自然也割舍掉。所以，我们不用考虑在内在的社会。在工业社会，交换社会建构出来的完全可以直达内心。对此，霍耐特认为这一点是存疑的，一定在社会与内心之间是有一个障碍的，这个障碍可以保证外部社会的物化原则，计算原则在进入人的内心过程中，人类对自我之间的团结应该有一个抵抗，后来霍耐特想做这样一个思路。

　　我并不赞同这种方式，但我认为它讲外在交换的原则与人的内在心灵原则之间关系的时候确实抓住了非常核心的问题。阿多诺等人认为现代社会最重要的原则就是人们完全堕落现代抽象的原则，用卢卡奇的比喻可以说清楚，这个马克思、西美尔等那里都有这个观念。但是，我不认为在交换社会本意上能够建立起交换社会。为什么这样说？因为是人意识被中介化的"对象"，事物本身的逻辑往往被停留在这样一个"交换"的社会，真正的社会我们可以溢出掉了。

　　现在的问题是，如果我们从交换社会建立不起来这样的现实抽象，我们需要在《资本论》过程中重新建构现代抽象的原则，回到马克思在

《资本论》里从交换推向生产的过程的思路，从资本主义特定生产推出对所有社会关系的生成过程，完全铺展开来的这样一个过程才是我们说清楚问题的根本，溢出掉了的真正的社会才会被找回来。

这个过程当中明显体现出一种现代抽象原则的建构方案，因而我们说，马克思面对的抽象原则在今天批判理论当中是可以被大量调用和征用起来的，比如说我们面对当代西方资本主义新的变化，精神政治学也好，所谓情感政治学也罢，认知的无产化等，他们给出的方案最后莫非就是回到心灵的调节，但是这个问题并不在这里，问题在于现实抽象不是我们主观建构、搭建出来的，现实的抽象不是阿多诺讲的交换原则。从马克思视角看，同一性观念搭建出来的是特定资本主义生产方式，这才是真正的社会。在资本主义生产方式的本身当中已经产生了劳动与资本的分离，这个分离就是异化，也是大量物化的过程，让分离的过程重新被移入社会化的过程，才是马克思主义思考的方面。

分离意味着把人看作为特殊领域的存在，将特殊领域存在的人使他社会化，意味着他的问题，不再是一个特殊领域的问题，他不再是仅仅作为政治人、作为市民社会的人，他就是他的社会化，这是马克思的基本思路。我觉得这个思路可以用在当代资本主义权力的新形式上提供批判资源，方能有力回应当代西方资本主义所呈现的新微观权力政治哲学的样貌，这也是马克思政治哲学题中应有之义。

马克思主义政治哲学的三大转向

白　刚[*]

第一个转向是主题转向，即从"观念政治"到"劳动政治"的转向。从以苏格拉底为代表的古希腊哲学开始，人类思想领域实现了对政治哲学一系列核心概念从经验直观到概念反思的讨论，开辟了观念政治论的传统，这一传统到黑格尔哲学达到顶峰。马克思政治哲学可以说是开辟了劳动政治论，实际上是对观念政治论的一个颠倒。对劳动这个话题，虽然古典经济学明确提出了劳动价值论，但说到底还是一种消极劳动，实际上对于劳动根本不重视，可以说是无视。斯密有一个说法，劳动是辛苦和麻烦，与自由和幸福无关。按阿伦特的论断，马克思是19世纪以来唯一赞美了劳动的哲学家。在这个意义上，马克思真正实现了对劳动的转向。如果说古典政治经济学的劳动价值论是"关于价值的劳动理论"——价值的劳动来源问题，而马克思的劳动价值论则是"关于劳动的价值理论"——劳动的历史意义问题。对此，恩格斯才强调马克思在劳动的发展史中找到了打开社会的钥匙。

第二个转向是实践转向，即从"政治革命"到"革命政治"的转向。也是从古希腊开始，以亚里士多德"人天生是政治的动物"的说法为标志，人类思想领域开始了对人之为人进行一种政治阐释的传统，或者说是一种政治存在论阐释。近代以来的西方政治哲学继承了古希腊以来的政治论传统，特别是马克思后来与之分道扬镳并激烈批判过的青年

*　白刚，吉林大学哲学社会学院院长、教授，主要研究方向为马克思主义政治哲学、《资本论》研究、辩证法理论。

黑格尔派最为典型，他们从宗教批判到政治批判，从神学批判到法的批判，满口喊着震撼世界的词句，但对现实却无法触动。说到底，政治革命是一种解释世界，而马克思的革命政治是要改变世界，即在批判旧世界中发现新世界。马克思的革命政治开辟了政治实践的新空间。

第三个转向是范式转向，即从"主观主义"到"客观主义"的转向。上午发言时也有老师提到我们今天进行政治哲学研究的范式问题。从苏格拉底到亚里士多德、从康德到黑格尔，也即从古希腊一直到德国古典哲学，政治哲学某种意义上是一种主观主义传统。但从马克思这里，政治哲学实现了从主观主义到客观主义的范式转向。以罗尔斯《正义论》为代表，他对当代政治哲学进行了很好的阐释，但还是一种主观主义的阐释，甚至是主观主义的顶峰。按罗尔斯自己的说法，他的《正义论》就是一种"道德几何学"，甚至是一种新契约论。在这个意义上，他还是实现了一种对正义的主观设计，也可以说是柏拉图理想国的当代版。

恩格斯在批评杜林的时候有一个很经典的说法：杜林把分配正义从经济领域搬到了道德和法的领域。这是恩格斯对杜林的深刻批判，不知道罗尔斯看没看到过这个批判。但这个批判完全可以拿过来批判罗尔斯，罗尔斯也存在把公平问题从经济领域挪到道德和法的领域，而马克思是从道德领域和法的领域转向了生产领域。在这个意义上，对政治哲学的理解从古希腊到罗尔斯一直为主观主义的倾向，但主观主义倾向在马克思这里得到了最终的落实，实现了从主观主义到客观主义的根本转向。

马克思主义政治哲学与历史唯物主义之间的关系

谭清华 *

我想重点谈一下马克思主义政治哲学与历史唯物主义之间的关系问题，这个问题实际上仍然指涉一个根本性问题即"马克思主义政治哲学到底是什么"这个问题。

学界很多人都认为，马克思主义政治哲学只不过是将马克思主义哲学——这里主要就是指历史唯物主义或者说唯物史观——运用到对政治问题的分析，所以，马克思主义政治哲学是内在于历史唯物主义中的，是历史唯物主义本身就具有的，并不是什么新的东西。我想现实中，很多学者发文章喜欢用马克思主义政治哲学或者马克思政治哲学这样的标题但又鲜有专门探讨"什么是马克思主义政治哲学"或者"马克思的政治哲学"，其背后往往蕴含的就是这样一个逻辑。也就是说，在大家看来，马克思主义政治哲学是内在于历史唯物主义中的，是一个不证自明的东西。

这种认为"马克思主义政治哲学只不过是将历史唯物主义运用到对政治问题的分析"的主张，就跟当年苏联人把历史唯物主义仅仅视为辩证唯物主义在社会历史领域的推广一样，也是在强调二者同一性时却对二者之间存在的根本差异视而不见。马克思主义政治哲学跟历史唯物主义当然存在关系，它需要运用一些历史唯物主义原理去分析政治问题，

* 谭清华，中国人民大学马克思主义学院副院长，教授，主要研究方向为马克思主义政治思想史、马克思主义政治哲学、公共性哲学。

但是，这不是说二者就是一回事，也不是说二者就是运用和被运用的关系，更不是说马克思主义政治哲学就只是将历史唯物主义中有关政治、国家等问题做进一步研究和具体化而已。如果马克思主义政治哲学仅仅是指这些，那么，马克思主义政治哲学早就存在了，今天我们再去探讨它意义又何在呢？甚至今天我们用"马克思主义政治哲学"这个概念又有什么意义呢？简单地说，如果我们这样去理解马克思主义政治哲学，那么，马克思主义政治哲学的当代价值就会被遮蔽，马克思主义政治哲学的研究将失去它应有的意义，也不可能真正回应当下现实问题。

首先，我们必须明确，马克思主义政治哲学完全是一个新东西，它是基于历史唯物主义的建构（段忠桥老师也主张马克思主义政治哲学是一种建构，但是他认为历史唯物主义是实证科学，因而需要我们学者借助其他理论来帮助建构，而我却自始至终都认为，历史唯物主义有科学性和价值性的两面，我们可以通过重新阐释其规范性来建构马克思主义政治哲学，或者说，历史唯物主义中本身就有支撑建构马克思主义政治哲学的思想资源），而不是历史唯物主义本身就具有的，它是对长期以来我们受苏联影响而对马克思主义哲学做实证主义理解的纠偏，也是对马克思主义哲学中长期被忽视的能动性、可能性、自由选择性、价值性等内容的凸显，甚至在某种意义上也是对马克思主义哲学的重新理解，是对马克思主义哲学的真正推动。因为从时间上看，我们对马克思主义哲学的理解始终聚焦于过去和现在，而对未来关注不够，甚至只是简单地将未来作为空想社会主义的遗物而予以舍弃。马克思主义政治哲学指向的就是一种可能性、一种理想和未来。它就是通过揭示这种可能的理想社会来规范现实及其发展。所以，它的出现有其时代背景和理论需要。就时代背景来说，中国特色社会主义发展至今，如何构建一个公平正义的良好社会、如何实现国家治理及其体系的现代化是一个重大现实问题；而就理论需要来说，长期以来我们受苏联马克思主义哲学的影响，将马克思主义哲学做实证主义的理解，对马克思主义哲学中的可能性、价值性等问题的研究明显不足。而中国特色社会主义的发展和建设不仅是必然性的实现，也是可能性的实现，不仅是马克思主义哲学科学性的体现，也是马克思主义哲学价值性的体现。时代呼唤可能性和价值性在马克思主义哲学研究中的地位，缺乏这一维度，我们是无法说清楚中国特色社会主义建设实践和发展的。这是马克思主义政治哲学兴起的理论逻辑。

这是我要讲要的第一个问题。

其次，大家知道，历史唯物主义是关于人类社会历史发展一般规律的理论，其中包含了很多原理，比如社会存在决定社会意识、经济基础决定上层建筑，以及社会意识反作用于社会存在、上层建筑反作用于经济基础等系列原理。由此可知，历史唯物主义是关于人类社会历史发展及其规律的整体认识。当我们说"马克思主义政治哲学只不过是将历史唯物主义运用到对政治问题的分析"时，这是什么意思？

我们知道，马克思主义创始人曾经反复告诫，不能将他们的理论当成标签贴到各种事物上去，而不作进一步的研究。历史唯物主义只是揭示了人类社会历史发展的一般规律，并没有穷尽所有问题和认识，人类社会还有很多问题需要做进一步研究，而且这种研究也不是像有些人主张的那样只是对历史唯物主义原理的简单运用，仿佛所有理论都可以看成是历史唯物主义的具体运用一样。

以前，我们学苏联人，认为唯物史观本身就是对人类社会历史的科学分析，因此，我们就没必要再去专门研究社会、政治等具体问题了，也不需要社会学、政治学等学科了，唯物史观就是社会主义国家的社会学、政治学等具体科学，而且是唯一科学的理论，西方的社会学、政治学都是资产阶级的理论，是反动。所以，这也造成我国社会学、政治学等具体的社会学科曾经长期停滞发展。今天我们做马克思主义政治哲学的研究，也要这样吗？只是将马克思主义政治哲学视为是历史唯物主义的运用，从而用对历史唯物主义的研究来取代对马克思主义政治哲学的研究？

马克思主义政治哲学不像历史唯物主义那样，探讨人类社会历史发展的一般规律，也不像有些学者主张的那样以社会存在决定社会意识、经济基础决定上层建筑为根本，反之，马克思主义政治哲学探讨的是相对于社会存在的社会意识、相对于经济基础的上层建筑，具体来说就是政治形态这个上层建筑，即探讨具体的社会历史条件下"什么样的社会才是可欲求的好社会"这么一个规范的政治问题。

所以，马克思主义政治哲学跟历史唯物主义还不一样，历史唯物主义是关于人类社会历史发展及其规律的一般理论，马克思主义政治哲学则是关于什么样的社会才是可欲求的好社会的具体理论，或者说是一种部门哲学，历史唯物主义是以社会存在决定社会意识、经济基础决定社会上层建筑为根本原理的，而马克思主义政治哲学则通过探讨什么样的社会是好社会来发挥作为社会意识和上层建筑的理想社会观念对社会存在和经济基础的反作用。

正如恩格斯晚年告诫德国青年人那样，"我们的历史观首先是进行研究工作的指南，并不是按照黑格尔学派的方式构造体系的杠杆。必须重新研究全部历史，必须详细研究各种社会形态的存在条件，然后设法从这些条件中找出相应的政治、私法、美学、哲学、宗教等等的观点。"① 马克思主义政治哲学就是要研究在一定的生产力水平和生产关系下如何可能地构建一种更加符合人的自由发展的理想社会，马克思主义政治哲学不是要否定生产力、社会存在、经济基础的决定作用，它只是认为在这种决定作用的基础上人们仍然可以建构起一种更加合理的上层建筑尤其是对社会的形成具有重大影响的政治的上层建筑。换言之，马克思主义政治哲学不是别的，它就是要研究，在一定的生产力水平基础上，包括社会政治制度在内的什么样的上层建筑才是更合理的。这种"合理"不仅是指这样的上层建筑更有利于解放和发展生产力，有利于促进社会的团结稳定和发展进步，也是指它更适合人的自由而全面的发展。马克思主义政治哲学关于理想社会的研究不是抽象的，而是在一定生产力水平基础上探讨这种可能性以及实现这种可能性的条件。

---

① 《马克思恩格斯文集》第 10 卷，人民出版社，2009，第 587 页。

这是我要讲的第二个问题。

最后，"什么是好社会"是一个规范性问题，马克思主义政治哲学就是以这样的规范性问题作为自己的研究对象，具体来说包括三个问题：什么样的社会是好社会、这样的社会为何是好社会、这样的好社会如何可能。马克思主义政治哲学就是围绕着这三个问题进行建构的。第一个问题"什么样的社会是好社会"，要求我们必须结合马克思主义的理论逻辑及其内在要求去揭示马克思主义对"好社会"的理解。关于这一点，国内很多学者都做过探讨，大家也都认可马克思主义理论中蕴含对自由、平等、民主、人的发展等价值的积极肯定。第二个问题"这样的社会为何是好社会"，这其实就涉及证成问题，既需要说明这样一个好社会是符合马克思主义理论逻辑及其内在需要的，又要说明这样一个好社会是人们可欲求的且具有现实可能性。一个不是人们追求的好社会，不管怎样符合所谓历史规律，都是不可能实现的；一个只是人们欲求的好社会，但却缺乏现实条件性，那就只能是一种空想。第三个问题"这样的好社会如何可能"，这其实就涉及上层建筑对经济基础的反作用问题了，或者说，一种理想的社会观念如何通过规范社会的基本制度和引导人们的价值观去从一种理想转化为一种现实。这其实也是马克思主义政治哲学的实践功能。

马克思政治哲学的社会向度

林育川*

之所以谈这个主题，主要是想搞清楚马克思政治哲学的特质，因为学界对马克思政治哲学有一个疑问，好像马克思政治哲学不能概括马克思关于政治方面的思考，可能用社会哲学或者社会政治哲学这个名称更加恰当。但我觉得把它称为马克思社会政治哲学还是有些顾虑。

一方面是马克思社会政治哲学从霍布斯、洛克、卢梭和黑格尔开始，他们都可以被称为社会政治哲学家，因为他们在讨论政治哲学时都涉及社会领域里面的经验性材料。另一方面将社会哲学和政治哲学这两个概念放在一块，二者的主次关系还是很难以呈现。因此仅仅在名称上做出这个修正似乎不太必要，也不太够。

与马克思政治哲学的名称修正相比，我觉得更重要的是要搞清楚马克思政治哲学里面的社会向度有什么内涵和特质。我的汇报大概分四个方面：一是阐释马克思早期所理解的社会事实；二是对黑格尔伦理进路社会政治哲学的批判；三是对于卢梭社会解放政治哲学的继承和超越；四是讨论马克思政治哲学社会向度在历史上是怎么展开的。

第一部分简要谈，我们知道马克思关注社会问题，我们也了解他在早期对于物质利益发表意见难题的讨论，那个时候的马克思对物质利益究竟在人类历史上起了什么样的作用发表了意见，但他给出的意见是相当有限的。还有一点值得注意的是，早期的马克思关注到了社会现实问

---

* 林育川，厦门大学哲学系教授，主要研究方向为马克思主义哲学和政治哲学。

题，但他并不满足直接使用这些经验性的材料，他更关注的是这些经验性事实是否和如何反映历史发展的趋势。他想从经验性的事实里找到和历史发展趋势相适应、相符合的那些社会现实，把这些现实界定出来。所以在《莱茵报》时期他认为当时的共产主义在理论上不具有现实性的，这一点很突出。

马克思政治哲学进一步的发展主要是在《莱茵报》时期和《德法年鉴》时期展开的，即主要通过对黑格尔政治哲学的批判和卢梭政治哲学的批判来实现的。黑格尔当然也有对社会现实问题的集中讨论，比如社会贫困问题在黑格尔那里也是一个比较重要的问题。他认为政府有干预经济领域的功能，但这个功能是有限的，社会贫困是不可能解决掉的，不存在彻底解决社会贫困问题的根本性方案，只能够从国家的层面去缓和社会的绝对贫困，缓和贫困差距带来的社会问题。

这样的方案马克思是不满意的，他把握到的市民社会和政治国家的现实不同于黑格尔，他既不认同黑格尔对伦理国家的论证，也不认同黑格尔对市民社会的缺陷采取的保守主义的方案。马克思从两个方面来反对黑格尔比较保守的伦理国家的理论，特别是后者对君主立宪制的肯定。

马克思对卢梭的批判也是建立在对卢梭把握到的社会事实的进一步批判之上的。卢梭对于市民社会里面所存在贫困采取的立场比黑格尔更加激进。有意思的是，卢梭从个人之间需要协作和帮助里面看到了贫困的萌芽，而黑格尔则看到个人的普遍联系和超越个人的利己主义的可能性。

卢梭认为私有财产制度是加剧社会不平等的根源，黑格尔则认为私有财产是个人独立性和治理国家的基础。我们可以发现在社会贫困这个问题上卢梭采取更为激进的态度，而对社会贫困，马克思的态度始终是持尖锐的批判态度。我们可以看到在论犹太人问题里面马克思处理了卢梭两个政治立场，一个政治立场是已经制度化了的，反映在当时主要资本主义国家政治体制中，即政治制度所反映的自由主义的政治哲学。这一政治立场可以说是卢梭政治哲学一个制度化的呈现，即把马克思对卢梭的这一政治立场所采取的批判性态度呈现了出来，提出了超越政治解放的人类解放理想。另一个政治立场是卢梭关于个人和集体和解的可能性。马克思在《论犹太人问题》中直接引用了这个思想。作为人类解放的理想，终将消除个人利益和集体利益的冲突。在马克思对卢梭的批判性分析中，我们可以看到他其实是站在更激进的卢梭立场上，也就是站在人类解放的高度表达他的政治哲学理想，也就是社会解放的理想。

综上所述，马克思政治哲学不同于黑格尔和卢梭的政治哲学。马克思不满足于黑格尔仅仅从缓和社会贫困的角度提出政治哲学的方案，也不满足于卢梭仅仅从应然的角度去提出一种人类解放的理想。

马克思从德国经济和政治事实里面揭示出了无产阶级作为非市民社会阶级的市民社会阶级这样一个规定性。但是即便到了《德法年鉴》时期，马克思对于社会革命的必然发生以及对无产阶级作为社会革命动力的论证还没有完成。在这个时期他只是提出了这个问题，或者说把握到了这个问题，并提出了关于无产阶级整体的社会解放的政治理想。

但是，如何论证无产阶级革命的必然性以及无产阶级作为革命动力的现实性这个工作并没有完成。在马克思后来的工作中，他是循着这两条路径来推进的。一方面，论证社会革命的必然性，主要呈现的是《1844 年经济学哲学手稿》《德意志意识形态》《共产党宣言》《资本论》这些文本里对于无产阶级革命发生的必然性论证。

另一方面，他对无产阶级作为革命动力论证，更多的是在《1848 年至 1850 年的法兰西阶级斗争》《法兰西内战》等文献中呈现的。

如果这种判断能够成立，那么我们是不是可以说马克思在《德法年鉴》时期所提出来的政治哲学的理论，其实是比较重要的理论，也可以说是马克思政治哲学的一个高峰？虽然这个时期历史唯物主义还没有诞生，政治经济学批判理论还没有充分的展开，但是马克思的历史唯物主义并不构成马克思关于无产阶级社会解放这一根本的政治哲学主张的否定，而是对这一主张的证成。也可以理解为对马克思在《德法年鉴》时期所提出的政治哲学主张的丰富和具体化。

　　这就是我的基本观点，即在《德法年鉴》时期，马克思最激进、最彻底的政治哲学主张已经提出来了，其晚期的工作在一定程度上可以被视为对《德法年鉴》时期提出来的最核心的政治哲学观点——人类或者社会解放理想——的证成或者展开。

二

现代新儒家仁学与中国马克思主义
政治哲学的当代建构

冯　波[*]

实际上我的问题意识是，现代新儒家或者从新心学的两个鼻祖，也就是梁漱溟和熊十力两位先生的仁学思想，对于中国马克思主义政治哲学的当代建构具有什么样的启示和意义。

一　建构"儒家马克思主义政治哲学"的意义

我之前写文章讲到过"儒家马克思主义"这个概念，但我觉得"儒家马克思主义"要有政治哲学的维度。所以我替换一下概念，把"中国马克思主义政治哲学"改为"儒家马克思主义政治哲学"。儒家思想是中国传统文化的代表，中国传统哲学的主潮，是马克思主义中国化的重要思想基础。而"仁"是儒家思想最核心的概念。现代新儒家无论是梁漱溟还是熊十力，他们都把儒家之"仁"视为建构新心学理论的重要概念。"儒家马克思主义政治哲学"就是以儒家仁学作为马克思主义革命和社会批判的道德性基础。中国特色的马克思主义政治哲学的规范基础不是正义、承认、平等、自由，而是"仁"。因为"仁"是儒家思想中最典型、最重要的范畴，是最具中国民族特色的价值范式。

───────────

* 冯波，山东大学易学与中国古代哲学研究中心教授，主要研究方向为马克思主义哲学。

但首先需要澄清的就是，建构"儒家马克思主义政治哲学"的必要性和可能性。

从必要性上讲，中国马克思主义政治哲学需要和儒家仁学相结合、相补充。因为按照贺麟先生的说法，在思想和文化领域，现代是绝对不能和古代相脱节的。同样的道理，在中国，我们说儒家思想和马克思主义，一个是新中国成立之前的主导性意识形态，一个是新中国成立之后的主导性意识形态，这两者之间绝不能有脱节。这一前一后两个主导性意识形态如果相互脱钩的话，那么新的主导性意识形态就变成了没有理论根基的东西，就会变成无根之木、无源之水，不能根深叶茂、源远流长。文化传统是新的主导性意识形态的思想支撑、社会心理支撑。当然，从可能性上讲，按照何中华老师的说法，儒家思想与马克思主义在中国现实的革命与建设的实践之中已经相互结合了，只不过我们的理论并没有跟上而已。

另外，儒家的仁学是中国马克思主义政治哲学在当代建构过程中极具民族特色的、独特性的思想资源、文化资源。从国外马克思主义的发展来看，它们都是从本民族的文化出发，尝试与马克思主义相互通、结合的。卢卡奇在面对 20 世纪初西方现代性问题时，自觉地使马克思主义回到德国古典哲学，特别是黑格尔与浪漫派的传统，以应对"物化"问题。葛兰西从马基雅维利出发理解马克思主义"实践哲学"，建构具有意大利风格的马克思主义理论。广松涉的"物象化论的构图"也离不开日本唯识学、禅宗对"空相""实相"的探讨，离不开西田几多郎、西谷启治等京都学派从禅学出发理解日本现代化这一理路对他的影响。虽然说只有中国有迫切的理论需求去结合儒家思想与马克思主义，但由此形成的极具中国特色的马克思主义也能够成为世界马克思主义值得借鉴和吸收的理论典范。就像卢卡奇、葛兰西和广松涉等人的理论那样，既是本民族的，同时也是世界的马克思主义的经典范式。

实际上，马克思主义哲学研究从德国古典哲学入手是比较正统、相对规范的。没有人会否认黑格尔对马克思的影响，甚至康德、费希特、谢林、浪漫派对马克思的影响。但是，将儒家思想和马克思主义相互勾连的时候，大家却总会觉得"脑洞大开""信口开河"，认为两者之间相隔的时空距离太大，因此不可能存在密切的思想关联。但从大的时间尺度上讲，"儒家马克思主义政治哲学"相对于"马克思主义政治哲学在中国"而言，更能够使中国马克思主义政治哲学摆脱学徒状态，建构出真正能够解释中国现实、解决中国问题的马克思主义政治哲学来。

那将儒家仁学和马克思主义政治哲学相结合，为什么要从现代新儒家入手呢？何中华老师说，儒家思想与马克思主义在现实实践中的结合是在无意识层面上的结合。但实际上，有相当一批思想家、哲学家，特别是像梁漱溟和熊十力这样的现代新儒家鼻祖式的人物，就已经很自觉地将儒家思想与马克思主义相互通、结合了。他们在1949年留在了新中国，而且通过理论学习和思想改造，成为坚定的马克思主义者。他们自觉地在各自儒家框架中理解马克思主义，实际上建构了"儒家马克思主义"的雏形。因此，他们的思想能够成为中国马克思主义政治哲学的当代建构与"两个结合"（特别是第二个结合）研究的重要思想资源。

与新心学相比，建构"新理学"儒学体系的冯友兰先生，虽然1949年时也留在了新中国，但他在此之后致力于建构的并非"儒家马克思主义"，而是"马克思主义儒学"。所谓"马克思主义儒学"和"儒家马克思主义"不太一样，前者是从马克思主义的框架（特别是唯物史观、阶级理论）看待儒家思想，实际上是批判性地理解儒家思想，将儒家思想理解为唯心主义的，是地主阶级的思想。但梁漱溟和熊十力则更加强调儒学框架中的马克思主义，更加强调二者的互通而不是批判。

第二个理由与刘述先所言的"儒家三期发展"有关。与先秦儒学、宋明理学相比，儒家三期发展中只有现代新儒学是经历过现代化并且反思现代性问题的儒家思想。在这个意义上讲，现代新儒家的问题意识其实是和马克思主义的社会批判理论是相通的。尽管现当代新儒家并没有像马克思那样深入社会经济领域探究现代社会的基本结构，而只是停留在政治民主和科学技术的讨论上。关于这种相通性，我举一个例子：梁漱溟的《东西文化及其哲学》是现代新儒家的开山之作，卢卡奇的《历史与阶级意识》是西方马克思主义的奠基之作，前者出版于 1921 年，后者出版于 1923 年。"新儒"和"新马"所面对的时代背景是相同的，那就是第一次世界大战之后的、对西方现代化的反思。

二　"本心仁体"与中国现代化

中国现代化是现代新儒家创建的时代背景，而现代新儒家以陆王心学的当代复兴为主流。

梁漱溟将儒家之"仁"理解为"良知""独知"式的"直觉""理性"，将中国文化定位在"伦理本位"上。熊十力则将儒家之"仁"理解为"宇宙的心"，理解为与天地万物一体的本体论。"仁"不仅是人与人之间的相互为重的伦理，更是人与天地万物之间的泯然无质碍的本体。贺麟用宋明儒家心性之学吸收、转化近代唯心论，特别是斯宾诺莎与德国唯心论；主张在彻底消化吸收西学优长的前提下，使西学儒化。相比之下，以新实在论理解宋明理学的冯友兰"新理学"的发展则显得"暗淡"和"另类"不少。朱熹讲"性即理"，陆九渊说"心即理"，理学与心学的关键是对心的理解不同。朱熹强调心是道气杂糅的，没有本心、习心的区分。陆九渊则强调本心就是道、理，习心只是被后天熏染而受到遮蔽而已。"新心学"与"新理学"承袭了陆九渊与朱熹之间的争论，最著名的就是熊十力与冯友兰关于"本心仁体是呈现还是假设"的区别。冯友兰说本心仁体只是假设，即虽然范导着经验世界的行为，但它本身并非构成性的；而熊十力强调，本心仁体是人之本有、随时呈现的本质。本心仁体就像太阳，尽管会被云翳遮蔽，但太阳还是真实存在的。因此人要做的不是信仰本心仁体这个假设，而是通过"去蔽"、去呈现人之本有的本心仁体。

新心学之所以会成为现代新儒家的主流，是因为它与中国现代化之间有着一个重要联系，那就是应对近代中国以来的虚无主义问题。按照贺麟先生的说法，20 世纪初的中国处在"青黄不接的过渡时代"：一方面，1840 年鸦片战争以后，中国旧的传统在西方国家坚船利炮的打击下逐渐遭到抛弃，整个文化氛围都是在强调自由自觉、反抗传统；另一方面，第一次世界大战又打碎了中国"西化"之梦，西方式现代化的问题暴露无遗。在第一次世界大战以前，整个中国的文化主流是认为西方的就是对的，我们要"西学东渐"。但是"一战"暴露了西方文化的问题，中国人发现西方人打成了一锅粥，死了那么多人，那么我们向西方学习，世界大战难道就是我们想要的结果吗？

所以"一战"之后的中国不得不面对这样的问题：古今中西都找不到中国现代化和文化革新的已有标准。没有已有标准可依靠，那中国的现代化该怎么办？贺麟先生说，"只有凡事自问良知，求内心之所安，提挈自己的精神，以应付瞬息万变的环境"。既然没有了已有标准，那就只能回到内心，凡事只求心安。事情做了能心安就去做，如果做了就心不安，就不去做；正所谓"心安理得"。就像宰我问孔子：父母死了要守丧三年，时间太长了，能否改为一年？孔子说，"女安，则为之!"也就是，你心安就去这么做。如果心中的道、理是假设出来的，那么回到内心找到的也就只是一种空虚的东西。回到内心去寻找真实，在卢卡奇这样的西方人看来，找到的肯定是一种空洞的真实，就像他对陀思妥耶夫斯基和克尔凯郭尔的批评那样。但对于新心学而言，这个"心"反而是具有丰富内涵的东西，特别是保留了生命所经历的亿万年生物进化史，只有到了人这里才出现了本心仁体。人有了本心仁体才会有良知，人之行善才可以不虑而知、不学而能。

那么如何以本心仁体为基础进行中国现代化？一方面，中国要坚持现代化，因为中国一直苦于没有现代化。另一方面，还要对现代性问题进行引导，不能走西方的老路、走向西方目前的状态。所以就有了"一心开二门"的问题：本心仁体如何既开出现代化，又批判现代性问题呢？现代新儒家之新就在于这个问题。正如杨国荣老师所说，"在现代新儒家那里，儒学即呈现出双重意义：它既内含着与现代化进程一致

（适应现代化）的方面，又具有范导现代化过程的作用"。

举一个例子，梁漱溟在《乡村建设理论》中讨论了儒家式民主的问题：一方面，西方式民主"一人一票"的"去人格化"做法有悖于"情理"，与尊师敬长的意思不符，并且泯灭贤愚之分；另一方面，老师、亲长也不能专断行事、打消人们的积极主动性，而民主就是要尊重每个人的意见。那该怎么办呢？儒家式民主不是凡事由每人一票来决定，而是开会讨论，在充分表达意见的前提下，在老师、亲长的教育、教化下，通过彼此迁就、相互礼让来解决矛盾纠纷。以此建立起来的乡约组织既体现出民主的"主动参与"精神，又呈现出"相互为重"的伦理关系，以及尊尊、尚贤的意思。

民主如此，科学亦然。中国文化是"调和持中"，不善于像西方人那样向外寻求去解决问题，所以没有出现近代科学技术。但中国人善于解决人与人之间的关系，强调人生向上，要尚贤。西方文化是向自然界要资源，来满足自己的需要，因此需要科学技术；而科学技术进步要求专业化、专门化，所以西方人尊重专家，"尚智"。梁漱溟说，"本来贤者就是智者"。中国人的"尚贤"与西方人的"尚智"是一致的，"尚贤尚智根本是一个理，都是因为多数未必就对"。中国人说一个人是"贤者"，既是说他道德高尚，又指他有学识才华。通过"尚贤"，既开出科学技术来对抗"天行"，又使科学技术不像在西方那样成为价值中立之物，甚至沦为战争工具、杀人武器。

但最终这种"一心开二门"的"儒家式现代化"之路并没有取得成功。在军阀混战、外国入侵的旧中国，梁漱溟既没有通过乡约组织建起以团体为主体的社会，也没有改变中国传统文化缺乏近代科学技术的状态。这些问题恰恰是在以马克思主义为指导的中国共产党手中逐渐得到解决。在梁漱溟看来，传统中国之所以开不出民主、科学的近代道路，归根结底是由于中国人家庭生活偏胜，而缺乏集团生活。"缺乏集团乃是中国最根本的特征；中国一切事情莫不可溯源于此。"集团或社会团体是民主、科学的载体或主体。没有集团则整个社会分散而少联结，个人被束缚在大家族生活中走不出来；没有集团就没有公共观念、纪律习惯、法治精神与组织能力，则国家权力散漫而消极无为，国家不会积极有效地为对抗自然而研发、使用科学技术。

梁漱溟在《中国建国之路》一文中把集团生活建设视为中国共产党的重要贡献。他说，"集团生活在数千年来我们中国人一直是缺乏的；而今天中国共产党在其团体组织上颇见成功，几乎可说是前所未有"。在社会主义建设过程中，中国共产党积极组织工人、农民、知识分子等，使人们自觉地社会化，如建立生产合作社、供销合作社等等。但中国共产党建立的集团生活与西方的集团生活差异极大。梁漱溟说，"在集团所由形成上，一般本乎身，而共产党则本乎心"。西方的集团生活源于利益斗争，是为了满足个人身体上的需要；而中国共产党则强调"忘我精神"与"无私的情感"。人与人之间身体是相隔的，但心是不隔的。你吃饭，我不会饱；但你的喜怒哀乐，我都能感同身受。因此中国共产党"本乎心"而建立的集团生活是"伦理本位"的，是以儒家思想为代表的中国文化路向的。

可见，由于马克思主义是经历了现代化而对抗现代性问题的理论，所以儒家思想或中国文化只有与马克思主义相结合才能做到成为支撑中国实现现代化的思想资源。

三 "仁学社会批判理论"的建构

"仁学社会批判理论"是梁漱溟、熊十力以儒家仁学为规范基础，结合马克思主义而展开的、对现代资本主义社会的批判。

从社会关系上讲，仁就是人与人之间"本乎心"而建立起来的相融而不隔的状态。在这个意义上，仁学也是心学，心学也是仁学。西方人的集团生活是为了物质利益，因此是彼此相隔的状态，故而相互争斗甚至走向世界大战。共产党建立的集团是本乎心的，因此不是为了党员的个人利益，也不是为了无产阶级特殊的阶级利益，而是为了全人类的解放，因此才会达到"天下一家""中国一人"的仁的境界。

从个人方面来看，梁漱溟说，仁就是敏锐的直觉和不计较利害关系。王阳明说，"就如讲求冬暖，也只是要尽此心之孝，恐怕有一毫人欲间杂；讲求夏清，也只是要尽此心之孝，恐怕有一毫人欲间杂。只是讲求得此心"。如果我孝敬亲人（温清定省）是为了得到好处，那这就是计较，说明心已经不仁了；即便行为上是孝敬，但实际上已经不仁了。所谓敏锐的直觉，就是超越利害计算、在行为上直截了当地遵循当下直觉的能力。这种直觉无须思虑、无须学习，只要是人，见到自己的父母就有温清定省的良知、良能；而超越利益计算，在行为上直接遵循良知、良能，就是仁。

然而，现代化的过程就是一个合理化或"可计算化"的过程。在韦伯看来，现代化就是切事化的过程，所谓"切事化"就是讲求计算规则和不问对象是谁。也就是说，现代社会是一种去人格化或客观化的社会关系，在市民社会或政治国家事务中，即便对象是自己的父母，在规则面前也要将其视为陌生人。同时把一切不可以计算的东西都转变成可以计算的东西，以便精确支配事物；因此理性被不断地工具化，沦为人维持生存的手段。

在合理化、"可计算化"的意义上，现代社会或资本主义社会是不仁的。因为资本恰恰要求利益计算。按照马克思恩格斯的说法，资本主义社会关系就是去人格化的、赤裸裸的利害关系，它要求无情地斩断对天然尊长的孝敬仁爱，要求破坏宗法、血缘上的田园诗般的人格关系。所以熊十力讲，资本主义国家早已"丧其本有之仁"。在儒家之"仁"的概念和马克思早年"类"的概念非常契合。或者说，"类"就是人的"本有之仁"。仁在于人与人之间相通不隔，类在于人把自身视为普遍的存在物。它们都强调的人从动物性的本能中松开的程度，因此都是人高度自觉性的表现。

那么为什么说仁或者类是人之本有呢？熊十力从本体论上讲仁心是"宇宙的心"即"辟势"发展的结果。他借用《易传·系辞》的翕、辟概念来阐释宇宙变化。翕就是聚合，辟就是开启。生命出现之前就有开启生命的趋势，生命出现之后就有开启心灵的趋势。从动物直到人，心灵机体趋于完善故而人能从自身本能中松脱出来，"大显其对治小己私欲之胜能"，也就是获得"仁心"或"类本质"。马克思也说，动物为直接的肉体需要而生产，人的生产活动却可以不受肉体需要的支配，甚至可以按照美的规律来生产，因此是真正的生产。

可见人有"仁心"或"类本质"，这是生物进化史的结果。从动物到人类的进化过程，是仁心逐渐显现或类本质逐渐形成的过程。因此，"仁心"与"类本质"作为潜存于人身上的本质，本身就具有丰富的规定性，而不是什么空洞无内容的东西。所谓良知、良能就是建立在生物进化史的基础之上。还是借用王阳明的例子，温清定省作为良知、良能，人之所以不学而能，不虑而知，是因为生命发展到人，已经有了长期而丰富的沉淀或积累。可见，仁心或类本质的产生有着现实的历史过程，它们不是抽象的概念、先验的范畴。

当然，正如孟子所言仁义礼智为人之"四端"，仁心或类本质只是每个人身上的"端倪""潜能"；但多大程度上能够实现，就要看他所处的全部社会关系所提供的条件。因此马克思说，人的本质不是单个人所固有的抽象物，在其现实性上，它是一切社会关系的总和。与马克思主义相结合，儒家思想会发现，仁心的去蔽工作不仅仅是个人修养的问题，更是社会关系重构的结果。

按照梁漱溟的说法，只有"各尽所能，各取所需"的共产主义社会才能真正实现儒家的人生理想，才能实现仁心的开显。因为一方面，在共产主义社会中，人们参加社会劳动不是为了谋生，而是为了"生活兴味"，所以不存在劳动与报酬之间的计较。另一方面，社会生产力的增长、物质财富的充裕取消了人对物的关系问题以及计较之心产生的条件。人没有计较之心，行动仅仅凭借敏锐的直觉而非物质利益的计算，"感而遂通天下"，最终实现人与人之间融通为一体的"仁"的境界。

如果没有共产主义社会，儒家仁学只是中国文化"文化早熟""理性早启"的表现。因为还没有解决人与物的关系问题时，就想要解决人与人之间的关系问题。或者说，正是因为对抗"天行"做得还不够，物质需要还没有得到满足，所以中国人通过"调和持中"（也就是改变自己的心意去适应环境）而获得的"孔颜之乐"，很容易落空。"乐以忘忧"，"人不堪其忧，而回也不改其乐"，孔颜之乐并不意味着忧患的消除。最终导致的结果就是文化畸形：中国人的物质需要没有像西方人那样得到满足，人与人之间也常常因为物质困乏而致使相互为重的伦理关系而失效。但共产主义却为伦理本位的儒家之仁的实现奠定了生产力基础与社会关系条件。

反过来说，共产主义是人格关系的重建过程，如何将物或物质生产力重新纳入人与人之间的关系之中，克服物化，马克思没有"为未来的食堂开出调味单"，也就是说没有做出具体的规定。而儒家仁学在人格关系重建过程中有着自己独特的理论优势，因此对于社会主义建设实践有着重要的启示意义。

总之，梁漱溟、熊十力不仅以儒家之"仁"作为批判西方现代化的规范性标准，从而与马克思的现代资本主义社会批判相勾连；而且以儒家之"仁"作为理解马克思共产主义关于人格关系重建的重要范畴，从而实现了"儒马会通"。

中国式现代化与马克思主义政治哲学研究的观念基础

齐艳红[*]

我为什么会考虑这样一个问题？大家知道，目前马克思主义哲学界的一个共识认为，中国马克思主义政治哲学兴起的标志性事件是 2006 年在南开大学召开的第六届马克思哲学论坛，会议的主题是"马克思主义政治哲学：阐释与创新"。从这个时间节点来看，中国马克思主义政治哲学从兴起至今，大概有近 20 年的时间了。在这期间，既有阐释和建构，产生了许多有价值的学术成果，也有批判和质疑，争议不断；阐释和建构进路也是多样化的，既有规范性的进路，也有资本批判的进路。面对这种状况，我们仍然需要反思一个问题，即在今天如何理解马克思主义政治哲学？如何理解马克思主义政治哲学与马克思主义哲学基础理论之间的关系？如果我们把这些问题放置到中国式现代化的实践和理论的坐标系当中，或许我们可以获得另外一种不同的理解，而这对于我们理解如何推进中国马克思主义政治哲学的建构是有启发的。

下面，我从四个方面具体谈一下我的想法。

首先，对于把握中国式现代化来说，社会结构的现代化视角是重要的。哲学界对现代性的概念和问题并不陌生，但是，我们怎么理解"现代化"概念？以往的一种理解是把它与现代性概念关联起来，并把它看作是外在化的层面。一些西方学者持有这样的看法，他们侧重从政治科

---

* 齐艳红，南开大学哲学院、马克思主义学院教授，主要研究方向为马克思主义哲学、政治哲学和分析马克思主义。

学的角度去界定现代化概念，比如，加拿大的大卫·莱昂在《后现代性》一书中指出，现代化（modernization）通常是对"一种以技术导向的经济增长密切相关的社会政治演进方式"及其结果的概括。美国的学者 C. E. 布莱克在《现代化的动力——一个比较史的研究》中说道："政治科学家们通常把'现代化'的概念限定于随工业化而来的政治与社会的变化，而一个完整的定义最好能够适合于这一过程各个方面的复杂性和相关性。"按照西方政治科学家的理解，现代化概念似乎包含两个层面的含义：伴随着技术和工业化的经济增长而来的过程；限定于社会与政治秩序的演化。可见，这种理解侧重于对现代化进程中产生的社会政治变化的经验性描述。尽管经验性描述对于把握西方现代化和中国现代化都是必要的，但是，对于中国式现代化来说，仅仅停留于社会和政治层面的经验性描述，必然会遗漏和遮蔽很多关键的层面。自党的二十大报告提出中国式现代化的重大命题以来，很多学者进行积极的阐发和研究，认为中国式现代化既是道路，也是理论；既是制度，也是价值，所以中国式现代化是一个多维度发力、共生共长的发展过程。关键就在于，如何理解中国式现代化是现代化的中国模式。

中国式现代化本身就蕴含着"谁之现代化"和"如何现代化"的意识，它本身就是这种意识所建构出来的社会关系和制度系统，并在实践的进程中不断得到强化和推进。由此，中国式现代化的根本特征就是中国特色社会主义的现代化，20 世纪 80 年代的市场化改革对于我们理解中国式现代化进程是非常关键的。正是在这种意义上，从社会结构的现代化入手，能够更好地切中和把握中国式现代化的实质。马克思在 1859 年《〈政治经济学批判〉序言》中说，"法的关系正像国家的形式一样，既不能从它们本身来理解，也不能从所谓人类精神的一般发展来理解，相反，它们根源于物质的生活关系，这种物质的生活关系的总和，黑格尔按照 18 世纪的英国人和法国人的先例，概括为'市民社会'，而对市民社会的解剖应该到政治经济学中去寻求"①。马克思关于国家和法的研究结论实际上为我们理解当代中国的社会结构现代化提供了方法论的指导。中国式现代化，特别是市场化改革以来的中国社会主义现代化道路，跟西方现代化的一个本质区别是由国家主导的现代化。所以，国家和社会的关系就构成了把握中国式现代化进程的一个重要线索。改革开放以来，中国社会生活的全面变化使得国家和社会的边界是流动性的，经历了从国家与社会的一体化，到社会自主生活领域扩展和分化的客观发展逻辑。这不仅仅是社会和政治生活的变化，从深层来说是由社会主义生产关系的改革和发展所决定的。

其次，中国式现代化进程的客观逻辑需要哲学的观念和理论的支持，所以这涉及第二个问题，即中国马克思主义政治哲学兴起的观念前提和准备。从哲学基础理论来看，有两项研究是至关重要的：一个是实践的观点和主体性维度的确立，另一个是价值论的研究。20世纪七八十年代关于苏联教科书模式的改革以及关于实践唯物主义的讨论，在座的许多老师都是熟悉的，我不再赘述。可以说，从传统教科书体系改革开始，关于马克思的实践观点以及他的哲学观的相关讨论就未曾止息，无论从哪个视角解读马克思的哲学观变革，其中一个共同指向便是凸显马克思的实践观点及主体性维度的重要性。同样，中国马克思主义政治哲学的兴起和发展仍然立基于对马克思哲学革命的重新诠释。许多研究马克思主义政治哲学的学者强调，马克思的政治哲学是一种最典型的实践哲学，内在地蕴含于其改变世界的哲学观之中。甚至马克思的哲学从一开始就是在与近代主流政治哲学的对峙中确立和发展起来的，所以他关于政治的伦理关怀就蕴含在"改变世界"的新哲学的含义之中。进一步说，基于解释世界的哲学与改造世界的哲学的对比，马克思实则确立了完全超越于自由主义政治哲学的立脚点，即超越于市民社会的人类社会。这意味着，只有建立在马克思的实践哲学基础上，马克思的政治哲学的问题

---

① 《马克思恩格斯文集》第2卷，人民出版社，2009，第591页。

域及其求解方案才能获得合理的阐明。关于价值论的研究，是确立实践观点的核心地位进而确立主体性原则的另一种方式。价值论的相关研究成果已经对马克思主义哲学中真理与价值的关系进行了深入讨论。如果没有基于马克思主义哲学视野对价值维度的肯定，就难以形成马克思主义政治哲学的开掘。无论是马克思主义政治哲学的前提性问题，即唯物史观和政治哲学的关系问题，还是马克思主义政治哲学的方法论问题，即事实与价值、科学认知与规范的关系问题，都离不开价值论的研究准备。

再次，在由市场化改革所推动的中国特色社会主义现代化建设的实践背景下，马克思主义哲学界的一些前辈和先生已经提出了"全面的现代化"观念。我在给陈晏清先生做访谈的时候，谈到了关于现代化的理论创新这一问题，他提到中国人民大学李秀林教授曾牵头承办了国家哲学社会科学重点项目，项目的主题就叫"马克思主义哲学与中国社会主义现代化建设"，这一项目的最终成果体现在 1990 年出版的《中国现代化之哲学探讨》一书中。于是，我便找来这本书认真阅读。这部著作突破了"四个现代化"观念，把中国社会主义现代化视为包括社会生活各个方面、各个领域，以及人的现代化在内的"全面的现代化"观念。不仅如此，该书还提出中国社会主义现代化建设目标的系统性和建设规律的体系，同时也讲到，中国的现代化与人的现代化和社会现代化的内在一致。与此同时，陈晏清先生在南开也主持编写了《当代中国社会哲学》一书，他带领的团队是从另外一个角度遵循和贯彻了"全面的现代化"观念，从中国社会主义现代化的特殊道路去研究中国现代化的。在20 世纪 90 年代中后期，陈晏清先生又带领南开团队率先倡导社会哲学，选取了一系列在当代中国社会转型过程中的重大问题进行系统研究。在社会哲学研究的框架下，实际上包括了对权利规范、协商民主、公平和效率等若干政治哲学问题的研究，很显然，这种研究不限于对于中国社会转型问题的经验性研究，实际上已经是一种规范性研究。从这个视角看，中国马克思主义政治哲学研究的兴起可以追溯到这个时期的研究。

最后，关于如何在继承上述观念的基础上，以政治哲学推进关于中国式现代化的理论研究。基于中国式现代化的进程，中国马克思主义政治哲学不断发展和建构，取得了丰硕成果。但是，中国式现代化道路和实践是未完成的，中国马克思主义政治哲学仍然处于建构之中，其理论任务更加艰巨。党的二十大报告明确指出："中国式现代化的本质要求是：坚持中国共产党领导，坚持中国特色社会主义，实现高质量发展，发展全过程人民民主，丰富人民精神世界，实现全体人民共同富裕，促进人与自然和谐共生，推动构建人类命运共同体，创造人类文明新形态。"① 这意味着，中国马克思主义政治哲学应进一步聚焦于中国特色社会主义现代化的发展逻辑，建构现实性的政治哲学。2022 年，陈晏清先生带领南开团队出版的"新时代政治思维方式研究丛书"就是从马克思主义政治哲学视角对包括经济、政治、文化、社会、生态在内的"国家治理现代化"的系统研究。正如陈先生所言："对于国家治理体系的思考，也就应当超出具体的制度理论的层面而上升到哲学的层面，这就是追寻现代化过程中各种制度、法律、权利规范等等制定的哲学根据。这是它们在逻辑上的终极根据。所以，这是地地道道的政治哲学的研究。"② 可以说，这是推进中国式现代化的政治哲学阐释的一种尝试。但是，这仅仅是一个开始，仍然需要进一步的梳理、总结和研究。

---

① 习近平：《高举中国特色社会主义伟大旗帜 为全面建设社会主义现代化国家而团结奋斗——在中国共产党第二十次全国代表大会上的报告》，人民出版社，2022，第 23~24 页。

② 陈晏清：《以新的政治思维方式助力国家治理现代化——在〈新时代政治思维方式研究丛书〉发布会上的发言》，《南开大学报》2023 年 4 月 14 日。

中国式现代化创造"人类文明新形态"的哲学叙事

涂良川 *

我主要讨论一个问题：到底什么是政治哲学？回答这个问题需要做这样一种区分：如果我们心中有一个关于马克思主义政治哲学的面相，那么到底是体现为马克思主义政治哲学问题的判断构成了马克思主义政治哲学，还是这个问题所体现出的理论思维构成了马克思主义政治哲学？我觉得这可能是一个前提性的问题。正是因为有这样一个前提性的问题，我们关注了当代最能够体现马克思主义政治哲学的表达方式的现实对象。

中央民族大学的王海峰教授讲了一个观点，认为中国式现代化是中国化时代化马克思主义政治哲学的新形态。如果按照这个理解，我们能否建构起对马克思主义政治哲学的一般科学的判断？这要从马克思自身的研究开始，重新理解马克思主义政治哲学的核心规定性。我的判断非常清楚，就是马克思主义将规定存在的活动深化为理解存在的本质，这是马克思一直以来所实现的理论方式。这样的理论方式对于中国式现代化的政治形态而言是有主体的政治、有人生活的政治、一个正在重塑政治思维的政治，还是一个有未来前沿的政治？我们如何来看待这个问题？这非常重要。当我们看待这些问题的时候，有四个问题必须回答，第一，这个政治形态到底如何对待现实的政治主体？第二，这样的政治形态到底如何看待主体的政治生活？第三，这一政治形态是以什么样的理论方

---

* 涂良川，华南师范大学马克思主义学院副院长，教授，主要研究方向为马克思主义哲学基本理论、马克思主义基本原理、马克思主义哲学与现实问题。

式来思考政治本身的？第四，在这样的政治形态当中，我们所憧憬的政治到底有没有危害？对这四个问题的回答表明我们应该从中国式现代"创造人类文明新形态"的角度来看待政治本身。

习近平总书记在党的二十大报告当中的这一段话非常重要："中国式现代化的本质要求是：坚持中国共产党领导，坚持中国特色社会主义，实现高质量发展，发展全过程人民民主，丰富人民精神世界，实现全体人民共同富裕，促进人与自然和谐共生，推动构建人类命运共同体，创造人类文明新形态。"[①] 如何创造？其实就构建了全新的政治图景，我给出了三个基本的结论。

第一，"创造人类文明新形态"是基于中国式现代化的伟大实践和政治创造的新的政治成果或政治形态。

第二，中国式现代化在创新发展道路实现中华民族伟大复兴的征程中，有着开创人类文明新形态的政治追求，而这种政治追求体现了最为现实的政治意识。从这个角度来看，今天叫中国化时代化的马克思主义所体现的马克思主义政治哲学，很难从简单的规定性来加以研究。这里就有一个很直观的原则，什么样的方式是符合马克思的方法的？他描绘存在的逻辑是什么？

第三，中国式现代化所创造的人类文明新形态，以实践的可能性、民主的创造性和时代的制约性，在引发我们的情感共鸣和政治共性的意义上建构了一种全新的思考政治的方式，这是值得我们关注的。在这方面，我给出四个方面的结论。

第一，在这样的政治形态当中，它完成了以先进的政治文明来激活现实的政治主体，这是与之前不一样的。按照传统的政治哲学或者人类自由政治哲学来看，政治哲学所关注的东西无论 power 也好，right 也好，这些东西都是表现，而最根本的问题是：其主体本身是什么？

中国式现代化对这个问题的理解很不一样。中国式现代化是由中国

①　《习近平著作选读》第 1 卷，人民出版社，2023，第 20 页。

共产党领导的社会主义现代化，这里面有两个很重要的判断，第一是中国共产党的领导，第二是社会主义现代化。这是以政治规定性来规定现代化的形态，政治成为社会和时代模式的规定性。那么这种政治的意义和价值到底何在？

中国式现代化是由中国共产党领导的现代化，表明这种现代化包含特定的政治立场和民族追求。这种政治立场和民族追求是激活中国式现代化建设力量的一种政治方式。那么这种政治方式是怎么调动这种建设力量的？这就凸显马克思主义和其他的理论不一样的地方。在每个民族中我们都能够讲海德格尔或其他哲学家，但马克思主义只能对无产阶级讲，这因为它是一个有主体的主义，而有主体的主义体现为领导的集体。所以以中国共产党的政治领导来规定现代化，为我们理解权利的来源、定义以及行使权力的政治判断提供了全新的认识。就此而言，我觉得中国式现代化值得我们认真思考。这种思考恰好是我们在政治体制的运行过程当中所呈现出来的活动逻辑，但要把这个活动逻辑理解为存在本质的规定和存在理解的原则，还有很多工作要做。

第二，社会主义的现代化区别于原发性现代化和后发性现代化，是以政治来规定一个历史阶段。它体现的是权利的实行秩序、主体活动的方式。从这个角度来看，中国共产党引导中国式现代化过程，以全过程人民民主的方式真正地把现实的、历史的人理解为建设与发展的主体。在这样的政治哲学中，它所涵盖的对象是非常清楚的。它不以抽象的人为推演逻辑，并以此来规定当下。它确定了人的现代化是现代化的核心目标，表明了基于具体历史语境的主体创造、主体确认和主体征程才是有活力的和有未来的现代化之路。这种政治哲学解决了当代政治的最重要问题：到底什么样的主体能够成为政治的主体？

在这样的现代化过程中，这种政治哲学的理路坚持了唯物主义的世界观和方法论，而这种唯物主义的世界观和方法论来源于我们对深层体验最真实和最真切的关注。中国式现代化真正使人们形而下的生存体验成为人类文明新形态的规定。它以历史唯物主义的世界观和方法论，从人现实的生存与生活、民族复兴伟业的创新角度,回答了事关文明形态和人的发展的关系这些根本问题,因此从政治问题的角度回答了为什么政治、要什么政治、什么样的政治是好的政治等问题。

第三,这些问题改变了我们思考政治的方式。很多的政治问题无疑是重要的,恢宏地正视历史也是我们需要关注的事实,然而我们怎么来思考政治这件事情非常重要。中国式现代化以系统地发展文明来更新我们的政治思维。这个过程体现出我们对政治社会的系统性的设定,在其中,我们改变了两极对立的政治思路,不再是对立、支配和从他者的角度来看待权利的冲突和意义。从当下的政治哲学来看,我们在分析直观的政治表象、内部的或底层的逻辑时,要从占有的逻辑升华或者进步到拥有的逻辑。占有和拥有完全是两件事,我们要用全新的系统思维来看待这两者。这种全新的系统思维意味着我们要协调、调动、运用既有的条件来推动人现实的能力的生成,从中形成具体的发展理念。

第四,在这个过程,我们可以憧憬一种全新的政治文明,它表达为命运的共同体。这种共同体以历史的憧憬文明建构了我们的政治理想。建构这种政治理想的过程能为我们贡献什么?一方面,通过"两个结合",我们可以使实践智慧与文明智慧统一起来,形成观察时代、把握时代和引领时代的原则和方法论,使憧憬文明本身具有历史性与现实性、民族性与世界性、实践性与价值性。另一方面,通过命运与共的文明思维,使中国式现代化的文明建构具有整体的历史意识,用马克思主义辩证法和马克思主义的整体性建构文明理念,超越狭隘与对立、先进与落后、支配与服从的两极对立的文明观。真正使人类文明新形态在民族自身与人类解放的整体性上得到繁荣发展。

从普遍性和特殊性的关系理解中国式现代化

莫　雷*

我是从概念上去梳理普遍性和特殊性的关系，并以此来进一步理解中国式现代化的内涵和意义。

在党的二十大报告中关于中国式现代化有个大家很熟悉的界定："中国式现代化是中国共产党领导的社会主义现代化，既有各国现代化的共同特征，更有基于自己国情的中国特色。"① 大家可以看到这里面其实就蕴含了非常重要的哲学问题，理解共同特征和中国特色之间的关系问题其实就是哲学上的普遍性和特殊性的关系问题。关于这个问题，为什么说要从概念上再做梳理，因为有两种对待普遍性和特殊性关系上的形而上学的观点。

一种是"抽象普遍性"的理解，将现代化等同于西方化。以所谓时间上的先发等为依据，完全否定了其他后发国家走出自己的现代化道路的可能性；另一种是"绝对特殊性"的理解，它虽然强调现代化在不同国家有具体的特点和发展道路，但只是强调了本土化、特殊化，忽视了普遍性，忽视了对外交流和借鉴，容易陷入一些问题。包括有些发展中国家陷入了中等收入国家陷阱等。

我们需要回到包括黑格尔和马克思、恩格斯那里去看看他们究竟如

*　莫雷，南开大学哲学院教授，主要研究方向为当代西方马克思主义研究及意识形态理论研究。

①　习近平：《高举中国特色社会主义伟大旗帜　为全面建设社会主义现代化国家而团结奋斗——在中国共产党第二十次全国代表大会上的报告》，人民出版社，2022，第22页。

何理解普遍性和特殊性的关系。我们会发现黑格尔在《小逻辑》中有很多关于普遍性和特殊性关系的说明，黑格尔指出知性思维建立的普遍性是"抽象的普遍性"。因为这种抽象的普遍性和特殊性是对立的，这使得普遍性也变成了特殊性，不是真正的普遍性，只是形式上的同一性。另外一个地方，黑格尔讲到他认为的"普遍性……毋宁是贯穿于一切特殊性之内，并包括一切特殊性于其中的东西"①。黑格尔还特别说明了，"无论是为了认识还是实际行为起见，不要把真正的普遍性和共相与共同之点混为一谈"②。因此，黑格尔反对"抽象的普遍性"的理解，而是要在普遍、特殊和个别的辩证关系中理解"具体的普遍性"。

马克思、恩格斯对这个问题的理解是对黑格尔的观点的批判性继承，马克思、恩格斯通过唯物史观及其具体化纲领来重新理解普遍性和特殊性的关系。他们一方面通过探讨历史发展的基础及其内在的动力等问题深入研究了历史发展的规律，另一方面，他们对历史规律的研究从来不是抽象的，而是同对各国的社会条件、历史发展、文化传统等进行的细致分析与具体研究分不开的。这些研究不仅是对唯物史观这一原理的具体运用，而且也是对这一原理的深化与拓展。学界很多老师如吴晓明老师、唐正东老师等都提到了唯物史观及其具体化定向或具体化纲领的重要意义。

以上简单追溯了一下，在马克思、恩格斯和黑格尔那里他们对于特殊性和普遍性关系的理解。马克思和恩格斯所理解的普遍性是一种"具体的普遍性"。有了这些讨论以后，从"具体的普遍性"这一概念入手，我们再来看刚才说的现代化的共同特征以及中国式现代化的中国特色，可能会有一些新的理解。

首先来看现代化的共同特征，其实现在学界也有很多讨论，比如说现代化是合理化、工业化、市场化、城市化、全球化，或者认为现代化是经济的市场化、政治的民主化、文化的多样化。这些讨论都非常重要和必要，可以继续追问一下，这些环节之间，比如说我们讲的工业化和

① 〔德〕黑格尔：《小逻辑》，贺麟译，商务印书馆，1980，第 351 页。
② 〔德〕黑格尔：《小逻辑》，贺麟译，商务印书馆，1980，第 332 页。

市场化以及城市化之间到底是什么关系。另外，也要思考这些界定能否完全涵盖现代化的内在必然性。

如果我们基于马克思和黑格尔的资源再来看的话，一方面，我们要基于现代化的历史进程和内在演进，把握现代化的普遍性和必然性。另一方面，我们也需要在现代化的具体化展开中丰富对现代化的普遍性的不断深入和发展的认识，特别是通过对中国式现代化的内涵的理解不断深化和丰富对现代化本质的理解和界定。

其次，我们可以从"具体的普遍性"的角度进一步思考现代化的中国特色以及相应的普遍意义，避免抽象的"绝对特殊性"的考察。

要理解现代化的中国特色，必须要回答两个重大问题，我们为什么必须走自己的路以及我们为什么能够走自己的路。关于前面这个问题，我们为什么必须走自己的路？"独特的文化传统，独特的历史命运，独特的基本国情，注定了我们必然要走适合自己特点的发展道路。"① 那么，我们为什么能够走自己的路？这源自我们始终坚持独立自主的原则，通过不断吸收先进的成果，基于自己的国情探索现代化的道路。因为，中国和西方的发展历程是不同的，"在世界历史的坐标上，中国式现代化是后发国家的现代化。西方发达国家发展是一个'串联式'的过程，工业化、城镇化、农业现代化、信息化顺序发展，发展到目前水平用了200 多年时间。中国要后来居上，把'失去的二百年'找回来，就不可能沿着西方发达国家现代化发展过程亦步亦趋，必须发挥后发优势，立足中国实际，走自己的路，全面推进现代化。我们发展是一个'并联式'的过程，工业化、信息化、城镇化、农业现代化是叠加发展的，我国仅用了几十年的时间，在发展的许多方面走过了西方发达国家上百年乃至数百年的发展历程"② 。正是因为我们走出了自己的路，我们才能取得这么大的成功，实现了跨越式发展。

---

① 《习近平谈治国理政》，外文出版社，2014，第 156 页。
② 中共中央宣传部编《习近平新时代中国特色社会主义思想学习问答》，学习出版社、人民出版社，2021，第 128 页。

这也意味着历时态问题的同时态解决。因为我们在短时间内解决了这么多问题，同时也意味着前现代、现代和后现代问题是交织在一起的，我们可能会遇到更多的、前所未有的挑战。我们既需要对现代化发展过程中遇到的具体问题进行思考和回答，又需要对现代化本身的基本特征和发展方向进行反思和选择。习近平总书记指出："两极分化还是共同富裕？物质至上还是物质精神协调发展？竭泽而渔还是人与自然和谐共生？零和博弈还是合作共赢？照抄照搬别国模式还是立足自身国情自主发展？我们究竟需要什么样的现代化？怎样才能实现现代化？面对这一系列的现代化之问，政党作为引领和推动现代化进程的重要力量，有责任作出回答。"① 我觉得这个主旨讲话特别重要，因为它在具体的问题之后专门提出来了"我们究竟需要什么样的现代化，怎样才能实现现代化"这个更为普遍性的问题。

对现代化这一普遍性问题的回答，不仅有助于推动我们更好地理解中国特色，而且更重要的是会推进我们认识和把握中国式现代化在理论和实践两个方面的普遍意义。这种普遍性主要体现在两个方面：一是"中国式现代化展现了一幅现代化的全新图景，拓展了发展中国家走向现代化的路径选择，为人类对更好社会制度的探索提供了中国方案"②。他们要走上现代化之路，就不能走"依附"或者"脱钩"的道路，而是要立足本国的社会条件、历史发展和文化传统，走出一条自己的独立的发展道路，实现自主发展。这样就可以打破现代化等于西方化的迷思，摆脱对现代化的"抽象的普遍性"的理解。二是"中国式现代化蕴含的独特世界观、价值观、历史观、文明观、民主观、生态观等及其伟大实践，是对世界现代化理论和实践的重大创新。中国式现代化为广大发展中国家独立自主迈向现代化树立了典范，为其提供了全新选择"③。我们

① 习近平：《携手同行现代化之路——在中国共产党与世界政党高层对话会上的主旨讲话》，人民出版社，2023，第 2 页。
② 《习近平新时代中国特色社会主义思想学习纲要》，学习出版社、人民出版社，2023，第 4 页。
③ 《习近平在学习贯彻党的二十大精神研讨班开班式上发表重要讲话强调　正确理解和大力推进中国式现代化》，《人民日报》2023 年 2 月 8 日。

今天需要在很多层面上比如说价值观、文明观、民主观、历史观等做出更多的工作，从而揭示中国式现代化对人类更好制度的探索所具有的重要性以及在特定的历史方位中所具有的世界历史意义。这种观点有助于摆脱对现代化的"绝对的特殊性"的理解，从中国式现代化的伟大实践所具有的理念和中国经验入手，概括出中国理论，并进一步揭示它的普遍意义和世界影响。

马克思主义政治哲学学术体系的当代建构

陈　飞[*]

　　我对这个主题的思考只能算是一个尝试性思考，学界对这个问题已经进行了相关的学术研究，取得了重要学术成果，但总的来看，马克思主义政治哲学学术体系的建构还处于起步阶段。关于马克思主义政治哲学，国内学者的研究成果集中表现在以下两个方面：一是马克思政治哲学的理论内涵、重要特质和当代建构；二是中国马克思主义政治哲学的思想前提、基础问题、重要特质、理论路径等。我在吸收前辈学者的研究成果的基础上，立足于新时代的社会现实，以建构中国马克思主义政治哲学学术体系为基本任务，努力在思想史的视域中挖掘出其深厚的学术基础和思考其可能存在的学术形态。以哲学反思的精神把握马克思主义政治哲学的问题意识和理论根基，以及面向未来的可能存在形态。基于这一学术任务，我从政治哲学的一般界定和基本内涵出发，探讨中国马克思主义政治哲学学术体系的学术资源、思维方式、现实导向和存在形态。

　　列奥·施特劳斯、罗尔斯、斯密什这三位具有广泛影响的政治哲学家在学术立场、思维方式上存在诸多不同，但他们关于政治哲学的界定却存在一个基本共性：在现代性的多元社会中探讨一个使社会共同生活得以可能的政治秩序。抑或说，政治哲学在差异性和多元性的社会关注的主题是反思和追问普遍性的社会政治秩序得以成立的前提。在现代性

---

　　* 陈飞，重庆大学马克思主义学院教授，主要研究方向为马克思主义政治哲学。

的多元社会中，个人的利益、主张、目标总是具有差异性和多样性，社会不可避免地会陷入冲突之中，为了保持生活世界的统一性和社会共同生活的和谐性，建构一种既能够维护社会公共利益和社会共同体稳定，又能够使每一个人的自由权利得到充分保障和实现的政治秩序，是政治哲学的基本宗旨。

对于如何化解个人利益与社会公共利益、个人主体性与社会共同意识的冲突，存在两个相互排斥的哲学立场：一是片面强调个人的主体性、价值和权利，但会使共同体的价值和公共性的利益被遮蔽起来，从而使社会共同秩序和生活世界的整体性陷入瓦解；二是片面强调社会的共同利益、共同体的价值倾向、实体化的公共精神和社会政治制度，从而导致对个人主体性意识和自由权利的漠视和压制，个人的存在价值和基本利益在社会生活中将无法得到充分尊重和实现。这两种哲学立场在人类历史上屡见不鲜，并且在政治实践和社会运动中导致过灾难性后果。马克思主义政治哲学的当代建构理应对这两种哲学立场的存在根基和致思理路进行追问和反思，从而为建构一个良好的社会政治秩序做出自己的探索。

面对现代社会的个人自由权利与社会政治秩序二者之间的矛盾，马克思主义政治哲学自诞生之初就包含解决这一矛盾的思想资源。马克思指出："每个人都互相妨碍别人利益的实现，这种一切人反对一切人的战争所造成的结果，不是普遍的肯定，而是普遍的否定。"① 从这里可以看出，现代社会是一个充满竞争的社会，每个人都以私人利益为中心，因而整个社会陷入普遍冲突之中，这不会导致社会普遍利益的增加，而只能导致个人利益，也就是资本家利益的增加。

在马克思政治哲学问题域中，个人利益与社会公共利益之间的矛盾是其直面的基本社会问题。马克思政治哲学为建构马克思主义政治哲学学术体系提供了基本立场和思维方法。一方面，马克思政治哲学反对把

---

① 《马克思恩格斯文集》第 8 卷，人民出版社，2009，第 50 页。

个人理解为实体化的抽象存在，把现实的个人看作社会关系的总和，强调个人的历史性和社会性，反对把个人当作抽象的权利主体；另一方面，马克思政治哲学排斥对社会的实体化理解，而是在尊重个人意识和主体性的基础上建构一种新型社会。

马克思主义政治哲学学术体系的建构具有明确的现实导向，它建立在对现代社会个人权利与社会政治秩序这一主要矛盾的追问和反思的基础上。在这一主要矛盾的指引下，建构马克思主义政治哲学学术体系需要充分激活和吸收中国哲学、西方哲学和马克思主义哲学的相关学术资源，从而为透视和解决这一矛盾提供一个可能的政治哲学方案。马克思和恩格斯政治哲学的基本观点、思维方式和价值立场等为建构马克思主义政治哲学学术体系提供了学科方向，是学术之基。马克思主义政治哲学应当与中国政治哲学传统和西方政治哲学传统展开批判性对话，发现他们的理论困难和积极的哲学探索。

"理论思维的起点决定着理论创新的结果。"① 马克思主义政治哲学学术体系的建构需要树立以现实问题和社会实践为导向的思维方式，变革工具理性思维方式、表象思维方式、功利主义思维方式、形而上学思维方式和机械决定论的思维方式等。建构马克思主义政治哲学需要不断提升把握社会现实和重要矛盾的洞察力、思辨力和概括力，从而提炼出能够反映时代精神和社会现实的新命题和新理念，在思维方式的根基上洞察社会生活的深刻变革。马克思主义哲学确立了一种新的哲学思维方式，即实践观点的思维方式。实践观点的思维方式在面对现代社会的深层困境和矛盾时保持开放的思想视野和敢于对话的理论勇气，是一种具体的、探索的和有限的哲学思维方式，坚持开放对话的思想格局和有限理性的价值信念。马克思主义哲学的实践观点思维方式必然排斥政治哲学的自足性、实体性和绝对性，强调立足于现实的感性实践活动建构政治哲学的基本学术命题和学术体系，在多元、开放和包容中不断探索新

---

① 《习近平谈治国理政》第 2 卷，外文出版社，2017，第 342 页。

的存在形态。

中国马克思主义哲学在改革开放的事业中充分认识到中国式现代化的根本动力是人民群众的实践活动，确立了人民主体性思想。马克思主义政治哲学学术体系的建构应将人民群众的美好生活需要和主体性思想置于中心的位置，在中国特色社会主义事业的具体时代境况中，提炼出基本的社会正义原则。这一正义原则应当蕴含人民主体思想，充分承认和尊重每个人在改革开放的伟大实践中所发挥的主体性力量和所做出的贡献。马克思主义政治哲学学术体系的建构需要直面这一具有实体性的社会现实，并因之确立基本的正义原则和规范。个人的主体性意识和本质力量在改革开放的市场经济实践中得到充分发挥，自由权利和个人自我利益得到社会的充分尊重，但同时也造成了生活方式、生活理念、思维方式的多元化。人民内部的诉求多样性及其所引起的社会矛盾将是长期存在的基本社会现实，马克思主义政治哲学的可能存在形态的建构需要直面这一问题。

三

突破"国家理由的二律背反"

王时中[*]

"市民社会"和"政治社会(国家)"之间的关系是政治哲学与政治思想史研究的老问题,国内外学界关于这个问题的研究都是基于黑格尔《法哲学原理》与马克思的《黑格尔法哲学批判》而展开的。在此我引入了康德哲学的"判断力批判"作为坐标,试图重构马克思对黑格尔法哲学的批判。因为"市民社会"与"政治社会(国家)"都是对社会的不同层次的抽象,而"社会"是由具有多种意志和目的的人构成的,社会科学研究的难点就是为这些具有多种多样目的和意志的人的活动构造一种形式。因此,"市民社会"和"政治社会(国家)"之间的差异也就表现为具有不同的"目的性形式"。之所以引入康德的"判断力批判",原因正在这里:一是突破黑格尔在《法哲学原理》中所理解的"市民社会"与"国家"之间的"否定性关系",而将这种关系转化为康德"判断力批判"中所说的"主观合目的性"与"客观合目的性"形式之间的关系。于是,两者之间就不是一个简单的否定性关系。正如唐瑭教授所说的,辩证扬弃市民和政治国家的分离,既保留市民活动与政治国家两个领域的相对独立,同时又使两者在某种层面上实现统一,因此有必要在二者之间牵线搭桥;二是接受康德关于"反思性判断力"与"规定性判断力"之间的区分,认为社会科学研究应该坚持"反思性判

* 王时中,厦门大学哲学系教授,主要研究方向为马克思主义政治哲学。

断力"的原则，即从"特殊"上升到"普遍"，而不是继续在"规定性判断力"的原则下以"普遍"统摄"特殊"。

以康德关于两种"目的性"形式的区分作为反思"市民社会"和"政治社会（国家）"关系的脚手架，也许可以超越"自由主义的国家观"与"黑格尔主义的国家观"之间的对立，而获得一个新的"跨越性批判"的视角。因为"自由主义"意义的国家来源于基督教的政治观。基督教将"国家"视为神意的工具，通过对"神圣性"与"世俗性"、"上帝的事务"与"凯撒的事务"之间的区分，将国家视为"必要的恶"，在这个意义的"国家"便是一个消极的存在。但由于黑格尔所处的德国是一个后发展国家。弥漫于当时德国的历史主义、民族主义与浪漫主义传统，最终汇聚成为一种"国家主义"。这个意义上的"国家"作为民族利益的代表，成为一种积极的、能动的力量。具体来说，我们可以从四个方面对两者的差异予以细致区分：①自由主义是在基督教二元主义政治观的思维框架中展开的，黑格尔则是在思辨神学的框架中展开的。②自由主义将国家视为"守夜人"，强调国家的"受动性"；而黑格尔将国家视为"神在地上的行进"，强调的是"绝对性"。③"自由主义"代表的是演化型现代化模式，而黑格尔主义代表的则是赶超型的现代化模式。④在自由主义看来，黑格尔在政治社会语境中论证的国家，内容太多了，由此他才被自由主义视为启蒙运动的敌人，其"国家"被斥之为保守主义的理论形态；在黑格尔看来，自由主义与启蒙理性无视民族精神与历史传统，缺乏真实的内容与力量。

"自由主义"与"黑格尔主义"两者各执一端，似乎言之成理，这就构成了"国家理由"的"二律背反"，以往的研究在面对关于"国家理由"的纷争时，虽然想超越两者，但苦于缺乏恰当的形式，所以总是顾此失彼。有鉴于此，我们才以康德关于"反思性判断力"与"规定性判断力"、"审美判断力批判"与"目的论判断力批判"的区分为视角，重构马克思批判黑格尔法哲学的进路，以真正突破"国家理由"的"二律背反"。

以此为视角来考察马克思对黑格尔法哲学的神秘主义实质的批判，我们可以发现，黑格尔在处理"普遍性"与"特殊性"关系时展现了一种"辩证的判断力"，即他用以统摄"家庭"与"市民社会"之特殊性的"普遍性法则"，是将"特殊性"视为"普遍性"的辩证展开，这是从"无限性"中引申出"有限性"，是"从'一般观念'中发展出某种确定的东西"，这似乎是黑格尔的原创性贡献。但我们发现，黑格尔表面上承认了"家庭"与"市民社会"的特殊性，实际上却以"国家"的普遍性否认了这种特殊性的真实性。从这个意义说，黑格尔的"辩证的判断力"只是一种改头换面的"规定性判断力"，而不是康德意义的"反思性判断力"。只有基于"反思性判断力"与"规定性判断力"的形式的区分，我们才能理解，马克思对"人民主权"、相对于"等级制"的"代议制"，以及沟通两者的"行政权"的论证的革命性意义。正由于以往的研究大多在"市民社会"决定"政治社会（国家）"的论断下忽视了这个层次的挖掘与论证，我们才主张援引康德"反思性判断力"的区分予以提炼。

以康德的"反思性判断力"重构马克思对黑格尔法哲学的批判，还可能为中国传统社会的批判性分析确立一个参照坐标，从而进一步提炼马克思社会研究的方法论意义。王亚南先生在《中国官僚政治研究》中曾经揭示了中国官僚政治的特殊性，他总结了这种特殊性的三种性格：一是延续性；二是包容性；三是贯彻性。王亚南先生认为，官僚政治的废除，固然意味着人民的觉醒，但由于中国市民社会的不成熟，市民阶级所领导的民主革命并不彻底，因此，需要另辟一个途径，那就是"必须等待在战乱过程中警觉起来或磨炼出来的工农大众，特备是农民大众的广泛奋起和参与"。如果没有认识到这一点，而是仅将希望"寄托于自由知识分子，寄托于政府自身，甚至寄托于各级政法中的那些政治弊害的制造者，那不是'对牛弹琴'就是'与虎谋皮'了"。在该书中，王亚南先生从"中国官僚政治的特殊性"入手透视中国社会的结构，并着力于探索走出"官僚政治"的人民道路，这种研究路径所贯彻的"反思性判断力"与我们以康德哲学为坐标所重构的马克思《黑格尔法哲学批判》的路径是相似的。

王亚南先生的《中国官僚政治研究》初版于 1948 年，"是我国第一部用马克思主义科学方法系统地剖析传统官僚政治的好书，是批判官僚政治的锐利的理论武器"。随着新中国的成立，他研究的对象形式已经发生了巨大的变化，如何在更高的层次重构马克思的法哲学批判，以突破"自由主义"与"黑格尔主义"的"国家理由"的二律背反，并与中国社会的批判性分析有效对接，当是值得进一步推进的方向。

1848 年法国革命的政治哲学批判

王志强[*]

从马克思 1848~1852 年这段时间观察法国革命的文本，进而思考这样一个问题：共和的脆弱性。我们今天看到世界主要国家都建立了共和制度，并认为这是天然的政治制度。其实在马克思那个时代，马克思和他同时代的人没有看到这种现象，他们看到的恰好是共和制度的不断失败。共和制的普遍建立是 20 世纪初才发生的事情。在 19 世纪，共和制在欧洲有没有可能还是一个问题。

我的讨论从古今之变中人们对革命一词的理解开始。革命这个词最早的含义是周而复始的循环，到了近代，它的含义发生了很大的转变，变成了继往开来、推翻过去一切，并且开创全新领域的新纪元。这种转变包含现代政治哲学的一种基本张力。法国二月革命呈现出来的是迅速剧变的过程，法国在四年之间经历了从君主制到民主制再到僭主制的迅速转变。这个转变对于当时的欧洲政治来说是激进的，但是对于整个欧洲古典政治哲学来说是一个常态。古典政治哲学家们谈论政治哲学的时候都谈到一个核心的问题就是循环，他们认为政体会在君主制、贵族制、民主制之间有一个恒定的不断重复的循环。这在欧洲历史上好像是一个常态，但是对现代革命的政治来说它会给人们造成一种困惑。

在更早的讨论中，这种政治的循环被理解为一种"下降"，包括亚里士多德等人都在讨论政治是怎么败坏和下降的。关于"下降"论述得

---

* 王志强，《中国社会科学》杂志社副编审，主要研究方向为马克思主义政治哲学。

最充分的是柏拉图，他在《理想国》第八章里讨论了一个不断下降的政体堕落过程。马克思也形容 1848 年法国革命的政治变化是不断下降的，这就是从理想的无产阶级的社会共和国，堕落为小资产阶级共和国，再堕落为寡头制的统治，最后被路易·波拿巴的第二帝国篡权。革命沿着下降的道路前行。所以 1848 年以后的法国革命在循环和下降的问题上，似乎构成了古今同构的政治哲学叙事。当我们把柏拉图所说的僭主制的诞生与波拿巴的政治操纵过程相对比，就会发现两者高度相似。在对"下降"的古典解释中，柏拉图和亚里士多德都归结为一个原因，就是取得统治权的阶级，只把本阶级的利益推到极致，于是导致了无节制的阶级斗争，并且因此导致政体不断颠覆。这一点托克维尔就曾指出，当时的法国的统治者是怎么样只关注本阶级利益，每届政府总是把支撑点放在一个阶级的排他利益和利益性之上，结果是用激进的方法把反对派推向危险的道路。

亚里士多德给出的破除政体循环困境的古典政治哲学方案是建立共和制。共和制是混合的和均衡的政治智慧和政治安排，它要求不能让一个政治制度中某个单一原则（例如，民主制中的自由原则、寡头制的财富原则和君主制中的任意性原则）发挥太过强烈的作用，而应是各原则相互均衡，这样能够保证政体的稳定性。这是古典政治哲学有关于政体循环和下降的解决方案。但是，"共和制"这个古典政治哲学的稳定政体方案，恰恰是 1789 年法国大革命后的近百年中存续时间最短且最不稳定的政体。法兰西第一共和国从建立到拿破仑政变，只撑了 7 年，法兰西第二共和国只坚持了 4 年。与之相对比，法兰西第一帝国维持了 16 年，七月王朝和法兰西第二帝国各维持了 18 年。在古典方案里稳定的解决方案共和制，到法国革命时，变成了动荡和循环的起点，从终点变成了起点。这是很有意思的一点。

"共和"的古今词义变化与"革命"一词的含义在古今之间的转变相似。"古典共和"强调的是均衡和平衡，但是在法国革命中人们强调共和制的原动力是恐怖，它通过激烈的政治运动去维护和推进他们所理解的共和国，于是我们会发现法国革命呈现不断加速的专政暴力循环，在第一共和国期间的雅各宾专政就是，先杀"反动派"即路易十六和贵族，再杀"反对派"即吉伦特派，最后"自我绞杀"即雅各宾派三巨头的依次处决。

我们可以从三个方面来理解这个过程。第一个是法国革命意识形态的形而上学性。法国革命叙事政治的形而上学性意味着激进革命派用形而上学的方法解决政治学的问题，用纯粹理性的方式解决实践理性的问题。所以伯克说这是"语言上和笔头上的不宽容转化为一场打击所有权、自由和生命的迫害的那种权力"[①]。人们在理论上的彻底是可以的，但是当他把理论上的彻底转化为现实政治的时候就会变成一种极端的不宽容性。

第二个是法国革命叙事政治化的"二元对立"背后的传统不同。古典共和制背后的文明背景和宗教传统是多神教。在多神教中，诸神是有分工和均衡的。但基督教和法国大革命是"一神教"的，法国大革命本身成为新的宗教，这种宗教是具有唯一意志的。

第三个是现代政治哲学叙事结构倒转导致社会革命的内在要求不同。在古典政治哲学中，人与人的差异是"自然秩序"。但是现代政治哲学的起点是自然状态中个人之间的平等性。这种自然状态不是真正的自然，它是人为的观念假设。它把现实中所有的不平等磨灭掉，把政治哲学叙事的起点表述为绝对的平等。那么是什么导致现实中的不平等？是城邦。于是我们必须把城邦打破。由此不断的内在自我革命向前推动着历史。马克思讲得很清楚，第二共和国就是社会革命内在的要求。马克思关于法国革命有唯物史观的解释总结起来就是，资产阶级不成熟，导致他们没有办法驾驭议会制、共和制政治制度，以此来抵抗无产阶级所要求的内在社会革命的需求，于是他们选择帝国，放弃政治权利来保障社会权利。马克思认为帝国是资本主义最败坏的形式。不过第二帝国没有让法

---

① 〔英〕柏克：《法国革命论》，何兆武、许振洲、彭刚译，商务印书馆，2011，第147页。

国资产阶级失望。法国的现代化在第二帝国的 18 年之间基本完成了，而第二帝国完成工业化以后，法兰西第三共和国持续了 70 年，共和制在法国最后稳定下来。

马克思的政治哲学叙事中对法国革命循环和下降的最终超越方案或理想方案是公社。公社与帝国的对抗史，即使不追溯到公元前 5 世纪遥远的希波战争，也至少可以追溯到公元前 4 世纪雅典城邦制对马其顿帝国的抵抗。公社就是典型的城邦，中世纪的时候也有很多自治公社的存在。它是一个反帝国的建制的存在，涉及小政治共同体和大中央政权帝国体制的关系。托克维尔和马克思对此都有讨论。知识分子最后都选择公社为出路。

最后想讨论的一个问题，当然这是描述性的：古典的"循环"在现代革命的进步主义叙事中最终被解释为一种"螺旋上升"，但无论是古典的柏拉图，还是现代的马克思都将僭主制看作最败坏的政体，哲学也总试图谋划一个理想政制。但叙拉古之于柏拉图的尴尬，马克思恩格斯对波拿巴政权必然短寿的判断，以及之后数十年中每次危机时对波拿巴即将终结的热烈期盼，都折射出政治哲学自身的边界。在哲学与城邦的关系中，哲学并不能绝对整全地理解城邦，城邦总有其无法把握的"剩余"现实。

《1844 年经济学哲学手稿》中的
认识论与共产主义

袁立国[*]

关于政治哲学的研究，一直有多种理论形态、多种定义。很多人认为，政治哲学就是研究正义问题，但也有人提出，政治哲学就是追问何谓"美好生活"的学问，比如施特劳斯学派。这些说法都有一定道理，但其实也都比较模棱两可，回答不够根本。比如，我们也可以追问：伦理学不也要讨论何谓美好生活吗？那么，它与政治哲学又有何区分？

对此，我的想法是，回到（政治）哲学史来对政治哲学做一种整体性的把握。在（政治）哲学史上，大概可以梳理出两种对待政治的基本态度：一种观点认为，哲学能够获得关于政治事物本身的客观知识，因此能够形成关于政治的普遍客观的真理，我称之为"真理政治"。最典型的就是柏拉图，柏拉图奠定了真理政治的传统，此后还有黑格尔。另一种则观点认为，政治的本质就是权力，就是权力和权力之间的"你死我活"的斗争，这就是"权力政治"的观点。其中，既没有普遍客观的真理，亦无道义，而只有权力的博弈。而马基雅维利就是这个传统的缔造者，当代思想家则以卡尔·施密特为代表，他认为政治根植于生存论的冲突。那么，这两个观点是不是没有任何交集呢？当然不是。事实上，在《理想国》中，柏拉图通过缔造色拉叙马霍斯这个人物，就反思了权力政治的观点，因为色拉叙马霍斯提出"正义是强者的利益"，这显然

* 袁立国，吉林大学哲学社会学院教授，主要研究方向为政治哲学、政治经济学批判、资本主义批判理论研究。

是权力政治观点。而柏拉图看到，把政治归结为权力而抽空了真理性和价值性，是十分危险的。同样，还有霍布斯，由于他也把政治根植于冲突，大谈"一切人反对一切人的斗争"，所以，也有人把他同样视为权力政治的开创者。但我认为霍布斯还是比较复杂的，比如，他还相信自然法的普遍性，并且把政治和社会建立在人性"公理"上，这说明其还是立足于真理观的。

总之，我认为政治哲学的根本问题是真理和权力，而不是什么正义问题、美好生活问题。正义和美好生活都是次生问题，环顾古今政治哲学，真理和权力才是其一直以来的根本问题。那么，回到本次会议的主题——马克思主义政治哲学，应该属于真理政治，还是权力政治的谱系呢？大体而言，可以说，马克思政治哲学是对这两个谱系的一个综合。从马克思政治哲学总体目标——追求普遍的人类解放——而言，当然属于真理政治的谱系，因为如果不认为哲学能够获得政治的普遍真理，就不会有人类解放的普遍价值和信念。但我们知道，马克思政治哲学不仅仅是一种理念筹划，而是以"改变世界"为目的，这是马克思超出观念论或乌托邦主义的重要特征。这就引出了马克思政治哲学的主体概念——阶级和阶级斗争。从阶级和阶级斗争视角看马克思政治哲学，似乎又具有权力政治的基因。在马克思看来，权力不只是一种政治关系，更是一种根植于人类生产活动的社会关系，因此是一种改变世界的力量。只不过，在资本主义生产关系中，权力被异化为统治人、敌视人的"抽象力量"——资本权力。而阶级作为联合起来的个人，就是要通过驾驭、掌控资本权力，使其重新成为一种服务于人民的"社会力量"，这正是社会主义的目标，也就是要最终扬弃"权力"，进入"后政治"时代。只不过，这个扬弃异化的社会权力的过程，仍然需要无产阶级的"权力"参与，这是马克思的权力政治的面相。在这个意义上，唯物史观和科学社会主义可以说是构成了马克思政治哲学内在的"真理政治"尺度，而阶级政治的话语则彰显了其"权力政治"的色彩。如果我们只强调马克思的真理政治面相，而忽视其权力政治维度，就会走向没有行动和实践的观念论政治；反之，如果只突出其权力政治也就是阶级政治的话语，而无视其真理政治内涵，那就极有可能陷入意识形态和实践上的盲动。因此，二者应是相互补充、相互构成的关系，不能偏执于一端。归根结底，哲学既以真理为对象，又具有政治性。列宁讲哲学的党性原则，这是十分深刻的。

以上是我从政治哲学的本质问题的反思出发，对马克思在政治哲学史上的合理位置展开的一点思考。也正是出于探索马克思政治哲学中真理问题和政治问题的关系，近年来我开始重新关注认识论问题。真理观和认识论联系紧密，没有认识论的批判和反思，就没有严格的真理观，也就无法把握住马克思政治哲学内在的科学尺度。这也就解释了我为这次会议提交的论文题目——《〈1844 年经济学哲学手稿〉中的认识论与共产主义》——的根本动机。这个题目可能会让人感到费解，一般认为，认识论是探讨思存关系、主客关系的问题，属于理论哲学的领域，和共产主义有什么关系呢？正如关于真理政治和权力政治的讨论所表明的，在马克思政治哲学中，理论哲学和实践哲学是很难决然分开的。在这里，我一个粗浅的想法是：马克思的认识论并不是在近代学院派哲学话语内展开的，而是与其共产主义思想紧密相关的。事实上，马克思在早期文本中就谈道，"构成真正危险的并不是共产主义思想的实际试验，而是它的理论阐述"。[①] 也就是说，在马克思的时代，并不缺少基于"行动"的共产主义试验，诸如布朗基、赫斯、欧文等人都为此付诸了种种实践，但彼时的共产主义要么是表达对现存世界的纯粹的否定态度，要么是一种关于未来社会制度的模糊想象。总之，它唯独在认识上缺少严格的"理论阐述"。而正是基于这一问题意识，马克思在 1844 年进入政治经济学研究，就通过对国民经济学的批判性反思，深入考察了异化劳动、私有财产和共产主义等相关问题。所以，马克思转向政治经济学批判，从根本上而言意味着一种问题视野的转变，而绝不仅仅是一个学科

---

① 《马克思恩格斯全集》第 1 卷，人民出版社，1995，第 295 页。

问题。这种新的问题视野即"资产阶级社会认识",也就是通过政治经济学批判,展开社会认识和社会批判的问题。在这个意义上,政治经济学批判具有认识论的内涵。通过政治经济学批判,马克思将其认识对象确立为"(资产阶级)社会"。

可以说,马克思所有的资本主义批判具有中介性的特征。马克思指出,异化的扬弃总是从作为统治力量的异化形式出发的,这种异化形式在德国是"自我意识"哲学,在法国是关于自由、平等的政治观念,在英国则是关于物质和需要的经济观念。但无论作为哲学、政治学还是经济学,都不是虚假的东西,而是直接构成了人的生存现实、作为观念的力量进行统治,支配人的意志和选择。所以,几乎马克思所有重要的资本主义批判著作,都是以对哲学、政治学或经济学的批判为中介的。这种经济学批判具有认识论批判的含义,也就是说,政治经济学批判包含着认识论的普遍性内涵。但政治经济学语境中的认识批判,不再探讨唯心主义意义上的认识先验条件、纯粹的被给予性,而是对资产阶级社会中结构个体意识、使其形成意识形态错认的认识体系的批判,即对自然认识本身的反思,由此,它所形成的就是一种具有客观内容的社会历史认识,是一种历史具体的认识论。按照恩格斯的说法,"政治经济学是现代资产阶级社会的理论分析"[①],它作为现代社会的知识系统,建构了人们日常关于社会、生活的基本观念,因此,马克思对政治经济学的"认识批判"就不是单纯的理论批判,也是对形成政治经济学的客观根源的社会历史批判。这样,马克思就在政治经济学批判语境中实现了对近代认识论的思想革命。近代哲学认识论"总问题",是探讨分裂的主体性如何切中客体性的问题,即主观思维如何符合客观存在的问题。而马克思的认识论"总问题"有更复杂的内涵:其一,政治经济学批判语境中的认识批判,蕴含着对形塑近代认识论"总问题"的抽象主体性和抽象客体性的社会生产方式的批判。也就是说,彻底的认识批判必须作

---

① 《马克思恩格斯文集》第 2 卷,人民出版社,2009,第 595 页。

为社会批判理论才是可能的；其二，马克思通过"认识批判"不止于确立真实的社会知识，其最高指向是生存论目标，即求解在资本主义社会中经受异化与分裂的主体性与其客观世界的"和解"。这个问题的特有结构决定了"认识批判"与"实践批判"内在具有一致性。在理论的逻辑上，彻底的认识产生彻底的行动，彻底的"认识批判"指向具体历史的革命理论。可以说，在《1844 年经济学哲学手稿》（以下简称《手稿》）中，其认识论和存在论是一种互构一体性的关系。正是基于其批判的、反思的社会认识论，"存在"被展开为一个历史性、能动的过程，即从对象性的"自然存在"、异化的"社会存在"，向"共产主义存在"迁跃的存在论结构。从这个角度来看，马克思在《手稿》中对"资产阶级社会认识"的初步奠基以及对共产主义的"理论阐述"，与此后的资本主义批判理论和科学社会主义显然具有理论的连贯性，《手稿》堪称历史唯物主义的"诞生地和秘密"。

马克思与政治神学

林　钊[*]

　　很有幸能够以初始会员身份参加这个研究会的成立仪式。听会学习有两个收获。其一，政治哲学有着宽广深远的问题域，其中，谁掌握权力，这才是政治哲学里最黑暗，也最深刻、最有魅力的问题。霍布斯对于现代政治哲学的贡献，不仅在于他设定了一个趋利避害的人性，最重要的是他开启了现代政治哲学的核心议题——主权，主权问题是最重要的权力问题。其二，对政治哲学的讨论，不仅要理解那些抽象的命题，而且要在具体的历史环境当中来理解。比如，黑格尔与马克思的时代所面临的就是神圣罗马帝国覆亡后德意志往何处去的问题。

　　我今天想讨论的主题是"马克思与政治神学"，这涉及卡尔·施米特和他的主权理论，而施米特及其老师韦伯所处的时代也是德意志民族的另一个危急时刻，即德意志第二帝国覆亡后德意志民族往何处去？这构成了一个有意思的比对，马克思和施米特，在他们青年出道建立自己的思想大厦的时候，都恰逢德意志民族的两场命运危机，而危机都来自英法。

　　促发这个话题的是李佃来老师翻译的布雷克曼著作《废黜自我——青年黑格尔派及激进社会理论的起源》，书中简短却很有启发性地提到，青年黑格尔派所处理的宗教批判的核心不在于宗教，而在于政治神学。这构成马克思、青年黑格尔派和施米特的共同主题，他们跨时空地坐在

---

　　* 林钊，中山大学马克思主义学院教授，主要研究方向为马克思政治哲学研究。

同一个会场内，却分别迈向"左""右"两个出口，开启了对抗自由主义最主要的两个理论资源。

当前国内学界谈论政治神学时，大概会有两个大方向，一是康托洛维茨的《国王的两个身体》，论述的是中世纪的情况；二是福柯和阿甘本，是在后现代语境中揭示完善的现代国家中隐藏的神学机制。在这前现代与后现代的考察中，偏偏缺少了一个重要的环节，就是在现代国家成立之时，欧洲人对政治神学的思考。这正是青年黑格尔派与青年马克思所做的工作。

政治神学的概念经由施米特而闻名。他在1922年写作《政治的神学》，其核心论断是：现代政治哲学的机制就是政治神学。他说："现代国家理论中所有重要概念都是世俗化了的神学概念，它们从神学转移到国家理论，比如全能的上帝变成了全能的立法者。如果要对这些概念进行社会学考察就必须对这些结构有所认识。"① 对这些概念进行社会学考察，这正好就是马克思的市民社会批判所要完成的任务。

对自由主义者来说，施米特是不可接受的，不是因为他召回了创世的上帝，而是他召回了像上帝一样具有超验权威的君王。那些对于自由主义者来说是非常震撼的言论，恰恰是青年黑格尔派非常熟悉的话题。青年黑格尔派们的无神论所针对的就是与上帝、教会、神学具有同构性的现代国家及其政治理论。尽管施米特和马克思分享了相同的对于现代政治实质的判断，即现代政治就是神学机制的翻版，但二者的旨趣却是完全相反的。施米特试图重建国家超越性的神圣身体，而马克思誓要把它摧毁。

施米特《政治的神学》中还有一个有意思的事情，他总是试图把他的敌人化成自己的同盟。该文的第四章讨论"反革命的国家学说"，其矛头所指的革命的国家学说，就包括蒲鲁东、巴枯宁和马克思。他说革命的无政府主义者和无神论者，最终在理论上成为反神学的神学家，在

---

① 〔德〕卡尔·施米特：《政治的概念》，刘宗坤、朱雁冰等译，上海人民出版社，2005，第24页。

实践上成为反专政的专政者。在他看来，马克思也没有摆脱这个宿命。他在《政治的浪漫派》里说，马克思主义最后面对的结果是领袖理性主义的专政。这些论断都或隐讳或明确地表示，马克思没有走出政治神学的逻辑，马克思也是一个披着革命者外衣的政治神学家。马克思本人显然不会同意这个身份。关键在于如何回应施米特？

政治神学的术语从字面上就能看出，指的是宗教与政治的相互渗透，以及更重要的，政治是由宗教神学所支撑和塑造的。政治神学这个术语在施米特那里是指向主权。主权是现代政治最大的谜，谜的比喻表明它带有神秘和神圣的性质。施米特要展示这个谜，但并不打破、拆解这个谜。他很明白地说，主权是宣布例外状态的权力，主权者享有上帝一样的权柄，主权者要求的绝对的服从与牺牲。施米特痛感于魏玛共和的混乱和软弱，所以他强调作出决断本身比如何作出决断更为重要。无论决断的权威是来自民主，还是来自强制，关键是要有所决断。这个言论使他臭名昭著。

在谈论马克思之前，还需要说说马克思和施米特都非常熟悉的 19 世纪无政府主义者的主张。巴枯宁曾说一切国家都是教会在城市上的分店；蒲鲁东说神学存在于我们所有的政治问题之中；施蒂纳则说，立宪国王是真正的基督教国王。这些论断说明，与马克思同时代、同圈子的人们早已经洞悉施米特后来道出的秘密。马克思、无政府主义者、施米特，在理论图谱上构成了一个很有意思的三角：施米特真正的敌人不是自由主义，而是无政府主义，无政府主义同时又是马克思的敌人，但马克思绝对不会认可他是施米特的同道。从施米特的角度来看，他力图将无政府主义者和马克思这些激进的革命者都收拢到政治神学的逻辑里面；从无政府主义的角度来看，他们常常把马克思归为政治神学一边，比如巴枯宁就斥责马克思是第一国际中的上帝；从马克思的角度来看，施米特和无政府主义又都会走向专制。在这个奇特的三角里，每一角都把另外的两角视为同盟。

对马克思来说，他的政治批判的目标已经不再是神学的上帝，而是被世俗所复活的上帝——国家，上帝巧妙地变形，隐身于世俗的现代生活之中。当施米特说无政府主义没有逃脱政治神学的逻辑时，他无意中也表明了无政府主义对国家的攻击并不能够削减外在的强制权威。马克思的艰巨任务是，如何避免像无政府主义那样从"屠龙少年"变为恶龙。

马克思看到，神学的世俗化与世俗政治的神学化是同一个过程，因此，他批判的根本对象既不是上帝、神学，也不是国家，而是国家的世俗根基——市民社会。他开辟的道路是："我们不把世俗问题化为神学问题。我们要把神学问题化为世俗问题。"① 前面这句可算是马克思提前近一个世纪预先说出了施米特的道路。后面这句话展现了他与无政府主义的区别，与无政府主义批判政治国家的神学结构相反，马克思要"批判政治国家的世俗结构"。②

在马克思批判世俗结构之前，他首先得到了费尔巴哈的指引。既然现代国家是上帝的化身，那么理解国家何为便首先要理解上帝何为。费尔巴哈说明上帝就是人自身形象的投射，而且，当上帝成为独立的实体后，它反过来敌对于人。但费尔巴哈没有恰当地解释，为什么作为人的对象化的上帝会反对人？对此，恩格斯批评为主要的事情还没有做。这个主要的事情就是马克思所说的宗教与世俗世界的分裂必须要从世俗基础的自我分裂来说明。马克思完成了这项任务，也构成了对施米特的跨时空回应。费尔巴哈的另一个启示是，他在《关于哲学改造的临时纲要》说黑格尔哲学是神学最后的避难所，他要改造的就是黑格尔的思辨哲学，其方式就是主谓颠倒。这种主谓颠倒的方法马上被马克思运用到了对黑格尔法哲学的批判之中，其结果是：如同神被还原为人，类神的国家被还原为市民社会。马克思明确说，完成这场主谓颠倒将预示下一场革命，这场革命就发生在市民社会之中。只有完成了对市民社会的革命，才能逃离政治神学强大的吞噬力量。

---

① 《马克思恩格斯全集》第3卷，人民出版社，2002，第169页。
② 《马克思恩格斯全集》第3卷，人民出版社，2002，第170页。

　　马克思的"真正的民主制"展示了政治神学祛魅后的图景。施米特和霍布斯如此强调主权者具有神一般不可动摇的权威，是因为他们知道必须要有一个绝对强力的权威来应对国家间和国家内汹涌的冲突，而对马克思来说，这种冲突是不可抑制的，因为市民社会本身就是由相互竞争冲突的个人和阶级所构成的。化解政治神学的逻辑和化解宗教的逻辑是一致的，即消除需要政治神学的处境，也就是以冲突和对抗为原则的市民社会。就此而论，真正的民主制展现出来的与共产主义是相同的特性，"真正民主"指向的不是民主，而是后民主，也就是后主权国家的状况。这也构成了对施米特政治神学的跨时空回应。

公共领域的辩证法

王贵贤[*]

刚才大家都讨论了非常重要的问题，就是权力合法性等问题，其实我的问题也与之非常相关。实际上进入现代社会，我们不得不面对的问题，就是公共领域产生的问题。尤其是现在，我们每天都生活在公共领域之中，这个公共领域对我们的生活，尤其是导致我们的政治生活会发生怎样的变化呢？这首先要搞清楚公共领域的内涵、形成以及功能；其次要批判地分析资产阶级公共领域自身的问题；再次是涉及哈贝马斯近几年对公共领域的认识；最后是站在马克思的立场如何对公共领域理论进行评价。第一个问题什么是公共领域尤其是现代意义上的公共领域，它又是怎么形成的。公共领域尽管很早就出现，但前资本主义社会与资本主义社会的公共领域存在比较大的差异。这种差异主要基于如下两点：①公共领域的主体不同：在前资本主义社会，公共领域的主体主要是活跃于宫廷、私人家庭等中的贵族；资产阶级公共领域的主体成了"私人"（Privatleute），他往往具有双重身份，即"资产者"（bourgeois）和"个人"（homme）。②公共领域形成的前提不同：前资本主义社会并没有一个"从国家当中分离出来的社会内部的一个禁区"①，即并不存在一个私人领域，因此这种公共领域"不是一个社会领域，作为一个公共领

---

* 王贵贤，清华大学马克思主义学院副教授，主要研究方向为马克思主义发展史、国外马克思主义研究、《马克思恩格斯全集》历史考证版（Zweite Marx-Engels-Gesamtausgabe，MEGA-2）研究。

① 〔德〕哈贝马斯：《公共领域的结构转型》，曹卫东、王晓钰、刘北城、宋伟杰译，学林出版社，1999，第 10 页。

域，它毋宁说是一种地位的标志"①。公共领域产生的前提是国家和市民社会的分裂。"劳动阶层一旦在城市企业和某些乡村阶层中扎下根来，就会发展成为'市民社会'；作为真正的私人自律领域'市民社会'和国家对立。"② 在这片不受公共权力管辖的私人领域，人们"生活过程中又跨越个人家庭的局限，关注公共事务，因此，那个永远受契约支配的领域将成为一个'批判'的领域。"③ 也就是说，由市民社会中的私人集合而成的公共领域，能够及时反馈上述两个领域的问题，而且以公共舆论为媒介调节国家和社会需求。

由此看来，在哈贝马斯早期关于公共领域的论述语境中，公共领域主要是指"资产阶级"公共领域。这种公共领域被哈贝马斯解释为"一个由私人集合而成的公众的领域"（die Sphäre der zum Publikum versammelten Privatleute）。

随着资产阶级公共领域的出现，公共领域之前的政治使命转变为社会使命，即从自我身份的认定（比如自身的德行和善是否与城邦相一致）和自我持存（能否保护城邦以便保护作为公民的自身）转变为调节市民社会，并开始"反抗现有的君主权威"（der etablierten monarchischen Aorurität die Stirn）。所以，资产阶级公共领域就具有了特有的两个特征：私人性和反抗性—批判性。私人性体现了公共领域的构成性力量；而反抗性则指向了政治领域，因而也就具有了公共性。

第一，资产阶级公共领域的辩证法。近代资产阶级公共领域形成之后，尤其是资产阶级国家的建立，三权分立等理念不但得到了论证，而且在现实层面得到了实践。但是，洛克、卢梭等人通过对理性法的论证把公共舆论与政治建立了密切联系。卢梭就认为，宪法精神最终就是扎

---

① 〔德〕哈贝马斯：《公共领域的结构转型》，曹卫东、王晓珏、刘北城、宋伟杰译，学林出版社，1999，第 6~7 页。

② 〔德〕哈贝马斯：《公共领域的结构转型》，曹卫东、王晓珏、刘北城、宋伟杰译，学林出版社，1999，第 11 页。

③ 〔德〕哈贝马斯：《公共领域的结构转型》，曹卫东、王晓珏、刘北城、宋伟杰译，学林出版社，1999，第 23 页。

根于舆论之中，它"特别是民众舆论"（公共舆论）。

第二，卢梭的观点在康德那里得到了完善和发展。更重要的是，康德首先把实证法建立在真理基础之上，即以"实践理性"作为法律根本规定。但是，根据康德的启蒙概念，现代社会人的自主性在于他能够公开运用自己的理性。这就是说，近代社会中启蒙的主体，需要彼此相互交流思想的群体一同思考，甚至通过"学科之争"，让理性"公开揭示真理"，同时"有理由公开发言"。这种发端于学界的公共舆论（学科之争）体现的就是公共领域最重要的属性——"公共性"，它不但扩展到"所有善于运用理性者的公开使用过程"中，而且扩展至整个政治领域。在现实的法律秩序中，法律"受到公共领域的保障"，让公共领域的公共性还"充当政治和道德的中介"。

（1）黑格尔的公共领域悖论。康德的公共领域似乎仅仅停留在政治-法律层面，但它对私法的论述表明，其公共领域的主体即"资产者-私人-公民"仍然具有私人属性。在这点上，黑格尔对西方的自由主义公共领域有所继承，但是却降低了公共领域的作用。

在哈贝马斯看来，黑格尔的公共领域呈现出了一种矛盾的特征。一方面，黑格尔认为公共领域体现了人的理性，表达了"多数人的观点和思想的经验普遍性"，因为每个人都能够就公共事务充分表达"他特有的判断、意见和建议"，从而形成"公共舆论"。另一方面，公共领域到处充斥着"纯粹形式的普遍必然性"。当然，在这里我们需要回到哈贝马斯关于公共领域的界定，即"私人领域当中同样包含着真正意义上的公共领域"，这个私人领域主要是指以"商品交换和社会劳动"的市民社会。

既然公共领域主要是以市民社会为基础，那么它就不再像传统自由主义（如卢梭和康德）那样完全是积极的。这是因为，在黑格尔看来，市民社会以"需要的体系"为基础，但其中的主体确实也通过个体需要的满足和参与商品交换确证了自身的主体性，彰显了他的主观自由。但是，市民社会的这种教化作用是自发的，它不会教化市民社会成员的公共性，只是引导他们为了满足自身利益而受制于自然必然性，因此不会在公共舆论中讨论乃至实现"公共的善"。正因为如此，公共舆论丧失了"统一而真实的基础"，从而最终"沦落为众人的主观意见"。[①]

为了应对市民社会中"需要体系分解成的各种特殊的利益"，黑格尔转而求诸福利行政（Polizei）和同业公会，最终走向了代表绝对理性的国家。但显而易见的是，黑格尔的公共领域理论也就放弃了自由主义的立场，转而开始在市民社会成员构成的等级会议中形成公共舆论。因此，黑格尔对公共舆论和公共领域的态度就表现出了矛盾心态，认为它"既值得重视，又不值一提"。它之所以值得重视，就在于公共领域仍然能够表达个体的权利主张（尽管它是基于特殊性的）；同时，正因为它表达的仅仅是代表着"任意"（Willkür）的主观自由，因而它又是不值一提的。当公共领域不能承担整合主观意见的职责时，那么国家就取而代之，在建制化的政治机构（尤其是在立法权部门）来实现其整合功能。哈贝马斯认为，这"彻底摧毁了公众舆论的自我理解所立足的自由主义虚构"，[②] 让强调和市场定位的自由主义不得不退场，而它们主张的"最弱意义上国家"往往在经济上走向福利国家，在政治上走向共和主义。

（2）马克思对公共领域悖论的解决方案。哈贝马斯认为马克思深刻地认识到了公共领域的矛盾特征。根据他的看法，马克思对公共领域的分析包括两个阶段。他首先基于市民社会和国家的分离关系批判了资产阶级公共领域的真正本质。通过对市民社会的批判，马克思"摧毁了资产阶级公共领域所依靠的一切虚构"。[③] 市民社会的私人自主性是建立在所有（Eigentum）基础上的，但是"'所有者'和'人'也不能等同；

---

① 〔德〕哈贝马斯：《公共领域的结构转型》，曹卫东、王晓钰、刘北城、宋伟杰译，学林出版社，1999，第 136 页。

② 〔德〕哈贝马斯：《公共领域的结构转型》，曹卫东、王晓钰、刘北城、宋伟杰译，学林出版社，1999，第 136 页。

③ 〔德〕哈贝马斯：《公共领域的结构转型》，曹卫东、王晓钰、刘北城、宋伟杰译，学林出版社，1999，第 142 页。

因为所有者和雇佣工人阶级之间的矛盾使得其捍卫商品交换和社会劳动领域作为私人领域的利益沦落为一种特殊利益",① 即资产阶级的利益。他不但否弃了资产阶级价值观——诸如机会均等、国家认同等——公共领域的议题，而且从根本上否定了公共领域赖以存在的基础，即市民社会。更重要的是，马克思看到了"公众舆论与理性之间的第三种认同的破裂"，而这阻碍资产阶级公共领域之理念不可能真正得以现实化。也就是说，马克思通过对作为资产阶级公共领域之基础的市民社会的批判，从根本上否定了资产阶级公共领域。

不过，随着形势的发展，马克思对资产阶级公共领域的看法也发生了一些变化。首先，资产阶级公共领域出现了松动，这就让其他阶层（比如无产者）也能够有机会进入其中，甚至能够掌控公共舆论（及其媒介——比如报刊，甚至能够成立政党等）。其次，公共领域的开放性不但让社会各阶层能够进入该领域，而且让公共领域和公共政治权力机构、市民社会等的界限开始模糊，这就导致无产阶级的"社会交往"话题成为公共舆论的话题，甚至"讨论和决定如何引导和控制社会再生产所必需的一切过程"。

在哈贝马斯看来，马克思对公共领域"转型"的分析，在理论上的最大后果是，它让国家统治功能和社会管理职能出现了混淆，从而有可能"对事务的管理和对生产过程的指导将取代对人的统治"，即私人自主不再建立在私有财产的基础上，而是建立在公共领域自身之中。这将导致"私人与其说成为私人公众，不如说是会成为公众的私人"。② 但不可否认，这种混同必然会导致自由主义和社会主义的合流，形成小资产阶级社会主义。更为重要的是，这也导致私人自主的真正消亡。

第三，哈贝马斯晚期公共领域理论的发展。公共领域尽管是哈贝马

---

① 〔德〕哈贝马斯：《公共领域的结构转型》，曹卫东、王晓钰、刘北城、宋伟杰译，学林出版社，1999，第142页。
② 〔德〕哈贝马斯：《公共领域的结构转型》，曹卫东、王晓钰、刘北城、宋伟杰译，学林出版社，1999，第146页。

斯最早关注的论题之一，但在《公共领域的结构转型》中并没有对公共领域进行规范性分析，抑或说，他在《公共领域的结构转型》中主要对公共领域的类型和思想发展史进行了分析和梳理。当然，哈贝马斯晚年在《在事实与规范之间》关于公共领域结构主义分析大体上仍然坚持了《公共领域的结构转型》中的理论框架，尽管在公共领域规范性基础及其在社会政治中的价值和作用进行了更深刻、系统的分析，但对公共领域的本质规定并没有根本改变。

首先，哈贝马斯跳出对公共领域的思想史分析的理路，从规范性的角度对它做出了界定，认为公共领域就是"一个关于内容、观点也就是意见的交往网络；在那里，交往之流被以特定的方式加以过滤和综合，从而成为根据特定议题集束而成的公共意见或舆论"①。他仍然强调公共领域作为一种交往结构，"通过其市民社会基础而根植于生活世界之中"。所表达的问题"只是在个人生活体验的镜子之中，才可以被看出是一种社会性痛苦压力的反映"②。

其次，公共领域的特征得以明确。主要包括：①公共领域的边界是模糊的，它或许有一定的内部边界，但就它与外部之间的边界而言，它具有开放性、可渗透性和移动性等特征。正因为如此，哈贝马斯才会说公共领域"是不能随意'制造'的"，其中的公共意见相应地也只是可以操纵，"但不可以公开收买，也不可以公开勒索"。③ ②公共领域的规范性基础是哈贝马斯的交往行动理论，交往行动是公共领域得以维系和再生产的前提和基础，因为它是一个不断能够发展的"交往结构"。③公共领域尽管是一种"在交往行动中产生的社会空间"，发挥了社会问题的"共振板"和"传感器"的作用。就前者而言，它能够把其他领域

---

① 〔德〕哈贝马斯：《在事实与规范之间：关于法律和民主法治国的商谈理论》，童世俊译，生活·读书·新知三联书店，2003，第 446 页。
② 〔德〕哈贝马斯：《在事实与规范之间：关于法律和民主法治国的商谈理论》，童世俊译，生活·读书·新知三联书店，2003，第 452 页。
③ 〔德〕哈贝马斯：《在事实与规范之间：关于法律和民主法治国的商谈理论》，童世俊译，生活·读书·新知三联书店，2003，第 446 页。

（比如经济和政治系统中的问题）未解决的问题传递到公共领域来讨论和解决；就后者而言，它能够把社会敏感问题及时传递给公共领域中的主体，让大家能够感到问题的切身性。

最后，公共领域由于同经济系统和政治系统之间的关系，所以它的主体身份才是多维的：它既是社会成员（*Gesellschaftsbürger*），也是公民（*Staatsbürger*）。由于公共领域边界在经济和政治系统之间的不断转变，其议题也不断发生着变动，其中主体身份也会相应地在社会成员和公民之间不断移动。

尽管晚期哈贝马斯对公共领域的规范性分析似乎让我们看到公共领域复兴的希望，但是公共领域的矛盾仍然存在。当然，哈贝马斯的公共领域理论具有原创性的思想内容，在社会公共治理和现代政治等方面都具有启发意义，然而，这种理论内容的复杂性和哈贝马斯思想的变化（即其晚年向自由主义的转向），使得这一理论自身也存在诸多值得商榷的地方。哈贝马斯强调公共领域是私人领域，强调私人自主的重要性，这一方面让他看到了公共领域的规范性作用。另一方面，尽管他早期看到了私人自主的产生是来自市民社会中的商品交换，看到了"所有者"和"人"的区别，但是他晚期完全放弃了这一视角，而更看重个体的身份差别，从而更看重公共舆论的程序属性，并不能真正解决公共领域的矛盾。

马克思认为公共领域矛盾的解决必须回到市民社会中去解决。私人自主是市民社会发展的产物，随着生产资料私有制的社会占有，建立在财产权基础上的私人自主也会瓦解，随之取代的是真正的个人所有。那么，"公共权力就失去政治性质"，私人性和公共性的矛盾也就得到了真正的解决。

最后想说的是通过哈贝马斯对于公共领域的分析，包括对于黑格尔和马克思的批判，可以看到哈贝马斯为了维护公共领域中的私人自主，试图保证私人能形成正确的意见，也就是说，更多是侧重于这个领域对于国家或者权力合法性的影响。马克思会说私人自主不是历史的起点而是历史的结果，历史没有终结在私人自主的阶段，历史还要往前发展。随着生产资料私有制的社会占有，建立在财产权基础上的私人自主也会瓦解，随之取代的是真正的个人所有。那么，"公共权力就失去政治性质"，① 私人性和公共性的矛盾也就得到了真正的解决。我认为马克思的政治哲学就像清华刚才讲的，更多的是指向了另一个世界的可能性。

---

① 《马克思恩格斯文集》第 2 卷，人民出版社，2009，第 53 页。

青年论坛

编者按： 本栏目所汇集的是"中国式现代化与马克思主义政治哲学"学术研讨会暨首届马克思主义政治哲学 30 人论坛中青年论坛 10 余位学者的精彩发言内容。主题主要涉及马克思的阶级概念、马克思主义政治哲学、现代社会等重要议题。对这些议题的关注表明了马克思主义政治哲学与中国式现代化的内在关联和时代契合之意。

一

马克思阶级概念的价值维度

周　可[*]

段忠桥老师曾谈到国内政治哲学的研究受到了艾伦·伍德问题的影响，着重探讨马克思与正义的关系问题，并且形成了一些争论。其中一方的代表性观点是段忠桥老师所提出来的。他认为唯物史观是科学、实证科学，而马克思关于正义的看法属于政治哲学，是带有规范性色彩的，二者是不能够交融的、不能够交叉在一起的。另一方观点以李佃来老师和王新生老师等人为代表。他们认为，如果我们要构建马克思主义的政治哲学，科学性和规范性是可以相容的，也就是说，马克思政治哲学中的科学维度和价值维度是可以很好地结合在一起的。

关于上述争论我曾经写过一篇小文章，是从市民社会概念出发来辨析是否像段老师所说的那样，唯物史观就是科学的唯物史观、是跟规范性的理论没有关系的。后来我在一次学术会议上汇报的时候，林进平老师开玩笑说我是骑墙派，没有明确到底是持支持还是反对哪一派。我当时的看法是，应该把从政治思想史和分析哲学的视角或方法结合起来探讨马克思的政治哲学。现在看来，如果从文本的角度来观察马克思与正义之间关系问题的讨论，那么这场讨论的核心文本是《资本论》，包括所谓的塔克-伍德命题也是围绕《资本论》第3卷的一些段落而展开的。但是另一方面，《资本论》还有很多内容，特别是其中最核心的理论可

*　周可，武汉大学哲学院副院长，教授，主要研究方向为马克思主义哲学基础理论、马克思主义哲学中国化。

能并不属于这些段落，而是我们公认的、像恩格斯所说的，是马克思所创立的剩余价值理论。所以，我觉得从《资本论》出发去探讨马克思的政治哲学和马克思主义政治哲学，更应该从《资本论》的核心范畴和理论出发。

实际上，国内近年来从《资本论》出发来阐释马克思政治哲学的研究已经涉及剩余价值理论。有些老师已经从审美政治、审美维度来解读《资本论》，还有像吴猛老师从价值形式出发讨论自由主义和启蒙话语批判，王时中老师从《资本论》出发讨论权力观。我自己也是从《资本论》的核心概念和理论出发来探讨马克思的政治哲学，我所选的是马克思的阶级概念。

之所以选择阶级概念，是受到一些老师的启发。李佃来老师最近的一篇文章讨论"中国式现代化与构建当代的马克思主义政治哲学"。他提到了立足于中国式现代化的背景下，我们所要建构的政治哲学不同于西方政治哲学。其中的一个区别是可能很多学者都认可的，就是西方政治哲学是个人本位的。主流的自由主义是个人本位的，而我们要建构的中国式现代化因为追求全体人民的共同富裕，所以很明显是以人民为本的。今天上午李义天老师也谈到了这一点，我们坚持人民的价值立场。如果我们从政治思想史的角度来看，人民这个概念是谁先提出来的？其实它起初是资产阶级的话语。"个人""人民"两个话语最先提出来的时候，都带有鲜明的资产阶级色彩。从马克思主义的立场，我们批评他们口中的"人民"其实是代表资产阶级利益的。因此，在马克思主义的话语系统中，我们主要是从阶级的角度来理解人民。也就是说，存在两种政治哲学——自由主义的和我们今天所要建构的当代的中国的政治哲学，一个是以个人为本位，另一个是以人民为主体。从马克思主义的角度来阐释这种对立，我觉得需要一个中间环节，那就是马克思的阶级概念或者说阶级理论。

显然，阶级话语在当下的政治生活和我们的日常用语中，已经处于一个基本上消亡的状态。政治话语中谈论斗争也不会跟阶级联系在一起，比如倡导斗争精神，但很少提及阶级斗争。但是，从理论上来说，我们有必要从马克思主义的阶级理论、阶级概念出发去探讨、建构以人民为主体的马克思主义政治哲学。

阶级概念不是马克思首先提出来的，甚至马克思也没有明确给阶级下过定义，我们非常熟悉的阶级定义其实是从列宁来的。段忠桥老师曾经谈道，马克思不加区分地使用正义原则表明他接受了当时普遍流行的"正义是得其所应得的"观念。同样，马克思也运用当时很多人都使用的、非常流行的阶级视角来观察现代社会。马克思在1852年给魏德迈的那封信里面讲道，资产阶级的历史编纂学家和政治经济学家都讨论过阶级，他自己在前人的基础上给阶级理论新增了一些内容。在此我就不赘述这些内容了。我有一篇文章专门讨论马克思阶级概念的现代意蕴。既然马克思说自己所讨论的是现代社会的阶级，那我们就可以从资产阶级的历史学家和政治经济学家那里找到资产阶级现代社会阶级理论背后是否存在某种价值观念、价值预设。梯叶里、米涅、基佐等历史学家都认为法国大革命让一切都归于一个等级、一个法律、一个民族，它消灭了封建主义的等级制度，建立了现代社会和民族国家。亚当·斯密和李嘉图等政治经济学家则从资本、劳动和土地三大要素出发讨论财富的生产与分配，得出资本家、劳动者和地主三大阶级。这些政治经济学理论背后的政治观念被马克思较早地揭示出来了。马克思称洛克的哲学是整个英国政治经济学一切观念的基础。资产阶级的历史学家、政治经济学家的阶级理论都跟洛克所代表的自由主义政治哲学强调个人自由财产等观念相匹配，也都从理论上为资产阶级利益进行辩护。马克思对资产阶级理论家的批判在于，他揭示出资产阶级理论背后的一些价值观念是有问题的，也就是说，现代社会不是从个人开始的，而是个人总是在一定的社会结构和阶级关系中开展活动的。在《资本论》中，马克思指出，自由、平等、所有权、功利主义原则其实仅限于商品流通领域，只有进入生产领域才能够揭示出现代社会阶级结构的对抗性。马克思的剩余价值理论就是从科学性的角度揭示了资产阶级的阶级理论背后的价值观念是站不住脚的。

接下来的问题是，马克思自己的阶级理论、阶级概念有没有倡导一种不同于资产阶级的价值观念？我觉得是有的。马克思关于自由、所有权有一套不同于资产阶级的话语。简言之，马克思更多强调解放、较少探论自由，甚至在有些地方他把自由看作骗人的，是资产阶级意识形态。他说自由其实是贸易自由，更进一步而言是资本的自由。现代意义上的自由无疑是建立在个人选择的基础之上。而马克思谈到解放时，经常说的是无产阶级乃至全人类的解放，这就转向更为宏大的社会结构和人类共同体。在我看来，马克思用解放话语替代自由话语，既是立场的转变，又是视角的转换。第二个与之相关的问题是关于所有制的，即科恩和诺齐克所争论的马克思是不是主张一种自我所有制。今天段忠桥老师在论文的最后谈到了这一问题。他认为马克思强调工人对自己的劳动能力是占有的，这种占有在某种意义上是一种自我所有。"自我所有"在马克思《资本论》中是重新恢复个人所有制的意思。我觉得，这一观点在所有制层面上可能有更多的解读空间——不再是财产的私有，而是一种全新意义上的重新恢复、建立个人所有制。第三个问题是马克思是不是在进行一种道德批判。对此，可能我们要换一种思路来看，马克思对于资本主义生产方式，特别是资本积累和原始积累中种种非人状况的批判，可能不是一种道德批判，而是指向更深层次的、类似于宗教式的原罪。

无产阶级何以能够成为世界历史的主体

田毅松[*]

大家所讨论的正义问题，我感觉是具有现实意义的。我曾经提了一个题目：全世界无产者联合起来，用的是《共产党宣言》中的论述，但不仅仅是为了诠释这句话的具体内涵，而是讨论全世界无产者联合起来的可能与现实。

其中，首先考虑的是"究竟什么是无产阶级"，我称之为"what"问题；第二篇文章最初的题目是"为什么是无产阶级"，后来修改为"具体普遍性与无产阶级"，要解决的是无产阶级来承担世界历史的主体依据，用了黑格尔、马克思思想中的具体普遍性和抽象普遍性的概念，并作为文章的分析框架，我称之为"why"问题。

今天给大家汇报的题目最初设想的是——"无产阶级何以能够成为世界历史的主体"，即"How"问题，标题是"哲学是无产阶级的解放的头脑"，化用的是《〈黑格尔哲学批判〉导言》中的论述。马克思当时应该还没有特别明确哲学的具体目的，即作为哲学的根本目的是什么？我认为是用哲学解决阶级意识的问题。当时还想借用一个西方马克思主义关系比较密切的主题，即"兼论卢卡奇《历史与阶级意识》的问题域其正当性"。通过以上两个标题明确我想要研究的主题——要解释世界历史的主体即无产阶级何以能够成为一个"总体性"的阶级，最终解释无产阶级何以能够联合起来，以真正实现共产主义。

* 田毅松，北京师范大学马克思主义学院副教授，主要研究方向为马克思主义基本原理、《马克思恩格斯全集》历史考证版第 2 版（MEGA-2 或新 MEGA）研究、西方马克思主义。

我认为，无产阶级之所以能够成为一个普遍的阶级，关键在于两个条件，一个是物质层面的条件，即解放生产力、发展生产力。另一个是精神层面的条件，即无产阶级之阶级意识的培养，亦即阶级意识如何养成的问题。

物质层面，在德意志意识形态 MEGA2 I/5 卷 H5a 笔记里大概是第 17、18、19 页谈到了关于无产阶级和共产主义的关系。尽管在《1844 年经济学哲学手稿》之后，马克思恩格斯似乎抛弃了"异化"的概念，但马克思恩格斯在他们的所谓第一次比较系统地论述历史唯物主义的这篇文献里面，说"异化成为一种'不堪忍受的'力量"。当然，他在前面加了前缀，说"用哲学家易懂的话来说"，这种用法表明了《形态》的思想跟前面思想的连续性。当然，我们先不用考虑思想连续性的问题。"异化成为一种'不堪忍受的'力量"，这种力量是革命要反对的力量。原因在于，异化把人类的大多数——无产阶级——变成了完全没有财产的人。实际上，我前面的两篇文章主题也是从财产权的角度去讨论。如果大家对科恩有了解的话，便知他最初也关注过《神圣家族》中的无产阶级问题，写过关于什么是无产阶级的文章，但是他更多的是从自由的角度去讨论的。我认为从自由的角度去讨论的话，还是过于抽象，我个人觉得应该从私有财产维度或者财产权维度去讨论。为什么？因为财产是自由的物质前提，比如黑格尔就认为财产是自由的定在。马克思也从唯物主义的视角论述了人的自由发展与所有权之间的关系。异化让人类的大多数变成没有财产的人，"没有财产"实际上就是"无产"，让人成为"无产阶级"。"无产阶级"必然会和有教养的世界相对立。但这都是以生产力的巨大增长和高速发展为前提，也就是说，只有生产力的巨大发展，历史才能够从地域性的或地方性的历史变为普遍的历史。生产力发展还会导致交往的普遍化，然后导致世界市场的形成，从而使地域性的个人或者地域性工人或者无产阶级（尽管这种说法不太严谨）变成一个真正意义上的真正能够承担共产主义革命的普遍阶级。从生产力发展的角度，生产力发展也满足了、适应了德国哲学和马克思恩格斯所追求的普遍性。

　　但是，这篇文章重点是去解决无产阶级的阶级意识问题。我的思路大概有两点。一是通过对卢卡奇物化与阶级意识的关系，同时结合马尔库塞在《单向度的人》中论述的无产阶级革命意识的丧失等问题分析无产阶级意识丧失的根源及其拯救之道。不管是卢卡奇还是马尔库塞，很多西方马克思主义者都意识到一个问题，就是无产阶级革命意识（革命意识在某种意义上可以视为阶级意识的主要构成部分）的丧失，带来的危害是什么？首先是对社会发展和革命采取一种"静观"或"直观"的态度。其次是让丧失了阶级意识的无产阶级丧失了总体性思想，难以发挥历史主动性，不能承担起世界历史的责任，难以满足历史发展的普遍性诉求。

　　二是应该如何培养无产阶级意识，因为无产阶级只有具有普遍的阶级意识时才能够真正联合起来。怎么培养意识呢？黑格尔要让现代市民社会成员在市民社会中得到教化或陶冶，但他针对的是市民社会成员，不是无产阶级，认为丧失了财产的穷人只是一种难堪大任的"贱民"。但是马克思显然对无产阶级持同情的态度。马克思和恩格斯关于如何去培养无产阶级的阶级意识的论述比较少，当然，我们可以借助列宁阐述过的"灌输"论，但是还存不存在其他路径，这就是下一步要做的工作。

权力的唯物主义：马克思与福柯

林　青[*]

我们讨论马克思的权力理论时，有一个非常常规的讨论方式，市民社会与国家、经济基础与上层建筑等模式。我写这个文章的一个非常重要的、直接的原因是我看了福柯的一篇文章《权力的网络》。在这篇文章当中，福柯讲到，他之所以去提出了一些新的关于权力类型的讨论，一个非常重要的原因是他对马克思《资本论》的阅读。

福柯认为马克思的《资本论》对于生产流通的一些论述，为他在常规的权力话语之外提供了一个新的对于权力讨论的一个契机。所以基于这样一个判断，我就想福柯在权力的谱系的研究当中，是在何种意义上以及如何受到马克思的影响？这样一些影响，对于我们反过来去研究马克思的权力的问题有什么样的帮助。

具体来讲我分了三个部分，第一个是经济形势转换和权力形态的更新；第二个是技术权力和《资本论》；第三个是权力的唯物性。在《权力的网络》这一篇文章当中，福特讲马克思在《资本论》当中对于权力的一种"在地化"的分析，提出一种有别于传统的司法概念的权力类型，他认为是一个非常重要的细节。因为在福柯看来，传统的司法的权力概念，他说本质上是一种禁令式的、规则式的，实际上是一种否定的权力，那样一个权力一出现总是给你禁令，不让你做什么事情，后来福柯把这个东西称为统治权。

---

* 林青，复旦大学马克思主义学院教授，主要研究方向为马克思主义哲学、国外马克思主义和社会理论研究。

福柯认为整个的资本主义的经济关系，它本身需要的是一种肯定性的权力，而不是一种否定性的权力。这意味着要从传统利维坦的关于统治权的模式当中解放出来，在这种否定性的权力之外，去寻找一种新的肯定性的权力的话语。他认为这种权力的话语，马克思在《资本论》当中给出了很好的论述。

按照我的理解，福柯要做这样一件事情，就是对于权力形态的讨论。我们知道福柯在 1976 年前后一直在研究权力谱系的问题，他认为西方社会一直以来关于权力的讨论都是在一种否定性的话语当中来讨论权力的，他说这样一种权力本质上是你不能的东西，它的本质上是一种规则、法律、禁令，是一种不允许做的事情。他说这样一种对于权力的理解本身是不符合资本主义生产方式需要的。传统的权力类型直接危害到了资本主义的经济活动，所以要摆脱这样一个权力，然后才能够真正理解现代资本主义社会的权力的类型。

所以他讲传统的权力有两大害处，第一，叫非连续性，因为帝国模式的权力很难细化到地方当中去，权力是象征性的中央集权。所以在这个模式下会有很多走私的活动，国家根本管不到。所以这样的权力不利于国家经济的发展。第二，传统的权力过于繁重，他说传统的权力非常重要的目的就是剥夺和攫取，但是这种权力对于整个的资本主义经济关系来讲是不利的。所以福柯讲要矫正传统权力的两大害处，首先要建立一种连续性的权力。因为连续权力是要落实到个人的，所以他讲这个要从一种有缺陷的、广泛的权力转向连续的、原子式的、个人化的权力。

当然，福柯讨论这个问题的时候，他并不是在否定现代资产阶级社会当中那种具有否定意义的司法的权力，那种法律的规定，而是讲如果仅仅停留在这样的权力分析当中是不充分的，本身是没法真实地反映现代资产阶级社会真实的运行模式。在福柯看来，资产阶级成长的过程当中，首先是受助于司法的权力。但是一旦这个过程完成，到要建立对于整个的现代资本主义社会经济的管理时，一个纯粹的司法的权力体系，他就认为是不够的。他是在这个意义上讨论权力形态变化的，所以我的文章第一部分叫经济形势的转换和权力形态的更新。

当然他并不像马克思那样明确这种权力是来源于经济活动，但是他在这样一个权力类型的转换思考过程当中，仍然抓住了现代资产阶级占用经济关系的模式的转换来讨论权力的问题。这当然也是符合马克思的有关权力和物质的讨论，在马克思那里表现为市民社会决定国家。

第二个是《资本论》和技术权力的问题，福柯说我们在马克思这个地方发现了一些从积极方面来分析权力的一些内涵，不同于传统的那种否定性的权力。他举了一些例子，比如在工厂、军队等这样一些地方，看到了一些局部的权力，而不是整体的一个权力。这样一些局部的权力有它们自身运作的方式，有它们自身的程序，有它们自身的技术。他说这是一种复数的权力形式，是根据它的历史和地理特征，使它"在地化"的权力。

这个就是福柯讲的，《资本论》对于生产流通的讨论展示了一种权力的微观的状态。因为在福柯看来，权力的功能不在于法律条文，也不在于国家主权对于权力的宣称，权力的功能在于它的运作。运作就必须要跟独特的对象相关，因为不同的对象它的权力的运作模式是不一样的。所以他看到了马克思在讨论工厂、讨论监工、讨论协作的时候，他认为那样一种"在地化"的运作模式，是一种新的权力形态，跟资产阶级的司法意义上的权力不是一个东西。但是它对于整个经济的运作，对于工厂的运作，又是很重要的权力类型。

福柯认为只有分析权力的"在地化"的运作，才能够真正理解权力本身。这样"在地化"的工作靠什么来执行？就是靠技术。这里面有两个技术方面的要点，一个是技术对人的管控，比如工厂工艺制度、工艺学，每一个人其实都被嵌入了一个机器体系。机器运作的速度、经济运作的模式决定了人的运动，所以人在那个地方是作为一个程序的环节，被放到那样一个系统中去的。这是福柯讲的一种权力的技术或者技术的权力在《资本论》当中的一个呈现。从这篇文章可以看到福柯对于权力的讨论，大量的对于技术的讨论是跟这个地方直接相关的。

在这两个要素的基础之上，福柯自己最后表达了这样一个问题：就是权力的唯物性属性。我们一般对于福柯的理解不是一种唯物性的表达，对于权力谱系的一些描述，在《知识考古学》等这样一些问题讨论中，权力是和话语联系在一起的，根本没有所谓唯物的那个东西。但他在这篇文章当中，通过对一些问题的分析，他得出的一个结论是"权力的唯物主义"这样一个论述。一方面他是通过对将马克思卢梭化的这样一个倾向的批评来展开的。他认为，如果我们优先通过考虑国家机器来分析权力的话，就又掉入了司法权力当中。他认为马克思本身没有去做这样的事情，但很多后来马克思主义者做了这个事情。如果又从对权力的讨论回到资产阶级的话语体系当中，那么他所谓权力话语的革命就又不见了，所以他上来就批评将马克思卢梭化的需求。他认为这就是马克思对于权力的分析，一方面是跳出了这样一个模式，但是后来尤其是西方马克思主义者，其实又把他拉了回去。所以福柯要反对把权力作为一种国家机器和国家意识形态的维度的一个考虑。

第二个刚才讲了权力的类型，它体现在唯物性，还体现在一种权力的技术和技术的权力。福柯认为当将权力的讨论置于一种有历史特征、历史规定的这样一种"在地化"研究的时候，权力其实是通过各种各样的技术程序在发挥作用的。因为每一个地方的"在地化"的运作，它的对象是独特的，意味着对于这样一个对象的管理、处理，有专门的技术。所以权力在这个过程当中通过技术程序来发挥作用，那么这也是符合他所讲的在传统的否定性的权力分析之外，存在一种将权力当作技术的观念来讨论。他说这样一个源头也是马克思，都是他通过阅读马克思的《资本论》来完成的。

第三个权力的唯物性表现在什么地方？就是福柯最后讲，我们不需要在国家的司法体系当中去表述权力问题，我们不需要从利维坦的统治权的模式当中去讨论权力的问题。他说权力应该去关注对象，因为权力之所以是权力，是跟对象发生的关系。如何在对象上显示这个权力，这才是最重要的，而不是这个权力作为一个法律条文摆在那里。所以他讲权力的唯物性还直接表现在权力和身体、生命关系，这个就到了后来的生命政治学的话语中去。

在福柯的权力谱系讨论当中，他强调一种规训对于身体、生命政治对于生命的权力。所以他说这样一种讨论权力的方式就变成一种唯物主义，它不再是一种本质上是司法的东西，他说权力必须与真实的事物打交道，真实的事物就是身体和生命。所以按照福柯的理解，权力的真正的效应在于行为的过程，而不在于司法的制度体系当中。所以在福柯对于权力的分析当中，身体和生命就变成了权力的运作对象。在这个意义上他把权力称为是一种唯物主义的权力，不是再去关注话语，而是关注直接的身体和生命。

当然，我其实谈的更多的是福柯的东西，而不是马克思的东西。我的目的是要讲清楚福柯在一开始介入对于权力类型的讨论当中，他是如何受到了马克思的影响。马克思的哪些论述、哪些方面刺激了福柯去开辟一条新的关于权力类型的讨论道路。

在一般的惯常的理解中，马克思主义关于权力的分析、唯物主义的分析，是西方马克思主义的理论的贡献。就福柯的理解而言，这样一些权力的唯物主义的分析，尤其是在国家及其意识形态领域当中分析，虽然表面上好像推进了马克思的权力运作的分析，但是实际上这样一种讨论问题的方式将马克思重新带回到了现代资产阶级国家权力运行的逻辑和常识当中。这意味着马克思的那样一种权力理论的革命性的维护没有得到直接的呈现，同时也意味着这个权力的问题重新又被淹没在一般性的制度化的讨论当中。他把这样一种讨论问题的方式叫作讨论权力问题贫困化的表现，太没有想象力了。所以按照福柯的理解还是要深入一个社会的进程当中去。

政治哲学总是有一些基本的对象，权力就是一个非常重要的对象。福柯的理解，我觉得为我们去理解马克思的权力理论、理解西方马克思主义后来对于所谓政治维度的发挥，提供了一个很好的启示。

构建以权力关系为核心的马克思主义政治哲学

董键铭[*]

我们研究马克思主义政治哲学，所面对的一个基本前提是马克思没有明确地建构一个政治哲学理论体系，所以在很大程度上我们可能得自己将其建构出来。建构马克思主义政治哲学，需要我们探索出一个合理的理论地基，在这里我试图通过"权利"和"权力"这两个概念为出发点来探索这一理论地基。以罗尔斯为代表的自由主义政治哲学基本都以权利为基础去考虑问题，但我觉得我们也有必要从权力的角度出发去考虑问题。为什么要重视权力问题？我首先关注了一些对当代自由主义思想进行批判和反思的代表性思想派别。首先是当代共和主义，共和主义实际上也想实现自由，但是它想以一种新的方式来理解自由。当代共和主义认为自由主义往往采用是否有干涉来定义自由，但实际上可能在某些情况下，人们所受到的干涉不一定会真的影响人的自由。当代共和主义想要使用支配这个概念来理解自由，在支配和自由之间建立必然联系，因为在某些情况下，比如有一个制定良好的法律来对我进行管理，这时法律肯定干涉我了，但是这种干涉不是使我过得更好了吗？所以共和主义想以支配概念为核心建构一套理解自由的方式，认为实际上是有支配就没自由，没支配就有自由。而干涉与否并不起关键作用，要看这个干涉后面是不是有支配。

---

* 董键铭，中国社会科学院哲学研究所助理研究员，主要研究方向为哲学基础理论、马克思主义政治哲学、《资本论》的哲学解读。

从当代共和主义的观点出发，我发现以伊丽莎白·安德森为代表的关系平等主义发展了共和主义关于支配的观点。她指出在现代企业当中、在现代社会的经济活动当中，事实性地存在一种新型的支配关系。她举了一个例子，认为在企业中老板、经理对于下级员工有一种不可动摇的权威，他们对员工具有影响力和支配力，不仅可以支配员工工作期间干什么，甚至影响员工下班回家之后干什么。这种影响力可能没有直接发挥作用，但它无时无刻不存在着，构成一种支配关系。这种经济活动中的支配关系在传统自由主义的研究视野中可能并没有得到充分关注，所以关系平等主义就提出有这样一个需要被重视的问题。我认为总的来说，这一派的观点至少都首先认可自由的基本概念，他们都相当于在自由主义的框架内部进行自我反思，并在这种反思中发现自由主义怎么没有继续重视权力问题，所以权力问题好像被忽视了。反过来说，福柯可能代表了另一种观点。他反过来从自由主义的外部去反思自由主义，并且也发现自由主义把权力问题给忽视了。我认为福柯的生命政治学包含两个部分，第一部分是他早期研究的惩戒肉体的权力方式，权力技术通过对肉体的支配，实现对人的控制；另一部分是后期的生命政治学，强调通过统计学的方式，通过人口、免疫学等概念实现对整个人口的控制。这两部分都证明现在自由主义治理术依然在使用权力技术实现对人的控制，从而构成现代社会中的一个问题。所以在第一部分中通过考证这两种不同角度的思路，我想表明，现代社会可能依然存在权力问题。

第二部分我想考证一下，现在西方主流的自由主义政治哲学对权利话语的建构，实际上背后有着深厚的思想史基础。但当我们考虑现代社会中的权力关系问题时，我认为以权利为核心的自由主义政治哲学可能并不能很好地处理权力问题。因为近代以来随着自由主义政治哲学兴起，权利概念被确立之后，其在私人领域和公共领域之间进行了一个区分。首先是私人领域，这里关涉的是个人自由、个人权利等概念，这是建构政治哲学论证的前提，属于自然状态的一部分。在自然状态之上生发出一个公共性的政治秩序和关于国家、政府的理论，这形成了公共领域。

虽然私人领域导向了公共领域的形成，但它们之间主要是相互隔阂、相互对立的。近代以来的政治哲学在很大程度上所处理的都是公共领域中的问题，而没有处理私人领域中的问题。他们认为私人领域的核心原则是权利应该得到保障，而公共领域中则存在政府可能侵害个人权利的问题，因为个人已经通过契约将自己的权力让渡给了政府，个人之间不会再发生权力上的相互斗争，在这种情况下能够侵犯个人权利的力量只有政府的权力。所以，在这种公私二分的论证方式之下，自由主义政治哲学就会认为在个人领域中不会有权力关系问题，权力问题主要就体现为政府的权力对个人的侵犯，政治哲学所要处理的也就不是个人的权力问题，而是政府的权力问题。

但是在第一部分中，我既谈到了当代共和主义和关系平等主义的研究，也谈到了福柯的研究，这些研究都证明，可能在自由主义认为需要被保障的私人领域中，并非真的完全不存在权力问题。事实上，随着人类社会进入现代文明这一文明形态，权力问题可能并没有在私人领域中消失，而是形成了一种适合于资本主义社会的新形式。所以当自由主义把公共领域独立出来，认为只有公共领域有权力问题时，私人领域的权力问题就被无视了。所以在第二部分中我想说，可能以权利概念为核心的自由主义政治哲学研究，没办法处理现实存在的权力问题。

第三部分我想探讨马克思的思想中可能蕴含了能够处理权力问题的一些思路，在这里我只进行一些简单的提示，因为还没有将全部环节都彻底研究清楚。

首先，马克思本人始终在关注权力关系问题。比如在《黑格尔法学批判导言》里，他就说必须推翻使人成为被侮辱、被奴役、被遗弃和被蔑视的东西的一切关系，《共产党宣言》也强调无产阶级团结起来，展开阶级斗争，这都意味着马克思比较关注权力关系问题，关注人对人的支配这一问题。其次，我觉得马克思对资本主义生产方式进行批判的时候，他也不单单是对资本逻辑本身进行批判，而且也关注着资本逻辑造成了人与人之间形成权力上的支配关系，这可能是成问题的。所以我们看到在马克思对资本主义社会的批判中，经常关注资本家对工人的统治、资本家对全人类的控制等问题，这都意味着马克思的批判落实到了权力关系问题上。此外，马克思的政治经济学批判也实现了政治经济学的术语革命，他发现对于法的关系，我们必须到物质生活中去寻求、到市民社会中去解剖，这意味着他发现了政治经济学所使用的经济话语背后隐含人与人之间的社会关系。马克思发现要到物与物的关系中去研究人与人的关系，并把对人与人之间关系的研究诉诸对物与物的关系的研究。所以我觉得可能马克思发现了一种研究权力关系问题的新的研究方式，即虽然权力关系问题看起来是一个政治问题，但我们不应该局限在传统意义上的政治领域中去研究权力问题，它的根基在经济领域中、在私人领域中。所以马克思可能开辟了一种到物与物的关系中去，到市民社会中去直面真正存在的权力关系问题，进而想办法解决权力关系问题的思路。

综上所述，我认为，如果我们能够把这一套思路全面展现出来，首先是定位我们所要解决的问题是权力问题而不是权利问题，然后再揭示自由主义政治哲学无法处理权力问题，而马克思的思想中蕴含处理权力关系问题的可能性，那么我们就有可能以此为基础建构一种合理形态的马克思主义政治哲学。与此同时，以权力问题为核心构建马克思主义政治哲学也有一个现实考虑，那就是当我们以整个资本主义体系为批判对象的时候，可能我们很难拿出一个针对整个体系的切实可行的有效方案，但如果我们将批判的目标缩小到资本主义社会体系中的权力关系问题时，我们就有可能借助政治哲学的基本方式，例如借助国家和政府的力量，来形成一些针对权力问题的具体思考，这就有助于我们形成具有可操作性的具体方案。

重思历史与阶级意识的关系

——以《德意志意识形态》为中心

魏　博[*]

我的报告主题是关于历史与阶级意识的关系问题。在这个话题上，在马克思主义的研究传统当中存在两条思路。一条思路是受黑格尔主义影响较深的马克思主义者会强调，历史自身有一个自我运动的过程，它把个人当作提线木偶，尽管个人有意识地去做任何事情，但是其实背后都是受制于历史的目的在行动。按照这种思路，阶级意识就没有决定性意义，因为历史自身有其目的，而不依赖于个体的行动。

卢卡奇则提出了另一个思路，即阶级意识对于推动历史发展具有决定性意义。他把西欧工人革命的失败归结于无产阶级意识的缺乏。这个思路给西方马克思主义者，甚至包括很多接受西马的中国学者都带来了很大的影响。但从反面来看，如果资本主义体系一直能够抑制反抗的阶级意识的生产，也就没有可能使得历史继续向前，进而永远停留在资本主义社会阶段。这一点当然是不太符合马克思主义的精神，所以我就在想有没有可能基于马克思自己的思考来开出第三条道路。我试图从《德意志意识形态》（以下简称《形态》）当中去找第三条道路。

为此，主要分三步。第一步，分析卢卡奇的物化意识命题的局限性；第二步，分析《形态》，说明形成阶级与阶级意识的条件；第三步，说明无产阶级即使具有了阶级意识，也并不是任何时候都可以随意的推动

---

[*]　魏博，中国人民大学哲学院讲师，主要研究方向为政治哲学、马克思主义哲学、德国古典哲学。

或者说变革历史，它的变革时间必须与一定的物质基础与历史条件相结合才有可能。

先来看卢卡奇的"物化意识"命题。所谓物化意识就是由物化结构所产生的、屈从合理化并将其视为自然规律的意识。在资本主义社会，客观方面的物化现象就是商品它不受个人的支配，反过来支配人。在主观方面，劳动者会发现不光这些商品支配着自己，连自己的劳动都没有办法支配，自己反而成为一种商品，受市场规律所支配。这样的物化现象是在资本主义的分工和合理化的过程中产生的。合理化使得劳动者在心理上也产生一种工具理性的思维方式，他会按照社会所要求的平均劳动时间来衡量自己的生活方式、行为习惯以及劳动等，逐渐使自己也按照体系的理性要求去生活。这个过程就是追求工具理性的合理化。

这个过程在现实社会中特别常见，比如说知识民工的生产——虽然知识民工对 KPI 考核体系本能地具有反抗意识，但是当 KPI 机器运转起来的时候，知识民工还是会融合到它的运转当中去，不得不作为它的一个螺丝钉去运转。物化意识的问题在于，它渗透到社会的每一个环节，各个环节中的人只能在一个局部去思考，丧失了总体性的意识，也就没有办法去把握整个体系运转的逻辑，更无办法突破体系的牢笼对每一个局部个人的限制。

只有一种阶级可以突破，那就是无产阶级。为什么无产阶级可以突破？因为无产阶级的社会存在总是在客体那一面，他只需要借助简单的直观就会发现自身的存在是作为商品而存在。他会认识到自己处在生产体系运转的核心，认识到要想改变自己的社会存在，即作为商品的社会存在，就必须改变整个生产的体系。一旦形成这样的革命意识，无产阶级就会成为历史的主体，推动历史的变革。

在法兰克福学派看来，卢卡奇的方案是接近黑格尔历史哲学的方案，他对于历史主体之于历史进步的作用太过于乐观。自第二次世界大战以来的历史上会发现有三种经验都否定了这种乐观的历史哲学——苏联对官僚科层制的强化、法西斯主义对自然造反的心理利用，但更关键的是大众文化工业对群众思想的控制。文化工业使得大家在娱乐和文化的生产中沉浸于意识形态商品而不可自拔，无产阶级也随之丧失了对生产体系的反思能力。

马克思的想法跟卢卡奇的不太一样。马克思看到，无产阶级在不利的处境当中确实会形成反抗意识，但是反抗意识的形成需要更复杂的条件，不是从悲惨的地位当中直接出现的，而且要和某种条件相结合，反抗意识才能发挥其作用。这是马克思在《形态》当中和卢卡奇谈的很不一样的一个地方。

接下来，第二个部分谈一谈马克思在《形态》当中怎么理解阶级和阶级意识的形成。在最初的共同体中，私人家庭和共同体本身是不分开的，个人同时具有两种身份：一方面他是家庭的成员，另一方面他是共同体的成员。当他把目光聚焦于家庭时，会发现如果想要保存自己的话，只能通过自己的劳动来达成；当他把目光放到共同体时，会发现自我保存是依赖于他人的。如此，它会出现对立的状态——到底是通过自己的劳动来保存自己，还是通过共同体来保存自己？有的人更擅长通过自己的劳动去保存自己，有的人更擅长通过共同体来保存自己。显然，通过共同体来保存自己的方式会获得更多的利益。

在这个意义上，有一群人会很倾向于控制共同体，而另外一些人就只依赖于自己的劳动，逐渐形成统治阶级和非统治阶级的分化。结合具体历史条件，阶级分化大体上分成两种：第一种是等级的情况，第二种是资产阶级社会中的情况。我这里只谈在资产阶级社会的情况。资产阶级社会摆脱了人身依附关系或者地域局限性，使个人的规定不再依从于地位或者情感、荣誉和面子等，人人都具有形式的平等。形式平等的规定性不来自人的内在生活和劳动，而来自社会分工的外在规定，来自阶级关系对它的外在规定。过去，个性是来自人的劳动生产，我劳动生产了我自己的个性；但现在我的劳动和我的所有分离了，我越生产就越丧失自己的个性。资本主义生产体系使得个人无法通过自己的劳动来保存自己，无产阶级的形成就意味着在资本主义生产体系当中形成没有办法维持任何特殊阶级利益的阶级，这个阶级就站在了整个体系的总利益的对面，这是无产阶级生存论的基础。

处于不利状态中的劳动者会自然地产生抵抗心理。但是从个体的无产者的自然抵抗心理到他取得无产阶级意识还需要一个契机，并不能自然而然地达成过渡。这个契机就是要形成最剧烈的政治对抗和经济危机，只有在危机当中无产者才能破除不利状态仅仅是个体悲苦的假象，才能意识到原来自己的悲苦是由整体的社会运转机制所带来的。这时，他才能够取得阶级意识，即不和其他人团结起来对抗或改变体制的话，就没有办法改变自身的社会存在。

那么，这样的意识对于历史革命到底有什么样的意义？我觉得马克思跟卢卡奇谈的不一样的地方主要是有三点：①无产阶级要想推动历史变革，必须具有特定的物质条件，即要广泛地推动生产力的发展和交往的普遍化；②无产阶级要不断地深入异化的生产体系当中，随着自身的异化而增强自己的能力，与生产力的结合越深，无产阶级就越能够占据整个生产体系的核心；③无产者的政治联合并不是由于取得了无产阶级意识立刻就能够出现的，而是需要在长期的实践过程当中——反复地与生产力和交往中出现的矛盾相磨合——才能逐渐形成。

在此，简单说一下我的结论。无产阶级要想推动历史的变革，就必须得在世界历史共同活动的系统当中，有意识地把握发达的生产力与普遍交往之间的矛盾，并在这个矛盾中创造有利于自身行动的条件。过去，理解无产阶级意识通常只从否定的意义理解，认为无产阶级意识就是反抗、推翻、变革生产关系或生产制度。其实，无产阶级意识还有一个很重要的维度，就是要推动生产力的发展和交往的普遍化，使得现存的条件变得有利于自身的革命。

青年马克思如何看待黑格尔的卢梭批判

祁　涛[*]

我的问题意识既不是来自传统的马克思主义哲学史，也不是来自政治思想史当中的讨论，我的问题意识是在当代政治哲学对黑格尔哲学形象的复苏之后，如何能进一步回应当代政治危机的问题。当代国内外黑格尔政治哲学、实践哲学研究将原本比较保守的黑格尔形象描绘成拥抱现代自由政治的形象。这样的黑格尔形象似乎一方面能够提供一个更高的、伦理规范性的学说，另一个方面对于遏制激进政治、暴民政治，似乎提供了很好的理论依据。但是如果我们彻底转向这样的黑格尔法哲学，青年马克思对于黑格尔法哲学批判的合法性又成了问题。马克思的批判在今天是否依然有它的现实意义？除此之外，如果我们完全接受当代诠释下的黑格尔形象，这也就意味着现代政治排除了一切以人民为政治主体的方案，人民始终是从一个处于被高度怀疑的位置进入这个现代政治的。那么，是否意味着我们同时也排除了现代政治当中所有的革命的维度？我的问题意识是和当代全球的政治景观密切相关的，即新自由主义之后所出现的一系列的身份政治的情况。一方面，人民本身开始重新被建构成一个符号般的政治主体；另一方面，人民内部的差异性和独特性空前地放大，也就是多元化主体身份的出现。那么在整个新自由主义的全球方案失效之后，各国都面临着由经济危机所引发的一系列的社会危机的挑

---

*　祁涛，复旦大学哲学学院，副教授，主要研究方向为马克思主义哲学史、马克思哲学与西方哲学传统、近代西方政治思想史。

战，这些挑战也构成了当代民主政治的危机。在这样的危机中，我们看到了前面所说的当代黑格尔哲学解释中黑格尔形象的回归。

这篇文章的写作思路是从卢梭开始的。卢梭在 18 世纪的时候就已经提出了人民主权论的内在困难，不同于贡斯当从自由主义对卢梭的批评，黑格尔对于卢梭人民主权的批评是在卢梭哲学的内在性中展开的。那么马克思是如何站在黑格尔的批评之上，接受了黑格尔批评卢梭的重要成果，但是又重新把人民从现代政治当中拯救出来。这是我的文章的论述结构。

关于近代人民主权论的问题，在卢梭的学说当中最明显的表现为对于普遍意志概念的讨论。卢梭的主权学说与立法学说之间存在内在的紧张。人民不能把主权者的权力委托给任何人（公共人格），由此保证人民与自己签订的契约是自由的，同时也是具有普遍规范性的。另外，政治制度由精英立法者设计，但立法者不能作为主权者行使主权。立法权则作为运行政治制度的原则存在。但卢梭这个说法还是没有解决创制政治制度的原则与运行政治制度原则的矛盾，而这一矛盾出现在现实里就表现为黑格尔所讨论的政治制度与立法权的优先性问题。

黑格尔非常敏锐地注意到卢梭的人民主权论的问题，从而他也提出了自己的批评——卢梭所谓的普遍意志仍然只是共同意志，即所有意志之间的集合。黑格尔认为卢梭人民主权论存在若干问题：其一，随着创制政治制度的原则与运行政治制度原则的矛盾发展，主权者、公共人格的高度抽象化；其二，作为政治主体的主权者（人民）成为名义上的主权者。由此带来可能的双重结果：共和国的覆灭（法国大革命之后的第一帝国）和稳固政体运行的行政权与立法精神的冲突，以及由此带来的不断的动荡；其三，卢梭的理论里不存在市民社会的中介地位，黑格尔认为市民社会是个人和国家之间必须存在的中间环节，这一中介性一方面能够建立起个人外在的普遍性，另一方面能够保存私人利益。黑格尔在这两个层面上重构了卢梭的私人向公民转化的路径：第一个层面是，私人一定有在市民社会当中受教育成长起来的、成熟的个体性，他发展出了向国家的伦理准备。第二个层面是，私人不能仅仅拥有公民的意识，他更需要在政治制度当中被现实化。

黑格尔对于契约论基础上的主权依然有更大的几个框架上的批评。主权要落在真实的人格之上；立法权、行政权、君主权要看成政治国家内部的三种实体性差别。第三也是非常重要的一点，黑格尔将政治制度放在立法权的优先地位，实际上取消了立法权对于政治制度的制宪权。这也是对人民主权论最致命的一个批评，就是立法权不再具备创制国家的内在动力。立法权作为一个具有开创性的革命力量，人民正是这种政治权力的来源，在上述情况下，黑格尔不仅在国家制度的存在意义上排除了人民，而且也在国家的实际运转中排除了人民，人民等于在黑格尔的设计当中被完全排除了，这也是我认为黑格尔的政治变得保守的很重要的原因。

最后总结一下青年马克思的政治批判，我就讲一下关于我这篇文章想要关注的一点。在第三个层面"青年马克思的政治批判所要克服的人民主权论危机"，马克思针对黑格尔国家哲学做出了批判性的回应：第一，针对王权，马克思表明落在单一人格上的王权依然是抽象的；第二，针对行政权，中介仍然是作为特殊利益存在的中介；第三，针对立法权，等级制意味着以倒退的方式解决分离问题。在立法权的批判部分，马克思一方面重新赋予立法权以"组织普遍事物的权力"，从而规定国家制度；另一方面通过批判等级制，重新复归人民的革命主体地位。

总结一下，人民政治诞生的问题为什么对于青年马克思的政治哲学是非常重要的呢？一方面，我们能够在政治哲学的框架下，从《德法年鉴》时期到《1844 年经济学哲学手稿》到成熟时期的唯物史观当中，看到一条关于马克思的革命学说的清晰线索，使得我们不能一方面做唯物史观、做政治经济学批判，同时把马克思的革命学说看成唯物史观对应的结果。换句话来讲，革命学说某种意义上是牵引着唯物史观形成的一个非常重要的思想力量。

"市民社会问题"与马克思、黑格尔的
不同解决方案

蔺庆春[*]

"市民社会问题"是黑格尔提出的一个近代社会转型中出现的重要问题，是马克思和黑格尔共同面对的时代问题，同时也是现代社会依然需要认真应对的一个重要问题。"市民社会问题"表现为市民（私人）和公民（法人）、经济生活和政治生活的分离与对立。对此，马克思在《论犹太人问题》一文中曾有过明确的表达："政治解放一方面把人归结为市民社会的成员，归结为利己的、独立的个体，另一方面把人归结为公民，归结为法人。"[①]

"市民社会问题"的产生经历了一个漫长的历史过程。在思想史上，18世纪以前，市民社会和政治国家在概念层面上是重合在一起的，国家就是社会，社会就是国家，政治在社会生活中居于主导地位，经济生活和政治权力密切相关。该时期，人的个体性尚未获得独立的意义。到中世纪后期开始，随着商品经济的发展，社会结构转型，市民社会开始作为一个独立的领域和政治国家分离开来，尤其是随着资产阶级革命的爆发，中世纪的封建等级制受到巨大的冲击，原来处于统一或者说混沌状态的市民社会和政治国家发生分离。马克思指出，"国家的唯心主义的

---

*　蔺庆春，中国政法大学马克思主义学院讲师，主要研究方向为马克思主义经典著作和基本原理、马克思主义法学和法治思想、哲学基础理论。
①　《马克思恩格斯文集》第1卷，人民出版社，2009，第46页。

完成同时就是市民社会的唯物主义的完成"。① 随着政治国家作为人的共同体精神、政治精神凝结物地位的巩固，人的经济生活从政治生活中分离出来，市民社会的经济属性也越来越被强化，体现为一种特殊性和个体性居于主导的世俗生活领域、经济生活领域、私人领域。与之相伴随的，是人与人之间关系的变化，由原有的封建特权的政治等级差别，走向了一种以法治为表现形式的社会等级差别的转变。

"市民社会问题"是黑格尔和马克思共同面对和试图解决的重要时代问题。其中，黑格尔主要是在《法哲学原理》一书中重点探讨了"市民社会问题"的解决方案。关于黑格尔的解决方案，学界有三种具有代表性的概括，分别是国家正义论的解决方案、社会正义论的解决方案、中介论的解决方案。三种方案各有侧重，我个人更倾向于第一种和第三种方案的结合，那就是以国家为主导的中介论方案，强调借助等级和行政权等一系列中介要素，通过教化和陶冶，实现人的个体性与社会性的统一。与黑格尔以国家为主导，主张自上而下的解决方案不同，马克思立足市民社会，强调市民社会决定政治国家，主张回到社会历史现实，立足于问题的"原本"解决问题，换句话说，通过变革市民社会为人类社会才有可能。这一变革，具体来讲，就是依赖人民群众，通过无产阶级革命，政治上推翻资本主义政治国家的统治，经济上破除资本主义私有制，建立起真正体现人民意志的、代表人民普遍利益的国家，也即真正共同体。

马克思与黑格尔的解决方案并不是完全对立的，而是互相补充的。马克思解决方案的实现，为黑格尔解决方案的发挥作用提供了重要前提和现实基础。因为马克思所主张的人民主权国家与黑格尔作为普遍理性的国家理念具有内在的一致性。

---

① 《马克思恩格斯文集》第 1 卷，人民出版社，2009，第 45 页。

马克思《博士论文》中理论与实践的关系

　　我的报告主要是处理博士论文时期马克思的思想在亚里士多德主义和黑格尔主义之间的位置。这个题目大概分成三个部分，第一个部分会谈一谈在这个时期，在理论和实践这两者之间，马克思到底是怎么看待这样的问题的，以及传统上对于这个问题的解释它的问题在什么地方？第二个部分给大家讲一讲马克思《博士论文》（《德谟克利特的自然哲学和伊壁鸠鲁的自然哲学的差别》）的第二部分第四章——"时间章"，在这个章节当中马克思谈到感觉、实践和理论相关的问题，这一部分呈现出一种亚里士多德主义的面貌。那么它的面貌到底是什么样的。马克思博士论文的写作有一个特点：第二部分的第一、二、三章以及第五章篇幅都很长，因为他要综述别人的说法，有评有述。所以他花了很多的时间去讲别人讲了什么东西。但第四章"时间章"的篇幅比较短，比如从注释可以看出"时间章"注释只有八个，但其他的一些章节的注释都比较多。"时间章"的篇幅少，是不是意味着它不重要？其实它非常重要，因为我认为在这个时期马克思是在重构前人的思想。第三个部分会讲一讲光的比喻，光的比喻是亚里士多德会讲的一个比喻，马克思博士论文以及博士论文笔记中，都会使用光的比喻。那么这个比喻是在什么意义上来谈的呢？这就是我今天要讲的三个部分。

　　我现在就进入第一部分，讲一讲传统解释的问题。传统的解释都讲

马克思既讲理论又讲实践，它的依据是第一部分的一个长注释，但是关于这个问题的讨论并不只限于那个长注释。他在第一部分谈理论和实践的时候，就谈思想与存在的关系，谈可能性、抽象可能性、实在可能性、偶然性、必然性，他讲这个问题是用这套术语的。所以传统解释这个问题的时候，没有考虑到马克思谈理论和实践关系的时候，是把它放在一个更大的体系当中来谈的，是跟思想和存在的关系、感觉和实践和理论的关系关联在一起来谈的，这是马克思在谈这个问题的时候他自己的一个体系。

概念判断这个词出现在马克思《博士论文》的笔记当中，这是黑格尔经常用的一个判断。概念判断讲的是应当和现实的一种关系，在康德意义上讲，是应然和实然的关系。黑格尔会强调应然和实然的统一，而康德讲应然的问题倒是和感觉相关的。这是康德所讲的模态判断和前三类判断的一个不同的地方，它不是客观综合，它是一种主观综合。马克思认为整个原子世界在天体论当中就实现了主观和客观的综合，综合之后它是应然状态，那么它是不是能够现实地实现出来？比如说一个房子是好的，这是它的天然的本性，那么房子好是应然的，但房子在什么条件下我们才可以说房子是好的？这是一个概念判断。那么它涉及中介，房子具有什么条件，所以它才是好的房子。那么这里就要涉及中介，这是马克思的一个框架。

第二部分简单地讲就是马克思在"时间章"当中对《论灵魂》的引入。他在谈实践和理论关系的时候，是在这样的框架当中来谈的。所以我们脱离开这样的语境来谈时间是没有尊重马克思的逻辑。"时间章"结构的一个根本问题，就是感官能不能真正把握我们的对象。马克思在"时间章"当中其实是留下一个矛盾的。一方面，从形式、质料的角度来说，好像形式可以把质料统一进来。另一方面，马克思指出我们的感官是没有办法完全认识这个世界的，那么这个世界本身和我们会处在一种分裂的状态。那么在《博士论文》当中讲异化，最早就出现在这个地方，就是说我们的感官和对象没有办法统一，这就是异化。但是它在形式与质料的层面又是可以实现统一的，这是时间章展现的一个矛盾。所以，《柏林笔记》对《论灵魂》的这部分摘抄跟马克思《博士论文》的关系很大。《论灵魂》当中有相当的一些观点，其实马克思在他的《博士论文》当中是有呈现的。这就会涉及我们刚才所讲的在时间的意义上如何去谈形式和质料的关系。

在亚里士多德的《论灵魂》当中，他会讲感觉对象的可感形式能够被我们感觉能力接收，感觉能力又会作为一个二级的潜能，上升到一种现实状态，变为一个实际感觉到的、不带质料的可感形式。这就是亚里士多德所说的二级的潜能现实的关系。在这个意义上可以谈我们为什么能够认识感官的对象，而同时又不需要让质料影响到我们的认识。这是亚里士多德的一种处理方式，使得形式和质料可以达到一定程度上的统一。

如果站在很强的黑格尔主义的立场上来说，形式和质料是可以直接统一的。但是在亚里士多德这里，感觉对象的质料部分是不能够为我们真正把握的。这样就留有马克思自己所说的一个矛盾，马克思没有完全走向黑格尔，当然也没有完全走向亚里士多德。

在黑格尔这里，理论和实践达成统一。但是在亚里士多德这里是不能够的。他所说的主动的理性，在一定程度上是决然地凌驾在实践之上的。这是马克思所说的光的比喻，马克思在《博士论文》中多次提到光的比喻，有的时候讲内在之光，有的时候讲高高在上的光，那么到底是一种什么样的光？就是高高在上的光。在这个意义上，马克思事实上给出了不同的中介来沟通理论和实践。它有不同的方式，通过实践本身是一种沟通，通过感觉那也是一种沟通，也可能是通过实证的事物本身的沟通。但是马克思的《博士论文》，还没有能很好地处理这个问题。马克思既有黑格尔意义上的理论和实践的统一，包括思维的存在的统一层面；但另外，马克思也感觉到亚里士多德的结构，这里存在一种断裂。

三

作为经济基础的自由和它的实现方式

陈广思[*]

我们都知道，从马克思思想的角度来看，自由最基本的形态就是生产资料所有者与劳动产品的同一。当生产资料所有者（无论是否同时是直接劳动者）能够占有由他所掌握的生产资料产生的劳动产品时，他在社会生产和基本生存方面免于他人的支配，因而拥有最基本的自由。这是作为经济基础的自由。不过在不同的社会形态，特别是在不同的所有制形式中，生产资料所有者与劳动产品的同一关系的实现是不同的，因此作为经济基础范畴的自由也有不同的内容和实现方式。

在一种理想的原始公有制里，个人是通过血缘共同体的方式成为生产资料所有者，并与劳动产品形成同一关系，由这种同一关系所建立起来的自由是由血缘关系主导建构而成的，我们可以称之为"血缘性建构"的自由，它具有超经济的属性。它的实现方式就是个人使自己人身完全依附于血缘共同体（只有这样个人才能获得生存条件），受其支配。在古典古代所有制中，个体公民通过作为城邦共同体的个体成员来拥有土地，与劳动产品就形成同一关系。这种情况下也形成了作为基础经济的自由。这种自由是"政治性建构"的自由，也具有超经济属性。它的实现方式包括两个方面，一方面是对自我的支配，比如说个体使他自身隶属于共同体，受其支配。另一方面是对他人的支配，包括个体公民对

---

  * 陈广思，中国人民大学哲学院副教授，主要研究方向为马克思所有制思想研究。

奴隶的支配和对外海殖民地的隶民的支配。通过这些支配，个体公民能够剥削被支配者的劳动产品或生产资料，从而与劳动形成同一关系。这些是古希腊作为经济基础的自由的实现方式。

西欧封建社会作为经济基础的自由及其实现方式理解起来稍微复杂一点。从两个方面来看，在领主与附庸方面，领主通过要求附庸为他履行特定的役务的方式来替代对附庸的剩余劳动产品的剥削，从而与这个劳动产品形成同一关系。就此而言领主享有自由。反过来，附庸通过为领主效忠的方式来成为土地所有者，并且与由这块土地生产的劳动产品形成同一关系，因此也能够享有某种自由。在领主与农奴方面也有类似情况。在徭役劳动中，农奴在他份地上劳动，能够占有一部分劳动产品，从而与劳动产品形成一定程度的同一关系，因此农奴能够享有某种自由。领主通过支配农奴的方式，当然能够更好地与劳动产品形成同一关系，所以说领主也能够通过这种方式来形成自由。总之，在西欧封建社会，无论是领主、附庸还是农奴，其实都在一定程度上拥有作为经济基础范畴的自由，这种自由是通过封建领主的私人权力建构起来的，领主无论是对附庸还是对农奴的支配，都包含超经济支配的因素。所以由此实现的自由也是"政治性建构"的自由，包含超经济属性。这种自由的实现方式也包括两个方面，一方面是对自我的支配，比如附庸使自身效忠于他的领主，农民把自己的土地献给领主使自己从属于领主。另一方面是对他人的支配，例如领主对附庸和农奴的支配。无论是对自我的支配还是对他人的支配，都是实现与劳动产品的同一的方式，因此是实现作为经济范畴的自由的方式。

在资本主义社会，情况与前资本主义社会的情况颠倒过来。在前资本主义社会，生产资料所有者与劳动产品的同一主要是超经济因素建构的，由此实现的作为经济基础范畴的自由也是超经济因素建构的。到资本主义社会，资本通过无偿占有工人剩余劳动产品的方式，与整个劳动产品形成同一关系，这种同一关系主要通过单纯的经济方式建构而成，更直接地说，是通过交换价值的交换建构而成。由此实现的是资本的自由，这种自由具有鲜明的经济属性。资本自由的实现方式主要是对他人的支配，包括对资本家、工人、自然环境和社会条件的支配等。但资本自由的实现方式不包含对自我的支配，如韦伯说，资本是非人格性的，这使得它不具有对自我支配的情况。

当我们把上述几种作为经济范畴的自由及其实现方式放在一起进行比较时，我们可以发现不少的结论。首先，在前资本主义中，自由都是超经济因素建构而成的，具有鲜明的超经济属性，与之对比的是，在资本主义中，作为经济基础范畴的自由是经济建构的，具有鲜明的经济属性。其次，从上面几种情况来看，自由的实现方式都不是自由的，它都建立在各种的支配因素之上，而且越来越需要他人来承担自由实现的代价，用经济学的话来说，自由的实现产生越来越大的外部性。最后，到未来共产主义社会，每个人的自由发展是一切人自由发展的条件。从这句话来看，自由的实现不再以支配为基础，而是以自由本身为条件。这是自由的实现方式在共产主义区别于前共产主义的重要情况。

论生态正义与中国式现代化的内在逻辑

彭　利[*]

我关注平等理论的研究比较多，到马院工作之后，资本逻辑批判视域下的马克思生态观是我研究的重点，同时为了契合大会的主题，我此次提交了以下这篇论文。

整个论文的出发点是在资本逻辑批判视域下，回应以劳伦斯·克拉德、诺曼·莱文等为代表的西方马克思学者持有的"放弃中断论"观点为线索，即所谓晚年马克思中断与放弃了《资本论》的研究，但是实际上从生态正义或者是从生态思想的角度，马克思从来没有放弃过对资本批判相关问题的讨论。同时，生态正义问题又与我们的现代化之间的关系非常的密切，这个观点是约翰·柯布首先提出来的。我的理论主线是以约翰·福斯特在《马克思的生态学》这本书中提出的新陈代谢断裂理论，以及斋藤幸平的"物质变换断裂理论"为契机，这两位学者都是从生态正义的角度来批判资本主义所有制形式的方法论原则。在整个西方现代化进程当中，我从制度向度、价值取向和实践路径上，把中国式现代化发展道路跟西方现代化的进程做比较，其中的一个引线是马克思物质变换断裂理论，另一个非常重要的启发点、支点是马克思提出来的生态发展的可持续性。

世界环境与发展委员会在出版的《我们共同的未来》这一报告中，明确将可持续发展定义为："既能满足当代人的需要，又不对后代人满

---

　　* 彭利，北方工业大学马克思主义学院讲师，主要研究方向为马克思主义政治哲学。

足其需要的能力构成危害的发展。"在生态正义问题上，关注重点是代内的生态正义，而忽视了代际、种际的生态正义，但是实际上这都是马克思关注的问题。

马克思对资本主义私有制，特别是土地所有制形式进行了批判。在人身依附关系上，资本主义的私有制开始了一种新的剥削形式，而土地所有制又与资本主义农业和资本主义工业有非常重大的联系，从而引起了物质变换的断裂，包括土壤肥力的损失、物质资源的浪费，引发了所谓的可持续性发展的问题，也就是生态正义问题。但是生态正义问题在资本主义社会并不是一个违反法律的行为，相反土地私有制保护的就是资本家的私人权利。尽管私人土地权利与公众的利益背道而驰，但它却不违背我们所说的资本主义的正义，因为资本主义法权保护的就是一种私人权利。如果要变更生态的不正义，本质上来说，首先是制度向度，这就涉及生产资料的归属权问题。生产资料的归属权问题之所以重要，就在于它体现了劳动与劳动者关系的转换。在资本主义私有制背景下，劳动异化导致了劳动者与劳动对象、劳动工具，甚至是劳动者本身的对立，这种对立在商品经济中表现为货币与商品的对立，进而引发社会层面的商品拜物教的产生，本质上是人与人的本质的背离。劳动者是出卖劳动力的人，却不是拥有生产资料和拥有劳动产品的人。因此，劳动者与生产资料之间逐渐对立起来，一个典型的例子就是 19 世纪欧洲三大工人运动中工人对生产机器的仇视。在现代社会中，这种情况只增不减，特别地反映在部分环境保护主义者的反现代化倾向中。进而，劳动已经丧失了作为人存在的本质追求的对象性，而逐渐成为谋生的手段，成为资本增殖的中间环节，"劳动的异己性完全表现在：只要肉体的强制或其他强制一停止，人们就会像逃避瘟疫那样逃避劳动"，① 劳动是异己的存在，对于劳动者而言它成为枷锁和链条，而对资本家剥削的反抗情绪转嫁到了对劳动的反抗情绪中，对劳动资料的厌恶情绪中，这就为生态

---

① 《马克思恩格斯文集》第 1 卷，人民出版社，2009，第 159 页。

非正义提供了另一个触发端口，比如说在劳动的过程中引起的生产资料的浪费，或者是对生产工具的破坏，等等。在这个意义上，中国式现代化坚持生产资料公有制，劳动者成为劳动创造的价值主体而不是资本增殖的附庸品，生产资料公有制带来的直接影响是，劳动者是劳动产品的拥有者，是劳动过程的参与者，是自己的主人，而不是被奴役的对象。因此，生产资料公有制前提下社会财富由所有劳动者共享，劳动的目的是为着自身的发展和社会的共同发展。换言之，劳动为劳动者丰富自身创造了条件，成为满足自身需要的发展方式，而不是异己的价值增值条件。因此，劳动重新将人的本质归还给了人，成为体现人存在属性的生存方式，这就摆脱了资本主义条件下异化劳动对人的控制，从制度向度为实现人与社会关系的和解提供了条件。在社会主义公有制基础上，我国的生态文明建设还经历了一个持续完善与发展的过程。党的十八大提出"建设社会主义生态文明"，将"生态文明建设"纳入中国特色社会主义事业的总体布局之中，党的二十大将"生态文明建设"进一步概述为"推动绿色发展，促进人与自然和谐共生"。而中国式现代化是人与自然和谐共生的现代化。这就表明了社会主义生态文明建设不仅是中国特色社会主义事业发展的总目标，也是中国式现代化的内在旨趣。中国的现代化道路不仅在所有制问题上实现了人与人之间关系的和解，而且在发展路径上也实现了人与自然关系的和解。因此，坚持社会主义制度，坚持中国式现代化发展道路，既是生态正义的制度保障，也是实现生态正义的制度基础。

中国式现代化与生态正义的价值取向。价值取向的问题可以说是生态正义当中争论的比较多的话题，比如"半个地球计划"，呼吁将至少一半的地球封闭在保护区内，而这一计划被认为是一种生态中心主义的方法，这就与资本主义世界的人类中心主义价值取向背道而驰。环境问题上争论的焦点本质上是"生态中心主义"与"人类中心主义"的矛盾，而这一矛盾在现代社会变得尤为突出。什么样的价值取向才符合生态正义呢？

其实，马克思的自然观就包含他对于这一问题的看法。首先，马克思强调人化自然。简言之，马克思认为自然是社会的组成部分，同时，自然和社会又是相互对立的统一体。即从广义上讲，人是自然的一部分，人与自然是密不可分的统一体。自然的存在为人的生存提供了基础，而人类依靠活动和交往也成为自然不可分割的组成部分。这样，对于人而言，生态系统的稳定运行是保障人类自身权益、实现自身利益的最优表现形式；对于自然而言，人的实践活动又反过来会影响到自然生态系统的和谐与可持续。因此，实现人与自然的和谐共生是保护生态发展以及实现人类自身利益的最优解。马克思辩证统一的看法为超越西方的"生态中心主义"与"人类中心主义"提供了非常好的结合点。

回顾西方现代化的进程，经济发展与生态正义似乎始终处于相互对立的状态。弗雷德·玛格多夫和福斯特进一步主张，经济发展与生态环境的矛盾关系。这表明，当经济体系表现良好或展现出蓬勃发展的势头时，就会对环境产生负面影响。而当社会经济运行陷入危机时，环境指标则开始改善。在 2008 年金融危机期间，全球环境也有所改善。然而，在金融危机之后，环境又开始迅速恶化。马克思的新陈代谢断裂理论深入、透彻地解释了这一现象。在《资本论》第一卷关于"大规模的工业和农业"的讨论中，马克思明确指出，生产的发展本不应当以牺牲环境和工人的利益为代价，而资本主义的农业和工业却带来了这种物质变换的"断裂"，这种"断裂"就导致了生产的不可持续性，外在地表现为生产发展与生态正义的矛盾性。那么应当如何去解决经济发展与生态保护的矛盾呢？

中国式现代化的生态正义的内涵，展现了不同于西方现代化的生态文明新图景，中国式现代化坚持人与自然是命运共同体，强调人与人、人与社会、人与自然和谐共处。对自然环境的保护并不是在浪费社会资源和社会财富，相反，自然是人类社会赖以生存的共同家园，尊重自然、敬畏自然、保护自然，与保护人类自身利益相一致，是推动经济可持续发展的重要支点。

生态正义要求代内生态正义和代际生态正义，本质上体现的是人与人之间的关系。这就是要求，人类在生态领域不仅要把握同时代的公平正义，使同一时代的人公平地获得生态资源，享受生态资源权利和承担生态保护义务；还应当超越时代眼光，注重生态资源开发的可持续性发展，维护后代在生态资源上的平等权利。同时，种际生态正义也是生态正义的展开维度，本质上体现的是人与动物、植物等非人存在物之间的相互关系。普遍意义上而言，整个地球的生态环境是一个不可分割的整体，因此区分国与国之间的生态界限、区分人类社会与自然界之间的生态界限是无意义的，相反，人类的任何生态行为都会引起整个地球生态环境的改变。中国式现代化的发展道路，以构建人类命运共同体为实践起点和归宿。人类社会共居于一个地球，国与国之间存在边界，而世界生态环境却是一个不可分割的整体。在生态问题上，没有国家可以独善其身。从整个人类文明的角度来看，只有跨越国别限制，跳出资本逻辑的狭隘眼界，同舟共济，才能够共建绿色家园。中国式现代化发展道路，冲破了西方现代化道路的野蛮框架，以更加和谐与和平的方式，为国家的经济发展、人与自然的和谐共生提供了开阔视野，贡献了世界可持续发展的中国方案。

建构当代中国马克思主义政治哲学话语体系需要把握的几个问题

孟庆龙[*]

我的报告主要从三个方面展开。

第一，当代中国需要建构一个什么样的马克思主义政治哲学。可以一般地把政治学理解为一种对政治事务内在本性、价值指向和政治活动的应然规范进行哲学追问的规范性研究。但这种规范性研究是离不开经验性研究的，也就是说政治哲学它解决的是价值问题，是要论证和确立某种价值目标，并通过价值目标规范和指引人的实践活动，但这种价值认识是离不开科学认知的。所以基于这样一个逻辑，陈晏清先生曾提出过这样一种观点，"任何一种政治哲学所追求的，都是在其理论内达成价值性与事实性的某种统一，或所谓可欲之事与可行之事的统一"。[①] 所以，包括马克思主义政治哲学在内的任何一种政治哲学，它必然是价值性与事实性、"应当"与"是"的统一。

基于政治哲学的这样一个根本特征，根据价值目标确定所依据的事实基础的状况和性质，我们又可以一般地把政治哲学界分为理想性政治哲学和现实性政治哲学，这种界分是一种历史形态的界分，而不是一种简单的维度的界分。基于这种界分，去观照马克思政治哲学，那么马克思本人创立的政治哲学就是一种典型的理想性政治哲学。为什么？我们

* 孟庆龙，南开大学马克思主义学院讲师，主要研究方向为马克思主义政治哲学。
① 陈晏清：《政治哲学的兴起与当代中国马克思主义政治哲学的建构》，《中国社会科学》2006 年第 6 期。

知道，19 世纪中叶随着社会大生产的发展，马克思洞察到了资本主义生产方式在促进生产力大发展的同时，开放了一种人类社会向更高阶段跃迁的可能性。于是，在对历史事实客观分析和对历史发展必然性的深刻把握的基础上，马克思创立了以人类解放为价值理想的政治哲学。

通过这样一个分析，我的个人结论，就是马克思创立的政治哲学是以理想的事实性为根据而达成的价值性与事实性相统一的政治哲学。这儿讲到的理想的事实性是指现在并不存在，但是将来在客观可能性的基础上，表现为人类历史进步新的可能性，现在并不存在它在将来有可能存在的一种事实性。相应的，价值目标就是一种建立在客观可能性的基础之上，表现为人类历史进步的新的可能性的价值目标。显而易见，理想性政治哲学，特别是马克思主义理想性政治哲学，是一种批判性哲学，当然它也有建构性，但是它主要还是或者首先是一种批判性哲学，理想是现实的超越，社会理想又是一种价值追求，所以用社会理想来关注现实，它就是用社会理想来批判现实。这是我对理想性政治哲学的认识。

相应的所谓现实性政治哲学，就是以现实的事实性为根据而达成的事实性与价值性相统一的政治哲学。在这儿现实的事实性指的就是在既有的社会历史条件下，就像习近平总书记讲到的以当下人们正在做的事情为基础的这样一个事实性。所以这里谈到的价值目标就是现阶段就可能实现的目标。现实性马克思主义政治哲学就是体现当下的价值目标，适应现存的秩序的规范性理论，它既有建构性也有批判性，但首先是一种建构性的哲学，这样一种建构性的政治哲学，在马克思那里显然是不存在的。

第二，马克思主义政治哲学和历史唯物主义的关系的问题。按照政治哲学的学术传统，政治哲学话语体系就是一种表达价值性与事实性相统一的概念系统，政治哲学话语体系建构的核心问题，就是事实与价值的关系问题，这也成为当前马克思主义政治哲学话语体系建构的一个争论焦点。这个焦点集中体现在马克思主义政治哲学与历史唯物主义关系的问题，关于这方面我就不具体再谈了，这块主要从文本的角度，从历史唯物主义的生成的角度得出结论。就是马克思创立历史唯物主义，绝不是为了纯粹发现社会发展规律，而是力图通过对客观规律的把握来探索实现人类解放的条件和途径。历史唯物主义不仅具有明确的道德维度，而且与马克思主义政治哲学有着亲密的内在关联。所以建构现实性马克思主义政治哲学是离不开历史唯物主义的。但是政治哲学本身又是一种实践哲学，它重在提供一种实践智慧，而不是理论，哲学在于探寻事物的普遍性本质。所以，我们不能按照某种理论哲学的模型，从逻辑上来推导出一种政治哲学来，而是要在当下的政治实践中来总结提炼出来，建构马克思主义政治哲学话语体系，这就意味着我们要坚守乃至强化历史唯物主义固有的话语优势。同时还要把置于规范与认知、事实与价值相统一语境下来进行重构，这就涉及如何对待现在西方主流政治哲学话语体系的问题。

第三，关于这部分我就谈两个结论，第一个结论就是现代西方主流政治哲学是以自由主义为理论基点，以个人权利为中心概念，在理论内容上以政治解放为限度的概念系统。这是西方主流政治哲学话语体系的明显特征。当然，我们在对待西方主流政治哲学方面，不是一味地拒斥，但是也绝不是一味地吸收。我想最重要的就是要借助它的概念系统，虽然按照马克思三大社会形态理论，我们现在处在第三个阶段，但是我们还处在社会主义初级阶段，我们还要大力发展市场经济，发展市场经济又离不开个人权利自由、平等、正义等价值规范。这就意味着在发展市场经济中，中国当下还必须要面临诸如个人权利、自由、平等正义等现代西方主流政治哲学的基本话语，也意味着还有一些属于政治解放范畴的任务还要继续完成。所以我们不能全盘否定，我们要把它作为问题框架来保留下来，这是一个联系。

接下来就是区别。这个区别主要有三个方面，第一个区别是现代西方政治话语体系的理论基点是自由主义的，而我们当代中国要着力建构的现实性马克思主义政治哲学的理论基点是科学社会主义的。所以我们当代中国政治建设的一个基本任务，就是要建立和发展完善同社会主义经济制度相适应的制度法律和各种权力规范。第二个区别是现代西方主流政治哲学的中心概念是个人主义，而我们中国当下正在建构的现实性马克思主义政治哲学的中心概念是以人民为中心，体现一个主体性。第三个区别是在理论内容上，近代以来现代西方主流政治哲学是以政治解放为限度的，而现实性马克思主义政治哲学是以人类解放为主要内容，是要着力探讨人类解放的目标。

征稿启事

　　《马克思主义哲学评论》是以评论为主的马克思主义哲学集刊，于2016年创刊，现每年出版2辑，由中国人民大学哲学院主办。本刊的作者和读者主要面向的是从事马克思主义理论和马克思主义哲学教学与研究的学者和教师，以及该专业领域的学生。

　　本刊取名为《马克思主义哲学评论》大致有两个含义：其一，它是马克思主义哲学领域内的评论。当代中国的思想意识呈现多元化是一个不争的事实，它们相互激荡、相互较量。与其将这种多元化的理论情势视为马克思主义哲学的外部威胁，不如将其看成马克思主义哲学进一步革新的机遇。因此，我们应以正视的姿势面对马克思主义哲学内部的理论分化和观点分歧。在这个意义上，《马克思主义哲学评论》是对"马克思主义哲学"的评论。我们愿意把这种分化和分歧转化成对话做一些有趣、有价值的尝试。其二，它是关于马克思主义哲学的评论。由于某些历史原因，国内马克思主义哲学评论市场呈现匮乏的状态。如果说马克思主义哲学研究是一种严肃的思想活动，那么对它的评论也应该是严肃的。我们希望这种评论是融合学术性与现实性、批评性与严谨性的对话。因而这种评论应是有边界的思想解放，是不失尊重的理论批判，是有现实感的思想回应。可以说，以上两点也是《马克思主义哲学评论》创刊的初衷和动力。如果本刊的出版能够为推进马克思主义哲学在中国的研究进程尽一份责任与力量的话，那么也就实现了我们原本的心愿了。

　　稿件具体要求如下。

　　第一，遵守学术诚信和规范，文责自负。

　　第二，文章应包括正文、摘要和关键词，作者应仔细核对引文及参考文献，确保引文准确、完整。

　　第三，投稿邮箱：mpreview@ 163. com，请注明您的姓名、单位和电话，以便与您联系。

　　我们将以严肃、认真、负责的态度对待您的大作。热忱欢迎各位专家、学者赐稿。稿件一经录用，我们会与您联系，并给予适当稿费。

《马克思主义哲学评论》 编辑部

图书在版编目(CIP)数据

马克思主义哲学评论 . 2023 年 . 第 2 辑:总第 8 辑 /
臧峰宇主编;黄志军执行主编 . --北京:社会科学文
献出版社,2024.6. --ISBN 978-7-5228-3788-8

Ⅰ . B0-0

中国国家版本馆 CIP 数据核字第 20240V4D47 号

马克思主义哲学评论 2023 年第 2 辑 总第 8 辑

主 编 / 臧峰宇
执行主编 / 黄志军

出 版 人 / 冀祥德
组稿编辑 / 曹义恒
责任编辑 / 吕霞云
责任印制 / 王京美

出 版 / 社会科学文献出版社·马克思主义分社 (010) 59367126
    地址:北京市北三环中路甲 29 号院华龙大厦 邮编:100029
    网址:www.ssap.com.cn
发 行 / 社会科学文献出版社 (010) 59367028
印 装 / 三河市龙林印务有限公司

规 格 / 开 本:787mm×1092mm 1/16
    印 张:17.5 字 数:249 千字
版 次 / 2024 年 6 月第 1 版 2024 年 6 月第 1 次印刷
书 号 / ISBN 978-7-5228-3788-8
定 价 / 128.00 元